孙 宇 著

关于“创造价值的劳动”研究

吉林大学出版社

图书在版编目(CIP)数据

关于“创造价值的劳动”研究 / 孙宇著. —长春 ：
吉林大学出版社， 2018.10
ISBN 978-7-5692-3695-8

Ⅰ. ①关… Ⅱ. ①孙… Ⅲ. ①劳动价值论—研究
Ⅳ. ①F014.3

中国版本图书馆CIP数据核字(2018)第257460号

书　　名：关于“创造价值的劳动”研究
GUANYU“CHUANGZAO JIAZHI DE LAODONG”YANJIU

作　　者：孙　宇　著
策划编辑：邵宇彤
责任编辑：邵宇彤
责任校对：韩　松
装帧设计：优盛文化
出版发行：吉林大学出版社
社　　址：长春市人民大街4059号
邮政编码：130021
发行电话：0431-89580028/29/21
网　　址：http://www.jlup.com.cn
电子邮箱：jdcbs@jlu.edu.cn
印　　刷：三河市华晨印务有限公司
开　　本：710mm × 1000mm　　1/16
印　　张：10.75
字　　数：193千字
版　　次：2019年4月第1版
印　　次：2019年4月第1次
书　　号：ISBN 978-7-5692-3695-8
定　　价：39.00元

前　言

劳动价值理论是马克思主义经济学的基石，也是我国学者研究和争论的热点。我国学者曾经多次围绕价值源泉、价值决定、价值分配等问题进行争鸣，形成了三次讨论的热潮。第一次是 20 世纪 50 年代到 80 年代围绕生产劳动问题的大讨论，第二次是 20 世纪 90 年代关于一元论和多元论的争鸣，第三次是 21 世纪初关于深化劳动价值理论认识的大讨论。其中，关于创造价值的劳动问题又是争论的焦点与核心，主要涉及关于社会主义生产劳动的争论，关于物化劳动是否创造价值的争论，关于非物质生产领域的劳动是否创造价值的争论等。要有效地解决这些问题，关键就在于准确地把握创造价值的劳动的规定性，回答“什么劳动才是创造价值的劳动”的问题。

本书以研究创造价值的劳动为中心，从抽象劳动、生活劳动、社会劳动、总体劳动、有用劳动、生产劳动等方面，对创造价值的劳动的规定性进行了系统的分析，指出只有生产符合社会需要的商品的劳动所对应的抽象劳动才能凝结在商品中形成价值实体，并反映商品生产者之间相互交换劳动的经济关系，即只有生产符合社会需要的商品的劳动才能够创造价值。

第一，形成价值的劳动是抽象劳动。马克思用具体劳动范畴概括千差万别的劳动形式，用抽象劳动范畴概括各种形式的劳动的共同本质即人类劳动力生理学意义上的耗费，任何劳动都是抽象劳动和具体劳动的对立统一。抽象劳动不是价值，也不创造价值，在劳动过程中凝结在商品中形成价值的实体。

第二，创造价值的劳动是活劳动。活劳动指劳动过程中劳动者劳动力即体力和脑力的耗费，物化劳动指凝结在劳动产品中的过去劳动，是已经完成了的活劳动。活劳动是创造价值的唯一源泉，这是马克思劳动价值理论的核心，在劳动过程中，活劳动在创造新的价值的同时，转移和保存物化劳动的价值。

第三，创造价值的劳动是生产商品的劳动。生产商品的劳动既不是直接的社会劳动，也不是纯粹的私人劳动，而是以交换为目的而进行的劳动。只有生产商品的私人劳动，才有必要采取价值形式，在商品交换过程中通过价值中介转化为被社会所承认的劳动，并体现商品生产者之间互相交换劳动的关系。

第四，总体工人的总体劳动创造价值。劳动价值理论不仅仅适用于个体劳动者的个体劳动，同样也适用于生产商品的总体劳动者的总体劳动，那些在企业内部不同生产环节分别完成不同劳动职能的劳动者所耗费的无差别人类劳动同样能够凝结在商品中形成价值的实体。

第五，创造价值的劳动是有用劳动。在商品经济条件下，有用劳动是指能够生产社会使用价值即生产符合社会需要的商品的劳动。马克思的劳动价值思想建立在有用劳动基础上，只有具体的、有用的劳动才能在创造新的使用价值的过程中，转移并保存生产资料的价值；只有与具体的、有用的劳动相对应的抽象劳动才能够凝结在商品中形成新的价值。

第六，创造价值的劳动和生产劳动是两个不同的范畴。生产劳动是生产劳动一般范畴和特殊范畴的辩证统一，反映的是不同社会形态中占主体地位的生产关系，是一个永恒的、发展的范畴；而创造价值的劳动是生产符合社会需要的商品的劳动，反映的是在商品经济社会被物的关系所掩盖的人与人之间相互交换劳动的关系，是一个历史范畴，具有相对固定的内涵。

总体而言，本书初步回答了“什么劳动才是创造价值的劳动”的问题，有助于具体分析现实生活中各种类别的劳动是否创造价值的问题，有助于破解当代经济社会活劳动减少而价值总量增加之谜，有助于进一步坚持和完善社会主义分配体系，对新形势下进一步坚持和发展马克思主义劳动价值理论具有基础性作用。

囿于本人理论水平和研究能力的差距，本书仍然存在许多不足之处，仅对几组常见的劳动范畴进行了初步探讨，甚至还可能存在某些表述错误的地方，敬请大家批评指正。

希望本书能够对学习和研究马克思主义劳动价值理论的初学者有所帮助。

目 录

绪　论

劳动价值理论是马克思主义经济学的基石，也是学术界争论的热点问题。准确把握创造价值的劳动的规定性，对于从整体上坚持和发展马克思主义劳动价值理论，具有重要的理论价值和现实意义。而准确理解马克思主义经济学的价值范畴，则是研究创造价值的劳动的规定性的基本前提。马克思从商品的交换关系入手，通过分析逐步得出价值的科学内涵，即价值是在商品的交换关系中表现出来的共同东西，是凝结在商品中的无差别的人类劳动，是人和人之间被掩盖的社会关系。

一、选题背景和研究意义

（一）选题背景

劳动价值论是马克思主义经济学的基石，也是我国学者研究和争论的热点和焦点问题。我国学者曾经多次围绕价值源泉、价值决定、价值与分配等问题进行争鸣，形成了3次讨论的热潮。第一次研究的热潮发生在20世纪50年代到80年代，学术界围绕生产劳动问题开展了大讨论，第二次研究的热潮发生在20世纪90年代，学术界关于价值源泉问题开展了一元论和多元论的争鸣，第三次研究的热潮发生在21世纪初，学术界开展了关于深化劳动价值理论认识的大讨论。其中，关于创造价值的劳动问题又是历次争论的焦点和核心，主要涉及以下方面。

第一，关于社会主义生产劳动的争论。

争论的焦点集中在社会主义制度下生产劳动的范围问题，即哪些劳动属于社会主义生产劳动范畴，哪些劳动不属于社会主义生产劳动的范畴。在研究过程中，孙冶方、何炼成、于光远、杨坚白、骆耕漠、卫兴华、蒋学模、程恩富、古书堂、苏星、白暴力、刘诗白等众多学者各抒己见，形成了生产劳动范畴的“宽派”“中派”和“窄派”三种观点。以何炼成、于光远等学者为代表的“宽派”认为，无论是物质生产领域还是非物质生产领域，凡是符合社会主义生产目的的劳动就是生产劳动。以孙冶方、卫兴华等学者为代表的“窄派”认为，只有物质生产领域才存在生产劳动范畴，即只有生产物质产品的劳动才是生产劳动。以程恩富、杨坚白等学者为代表的“中派”则认为，生产劳动主要集中在物质生产领域，但也包括部分生产非物质商品的劳动，如为物质生产服务的科研劳动、运输劳动等。但较为遗憾的是，在这场关于生产劳动的大讨论过程中，绝大部分学者都把生产劳动与价值创造联系起来，混淆了生产劳动和创造价值的劳动之间的区别和联系，认为生产劳动就是创造价值的劳动。而事实上生产劳动和创造价值的劳动是两个不同的范畴、具有不同的规定性，反映不同的经济关系，关于这一点，只有极少数学者意识到了，但并没有进行深入论述。

第二，关于物化劳动是否创造价值的争论。

在当代，随着科学技术的快速发展，导致生产自动化程度日益提高，具有高科技含量企业雇佣的工人数量在减少，也就是说在这类企业的实际生产过程中劳动者所耗费的劳动数量在减少，然而这类企业所创造出来的价值却很多，马克思所论述的劳动价值一元论似乎难以解释这一现象，由此引起了学术界关于作为物化劳动载体的生产资料是否能够创造价值的争论，并形成了形形色色的关于物化劳动创造价值的理论。物化劳动价值论者普遍认为，物化劳动能够创造价值，同样是价值的源泉。如以李松龄等为代表的物化劳动多功能论认为，物化劳动的功能、作用和活劳动类似，同样具有创造价值的功能。以钱伯海等为代表的社会劳动价值论认为，物化劳动具有物质和劳动二重属性，即物化劳动、活劳动共同创造价值。以丁建中等为代表的三元价值论认为，应该把劳动价值论和效用价值论结合起来，形成三元价值论，即自然生产力、物力资本生产力和劳动资本生产力共同创造价值。以晏智杰等为代表的多元论认为，价值是由多种生产要素共同创造的，物化劳动也同样创造价值。以钱津等为代表的整体价值论认为，劳动过程是劳动主体和客体的统一，物化劳动和活劳动共同创造价值和使用价值。以冯根福等为代表的经济人劳动论认为，经济人的劳动力是由自然人和工具的劳动力共同构成的统一体，这必然会得出活劳动和物化劳动共同创造商品价值的结论。此外还有机器价值论、科技价值论、知识价值论和信息价值论等，持此论点的学者认为，机器设备能够代替活劳动的职能，同样能够创造价值，而科技、知识、信息等物化劳动也可以创造价值。对这些观点，以苏星、卫兴华、余陶生、蒋学模、陈征等为代表的众多学者进行了批判，并论述了这些观点产生的根源。

第三，关于生产非实物商品的劳动是否创造价值的争论。

以陈振羽、胡世祯、彭延光等为代表的部分学者认为创造价值的劳动仅限于物质生产领域，生产非实物商品的劳动即第三产业的劳动不创造价值，其劳动者所获得的报酬来自物质生产领域的价值转移。谷书堂、蒋学模、程恩富、李江帆等学者对这种观点进行了批判，认为生产非实物商品的劳动同样可以是创造价值的劳动，并指出关于第三产业的劳动是否创造价值的问题要具体分析，不能一概而论。

从上述论述中，我们可以看到，关于创造价值的劳动的争论，一直是我国学术界研究和争论的热点问题。要科学地理解和把握马克思主义的劳动价值理论，就必须有效地解决这一问题，其关键就在于科学把握创造价值的劳动的规定性，回答"什么劳动才是创造价值的劳动"的问题。

（二）研究目的与意义

本书主要对"什么劳动才是创造价值的劳动"的问题进行研究和探讨。准确把握创造价值的劳动的规定性，科学区分哪些劳动属于创造价值的劳动范畴，哪些劳动不属于这一范畴，对在新形势下进一步坚持和发展马克思的劳动价值理论具有基础性作用。

第一，加强对创造价值的劳动的研究，有助于科学地坚持和发展马克思的劳动价值理论。劳动价值理论是马克思主义经济学的基石。应该看到，马克思虽然明确指出劳动是创造价值的唯一源泉，并严格地区分了抽象劳动与具体劳动、活劳动与物化劳动、社会劳动与私人劳动、生产劳动与非生产劳动等范畴，但关于创造价值的劳动的规定性，他并没有做出全面系统科学地界定。在坚持和发展马克思的劳动价值理论的过程中，不同的学者从不同的角度、不同的方面，对创造价值的劳动的规定性进行了非常多的论述，但既不系统、也不全面和完整。深入研究和探讨关于创造价值的劳动的规定性，在此基础之上系统回答"什么劳动才是创造价值的劳动"的问题，对于从整体上进一步坚持和发展马克思主义劳动价值理论，具有重要的理论意义。

第二，对创造价值的劳动的规定性的研究，有利于为我国当代经济实践提供理论指导。劳动价值理论是建设和发展科学社会主义的理论基础。加强创造价值的劳动的研究，科学把握创造价值的劳动的规定性，有助于具体分析现实生活中某种类别的劳动是否创造价值的问题，解决学术界关于某种类别的劳动是否创造价值的争论；有助于合理解释当代经济社会活劳动减少而价值总量增加之谜，为我们进一步坚持和发展马克思的劳动价值理论扫平现实障碍；有助于科学理解价值创造和价值分配的关系，为推进分配体制改革提供更多的理论支持和思想指导。

（三）文章的创新点

本文立足于马克思主义经典文本及我国劳动价值理论发展实际，从以下几个方面做了初步的探索，有如下创新点：

1. 揭示了创造价值的劳动的规定性

第一，只有抽象劳动才能形成价值。马克思用具体劳动范畴概括千差万别的劳动形式，用抽象劳动范畴概括各种形式的劳动的共同本质，即人类劳动力生理学意义上的耗费，任何劳动都是抽象劳动和具体劳动的对立统一。抽象劳动是价值的实体，但并不等同于价值，也不创造价值，只有生产商品的劳动所对应的抽象劳动才可能凝结在商品中形成价值。

第二，只有活劳动才创造价值。活劳动指劳动过程中劳动者劳动力的耗费，即包括脑力劳动也包括体力劳动，物化劳动指凝结在劳动产品中的过去劳动，是已经完成了的活劳动。活劳动是创造价值的唯一源泉，这是马克思劳动价值理论的核心，在劳动过程中，活劳动在创造新的价值的同时，转移和保存物化劳动的价值。

第三，只有生产商品的劳动才创造价值。生产商品的劳动即不是直接的社会劳动，也不是纯粹的私人劳动，只有通过商品交换将各种具体的特殊的劳动还原为无差别的抽象劳动，生产商品的私人劳动才可能转化为社会劳动，凝结在商品中的抽象劳动才形成商品的价值实体，并体现商品生产者之间互相交换劳动的关系。也就是说，只有生产商品的具体劳动所对应的抽象劳动才能凝结在商品中形成价值。

第四，总体工人的总体劳动创造价值。劳动价值理论不仅仅适用于个体劳动者个体劳动，同样也适用于生产商品的总体劳动者的总体劳动，那些在企业内部不同生产环节分别完成不同劳动职能的劳动者所耗费的无差别人类劳动同样能够凝结在商品中形成价值的实体。

第五，只有生产符合社会需要的商品的有用劳动才能够创造价值。在商品经济条件下，有用劳动指能够生产社会使用价值即符合社会需要的商品的劳动。马克思的劳动价值思想建立在有用劳动基础上，只有与具体的有用的劳动所对应的抽象劳动才能凝结在商品中形成价值的实体，并在创造新的使用价值的过程中，把生产资料的价值转移并保存到新商品之中。

2. 论述了马克思主义经济学中的有用劳动范畴

有用劳动理论是马克思劳动价值思想的重要组成部分。马克思明确指出，只有一定的、具体的、有用的劳动才能创造使用价值，才是创造价值的前提。也就是说，并不是所有劳动都能形成价值，价值仅仅是指“凝结”在商品中的抽象劳动，而具体劳动的“耗费”与抽象劳动的“凝结”是存在本质差别的，只有与具体的有用的劳动所对应的抽象劳动才能凝结在商品中形成价值的实体。马克思的有用劳动思想被学术界长期忽视。本文从马克思所论述的具体劳动中析出了有用劳动范畴，指出在商品经济条件下，有用劳动是指能够生产社会使用价值即生产符合社会需要的商品的劳动。只有具体的有用的劳动才是和凝结在商品中的抽象劳动相对应的范畴，才能在创造新的使用价值的过程中，转移并保存生产资料的价值，而无用劳动不能创造出符合社会需要的使用价值，只会造成生产资料的浪费。同时，本文借用社会必要劳动时间的思想进一步将有用劳动区分为有用程度高的劳动、有用程度一般的劳动和有用程度低的劳动。有用程度高的劳动就是与社会平均水平相比，在生产过程中转移和凝结价值量较多的劳动，其个别劳动时间小于社会必要劳动时间。有用程度低的劳动就是与社会平均水平相比，在生产过程中转移和凝结价值量较少的劳动，其个别劳动时间大于社会必要劳动时间。本文还进一步分析了影响劳动有用程度的因素。影响劳动有用程度的因素主要可以区分为两方面：一方面，供求关系的变化影响劳动的有用程度。社会在某种商品上所投入的劳动时间越多，劳动的有用性就越会不断地递减，因为其所生产出来的社会使用价值是边际递减的，也就是说劳动的有用性会随着有用劳动的增加而递减。另一方面，劳动生产力的变化影响劳动的有用程度 . 劳动生产力越高，生产该商品所用的时间就越少，生产该商品的劳动的有用程度就越高；反之，劳动生产力越低，生产该商品所用的时间越多，就表明生产该商品的劳动的有用程度越低。由此可以看到，任何影响劳动生产力的要素的变动，都可能导致劳动有用程度的变化。此外，本文还进一步指出，有用程度高的劳动能够在相同劳动时间里比有用程度低的劳动创造出更多的价值。当商品处于供求平衡状态时，有用程度高的劳动能够减少无用劳动的耗费，提高生产资料的使用效率，更加有效地利用自然力，提高劳动的质量与强度，从而使生产商品的个别劳动时间低于社会必要劳动时间，其实质是劳动者以与其他劳动者异质的劳动，在相同劳动时间内创造出更多的价值和使用价值。而当商品处于供求失衡状态时，要区分价值决定与价值实现，供不应求时，生产商品所耗费的劳动量被承认为较多的社会劳动量；供大于求时，其所耗费的劳动量被承认为较少的社会劳动量；供远大于求时，其所耗费的劳动量不仅相当于较少的社会劳动量，同时还有一部分劳动是无用劳动，属于社会劳动的浪费。

3. 辨析了生产劳动和创造价值的劳动的异同

关于生产劳动的争论是我国学术界的热点问题之一，但大部分学者都错误地将生产劳动与创造价值的劳动这两种具有不同规定性的范畴等同起来，认为生产劳动就是创造价值的劳动，非生产劳动就是不创造价值的劳动。本文在科学把握生产劳动范畴的基础上，通过对创造价值的劳动的具体分析，指出在商品经济社会，生产劳动与创造价值的劳动虽然存在一定程度的交叉，但仍是两种不同的范畴，具有不同的内涵和外延，反映不同的经济关系。生产劳动是生产劳动一般范畴和特殊范畴的辩证统一。生产劳动的一般范畴是指劳动力与生产资料相结合，通过有目的地改造劳动对象，生产出一定使用价值的劳动，其反映的是劳动者与劳动产品之间即人与自然之间的关系，反映了人类社会生产劳动过程中的共同方面，不会随着社会形态、经济形态的发展而改变，是一个永恒范畴。生产劳动的特殊范畴是指在特定的社会历史条件下，反映占社会主体地位的生产关系的劳动，任何生产劳动都是在一定的社会历史条件下进行的，随着生产力的发展和生产关系的变化，生产劳动特殊范畴的内涵也会随之发生变化，即在不同的社会形态中，它所反映的经济关系是不同的。而创造价值的劳动是指生产符合社会需要的商品的劳动，其反映的是商品经济社会的一般商品生产关系，即在商品经济社会，人与人之间被物的关系所掩盖的相互交换劳动的关系，这是商品经济社会所特有的概念，是一个只存在于商品经济社会的历史范畴，具有相对固定的内涵。同时，本文还进一步具体分析了资本主义社会的生产劳动范畴和创造价值的劳动范畴。资本主义生产劳动是再生产资本主义生产关系，与资本交换、为资本生产、并为资本家带来剩余价值的劳动，而创造价值的劳动特指生产符合社会需要的商品的劳动，二者并不是相同的范畴。在资本主义社会，首先，并不是所有生产商品的劳动都包含在资本主义生产劳动和非生产劳动范畴之内，依然存在部分与资本主义生产劳动范畴无关的劳动，即非雇佣劳动。其次，并不是所有的雇佣劳动都是资本主义生产劳动，与收入交换的雇佣劳动属于资本主义非生产劳动范畴。再次，与资本交换、为资本生产但不为资本家带来剩余价值的劳动同样属于资本主义非生产劳动范畴。也就是说，在资本主义社会创造价值的劳动范畴大于资本主义生产劳动的范畴，而在社会主义初级阶段的生产劳动范畴则比创造价值的劳动的范畴要广。

4. 揭开了活劳动减少而价值总量增加之谜

通过对创造价值的劳动的规定性的具体分析，本文认为在商品生产过程中所耗费的活劳动在不断减少，与其创造出来的价值总量不断增加之间并不矛盾，价值总量的增加主要来源于以下两个方面。

首先，来源于凝结在产品中的物化劳动的无偿转移。应该看到，在任何劳动产品中都凝结了无差别的人类劳动，在商品中它们表现为价值，在非商品中它们表现为物化劳动。事实上物化劳动和价值是同质的，它们都是无差别人类劳动的凝结，它们之间可以相互转化，凝结在产品中的物化劳动可以通过商品生产过程重新转化为商品的价值，商品的价值也可以重新通过产品生产过程转化为凝结在产品中的物化劳动。在现实生活中，特别是在商品经济社会，这种产品中的物化劳动通过商品生产过程转化为商品价值的现象是非常常见的，但也非常容易被人们所忽视。如我们对科学知识的利用往往是无偿的，但事实上它同样是科学劳动的产物，其中同样凝结了无差别的人类劳动，同样会在商品市场过程中转移并保存到新商品中去。也就是说，存在这样一种客观现象，即在商品生产过程中我们无偿利用了前人的劳动成果，在生产资料中转移到新商品中的价值有一部分是无偿的，这是解释当代经济社会活劳动减少而价值总量增加之谜的一个途径。

其次，价值总量的增加来源于有用程度高的劳动能够在相同时间内创造出更多的价值。本文认为，在相同的劳动时间内有用劳动程度高的劳动之所以能够比有用程度低的劳动创造出更多的价值，其根本原因就在于它们是异质的劳动，正如从事复杂劳动的劳动者能够比从事简单劳动的劳动者创造更多的价值一样，在相同的时间内劳动有用程度高的劳动者能够创造出更多的价值。有用程度高的劳动可以更加有效地利用自然力，使活劳动能够更加有效地发挥其创造价值的作用，从而使其能够在相同时间内创造更多的价值。有用程度高的劳动能够减少无用劳动的耗费，提高劳动的使用效率，在相同时间内比中效劳动或低效劳动形成更多的价值。有用程度高的劳动可以提高物化劳动的使用效率，减少生产资料的“平均耗费”，而节约生产资料可以降低单位商品的个别价值，并通过商品交换表现为较多的价值，从而使商品生产者在竞争中取得优势。

二、准确把握马克思主义经济学的价值范畴

价值范畴是经济学领域最基本的也是争论最多的范畴，在不同的研究领域，存在不同的价值概念。要探讨创造价值的劳动的规定性，首先就必须科学地把握马克思主义经济学中的价值范畴，这是研究创造价值的劳动的规定性的基本前提。

（一）国内外学术界关于价值定义的不同表述

价值范畴在经济学中的地位相当于细胞在生物学中的地位，不同的价值概念

意味着不同的价值理论。在经济发展过程中，存在各种不同的经济学流派，也存在形形色色的价值概念，同时，随着劳动价值论研究的深入，学术界出现了各种价值理论争鸣的现象，也出现了许多含义不同的价值定义。

第一，国外学者关于价值定义的不同表述。

古典政治经济学认为价值的实体是劳动。如威廉·配第区分了自然价格和政治价格，认为商品的价值就是指商品的自然价格，这是由生产它所耗费的劳动决定的，他指出，“假如一个人在能够生产一蒲式耳小麦谷物的时间内，将一盎司白银从秘鲁的银矿中运来伦敦，那么后者便是前者的自然价格”[1]，但是，在论述中他又错误地把使用价值和价值混为一谈，认为劳动和土地共同创造价值，马克思指出，“在配第那里有三种规定混在一起”[2]。

亚当·斯密继承和发扬了配第的价值理论，进一步区分了使用价值和交换价值，并认为存在两种不同的价值范畴，即“商品的真实价格”与“交换价值的真实尺度”。斯密认为，在资本主义社会以前，在简单商品生产条件下，劳动者在商品交换过程中所获得的劳动量和生产商品时所耗费的劳动量是相等的，商品的价值是由“商品的真实价格”即生产该商品所耗费的劳动量决定的；而在资本主义社会，在交换过程中资本家能够用较少的劳动量通过交换获得较多的劳动量，商品的价值是由交换价值的“真实尺度”即商品能够购买到的劳动量决定的[3]。

大卫·李嘉图坚持发展了斯密的第一种观点，批判了斯密的第二种观点，指出商品交换价值的源泉来自两方面，“一个是它们的稀少性，另一个是获得时所必需的劳动量”[4]，并进一步区分了直接劳动和间接劳动，认为直接劳动创造价值，间接劳动转移保存生产资料的价值。但是由于他的理论难以有效地解释资本和劳动的交换与价值规律相符的矛盾及等量资本获得等量利润的难题，最终导致李嘉图学派的解体。

均衡价值论者直接将价值定义为交换价值或价格。马歇尔指出，“一个东西的价值，也就是它的交换价值”[5]。在这里我们可以看到，马歇尔用对价格现象的分析取代了对价值本质的分析，他认为商品的边际生产费用决定供给，边际效用决定需求，商品的供给价格和需求价格共同决定商品的价值。也就是说，马歇尔的理论混淆了价值与价格的概念，割裂了劳动和价值的关系，不能科学有效地解释

[1] 威廉·配第．赋税论、献给英明人士、货币略论[M]．北京：商务印书馆，1978:48.
[2] 中共中央编译局．马克思恩格斯全集（26）[M]．北京：人民出版社，1972:386.
[3] 亚当·斯密．国富论——国家财富的性质与起因的研究[M]．长沙：中南大学出版社，2003.
[4] 大卫·李嘉图．政治经济学及赋税原理[M]．北京：商务印书馆，1972:7.
[5] 马歇尔．经济学原理（上）[M]．北京：商务印书馆，1983:82.

在供求均衡状态下不同类别的商品的价格问题。

效用价值论者认为，商品的价值主要取决于商品的效用，效用是商品价值的源泉，而稀缺性则决定价值的大小。约翰·斯图亚特·穆勒认为，价值是相对的，是交换领域的事，具有效用和交换成本是商品有价值的前提❶。奥地利学派的门格尔认为，价值是主观的，“就是经济人对于财货所具有的意义所下的判断”❷，其取决于商品中最不重要部分的效用。维塞尔在门格尔的效用价值理论基础上提出了“边际效用”的概念，认为商品的价值由其“边际效用”决定。庞巴维克认为价值就是人们对商品的主观评价，并明确指出：“一件物品的价值是由它的边际效用量来决定的”❸。英国学派的杰文斯认为，价值不是商品的内在属性，它取决于效用，是对物的欲望程度，“是用该商品一个增加量所获得的快乐或利益的强度来计量的”。洛桑学派的里昂·瓦尔拉斯同样认为，价值取决于“一个单位商品的消费所满足的最后欲望的强度”❹。应该看到，效用价值论从人与物的关系中抽象出效用价值的概念，其更加侧重于研究价格的变动及满足人的需要的问题，而劳动价值论则从人与人的关系中抽象出劳动价值的概念，其更加注重于研究价值的实体及其所反映的人与人的关系问题。也就是说，效用价值概念研究的是人与物的关系，即如何评价物对人的有用性，其价值范畴和马克思主义经济学中的价值范畴是完全不同的，效用价值论中所论述的价值范畴实际上是马克思主义经济学中所论述的使用价值范畴。

要素价值论者将价值定义为效用或财富。萨伊认为，物品之所以有价值，就是因为它们有用，即效用是价值的基础，而所谓生产就是生产效用。“人们所给予物品的价值，是由物品的用途而产生的……创造具有任何效用的物品，就等于创造财富。”❺“交换实际上只是双方所做的生产努力的相互交换”❻。萨伊实际上是把价值等同于效用，并认为生产效用就是创造价值，而物品的效用是由劳动、资本和自然力共同作用的结果，因此劳动、资本、土地共同创造价值，即著名的生产三要素论。

第二，国内学者关于价值定义的不同表述。

随着国内劳动价值理论研究的深入，学术界同样出现了各种价值理论争鸣的

---

❶ 穆勒．政治经济学原理（上）[M].北京：商务印书馆，1991:519.

❷ 门格尔．国民经济学原理 [M].上海：上海人民出版社，1959:67-68.

❸ 庞巴维克．资本实证论 [M].北京：商务印书馆，1964:167.

❹ 莱昂·瓦尔拉斯．纯粹经济学要义 [M].北京：商务印书馆，1989

❺ 萨伊．政治经济学概述 [M].北京：商务印书馆，1964:59.

❻ 萨伊．政治经济学概述 [M].北京：商务印书馆，1964:76.

现象，也出现了许多含义不同的价值定义。有的学者试图把哲学含义上的价值与经济学范畴里的价值融合在一起。例如：许有伦[1]认为，商品的价值就是商品(客体)对于人(主体)所具有的意义；王海平[2]认为，价值是商品的关系属性，是商品中固有的一般社会生产力与人的需求、欲望、目的发生关系时所产生的属性；晏智杰[3]认为，商品价值应该是一个"关系"概念，即商品的效用同人的需要之间的"关系"。

有的学者试图通过重新诠释价值的定义，来解决马克思主义经济学与西方经济学在价值理论上的分歧。例如：巩建华[4]认为，商品价值具有"二重"性，要从商品的自然属性和社会属性两个维度去规定价值的概念，从两个维度去构建"系统价值论"；邹平座[5]则给价值下了一个涵盖非常广泛的定义：价值是一种对人的有用性，其本质是人与人之间、人与物之间的相互依存、相互影响的关系。

还有的学者认，为以劳动为本位的价值概念存在缺陷，应该对其进行重新定义。例如：张昆仑[6]认为，传统的价值定义只概括了劳动的稀缺现象，而没有概括所有的"稀缺"现象(如不可再生的资源的稀缺现象)，价值应该是对稀缺使用价值进行占有及消费的有偿属性。

此外，还有的学者推崇恩格斯的价值概念，如蔡继明[7]认为，价值是调节价格运动的一般规律，是由平均比较利益率决定的；甚至还有的学者[8]认为，价值的实质是货币而不是抽象劳动，单位商品价值就是它所值的货币数额，而不能是它所消耗的劳动。定义是理论形成的基础，对同一事物或范畴的定义不同，必然会得出各种不同的研究结果。价值范畴是劳动价值理论的核心范畴，不同的价值定义会导致不同的价值理论。

以上形形色色的关于价值概念的不同定义，引申出各种各样不同的价值思想，如晏智杰提出的效用价值思想、蔡继明提出的广义价值思想等，这给我们正确地认识和科学地坚持马克思主义的劳动价值理论带来了非常多的困扰。因此，准确地把握马克思主义经济学的价值定义，是科学地探讨创造价值的劳动的规定性的

---

[1] 许友伦．商品价值新论 [J]. 当代经济科学，1996（4）.

[2] 王海平．社会生产力价值论：劳动价值论的创新 [J]. 河北经贸大学学报，1998(1).

[3] 晏智杰．经济学价值理论新解 [J]. 北京大学学报(哲学社会科学版)，2001(6).

[4] 巩建华．系统论视野中的经济学价值概念解析 [J]. 上海经济研究，2004(4).

[5] 邹平座．价值理论的新发展——自然主义价值观 [J]. 财经研究，2005(4).

[6] 张昆仑．价值概念探新 [J]. 湘潭大学学报(哲学社会科学版)，2004(6).

[7] 蔡继明．论广义价值论基本定理及广义价值与劳动价值的关系——广义价值论纲(下)[J]．南开学报，1999(2).

[8] 吴尚宗．价值实体之我见 [J]. 商业研究，2004(4).

前提，是进一步坚持和发展马克思主义劳动价值理论的基础。

（二）马克思关于价值定义的论述

每一个科学的定义，都有特定内容和严密的规定性，马克思主义经济学中的价值定义也是如此。在国内，大多数的教科书和辞典都将马克思主义政治经济学中的价值定义为凝结在商品中的一般的、无差别的抽象人类劳动，如商务印书馆辞书研究中心编印的新华词典等❶。应该看到，虽然马克思主义经济学强调劳动创造价值，劳动是价值的唯一源泉，但这种简单地把价值范畴与劳动等同起来的作法并不符合马克思主义政治经济学的原意。政治经济学中的价值理论是社会经济关系理论而不是价格形成理论，马克思研究价值理论的目的，是为了探讨在商品经济社会中被商品交换关系所掩盖的人与人之间的关系，并以此来揭示资本主义经济关系及其本质，而对价值定义的深入分析是马克思主义劳动价值理论的基础，是剖析资本主义经济制度的“钥匙”。本文认为，马克思主义经济学中的完整的价值定义应该包括三个方面的内容：第一，价值是在商品的交换关系中表现出来的共同东西，第二，价值的实体是凝结在商品中的无差别的人类劳动；第三，价值的本质是人和人之间被掩盖的社会关系。下面作具体说明：

第一，价值是在商品的交换关系中表现出来的共同东西。

马克思是从对商品的交换价值的分析入手，在本质的层次上抽象出价值范畴。马克思认为，交换价值表现为一种使用价值和另一种使用价值之间的量的关系，在商品交换价值的背后一定存在一种比它更加本质的东西，由此决定不同的商品能够按照一定的比例进行交换。为什么品种不同、数量不同的商品可以进行交换，如 1 件上衣可以和 10 码麻布、5 双布鞋交换等，马克思通过探讨，明确指出：首先，商品之间的交换是在对不同商品如麻布和上衣进行比较的基础上进行的；其次，一个商品可以和多种商品进行交换，这表明这些商品之间都具有相同的交换价值；再次，要交换就要进行比较和计量，上衣和麻布这两种数量不同、种类不同的商品之所以可以进行比较和计量，说明在它们之间存在着某种共同的质，即它们具有共同的东西；最后，这种“在商品的交换关系或交换价值中表现出来的共同东西”❷，就是商品的价值。也就是说，不同数量不同种类的商品之所以能够进行交换，说明它们之间存在着某种共同的东西；如果没有这共同的东西即质，不同数量不同种类的商品之间就不能进行比较和计量，就不能正常地交换。

❶ 商务印书馆辞书研究中心．新华词典[M].北京：商务印书馆， 2001.

❷ 中共中央编译局．马克思恩格斯全集（44）[M].北京：人民出版社，2001:51.

马克思正是从不同种类、不同数量的商品可以相互交换的现象出发，进一步探讨商品交换的本质，指出不同的商品之所以可以进行交换，是因为它们具有共同的东西——价值。

第二，价值是凝结在商品中的无差别的人类劳动。

马克思把这种商品交换过程中所表现出来的"共同的东西"称之为价值实体。"'20码麻布 = 1件上衣，或20码麻布值1件上衣'这一等式的前提是：1件上衣和20码麻布正好包含同样多的价值实体"[1]。首先，价值实体不是商品的天然属性。"这种共同东西不可能是商品的几何的、物理的、化学的或其他的天然属性。"[2]其次，它也不是商品的使用价值，因为不同种类的商品的使用价值是不同质的，它们之间难以进行有效的比较和计量，只有同质的东西才能相互比较和计量。此外，对于商品生产者而言，商品不是使用价值而是交换价值，商品生产者生产商品的目的在于交换，其只关心所生产的商品是否能够通过交换获得等量的交换价值。因此，如果撇开商品的使用价值，那么商品就只剩下一种属性，即人类劳动的耗费，而如果撇开了商品的使用价值，那么生产商品的劳动的具体形式也必然会被撇开，不再是各种不同形式的具体劳动，而是无差别的人类劳动。马克思正是从商品的基本属性入手，通过对商品交换现象的分析，通过对商品属性的抽丝剥茧式的剥离，最终找到各种不同属性的商品中的共同的东西，即它们都凝结了无差别的人类劳动。马克思明确指出，形成价值实体的劳动"是相同的人类劳动，是同一的人类劳动力的耗费"[3]。各种不同种类不同属性的商品之间之所以可以相互比较和交换，就是因为它们都是无差别人类劳动的凝结，即在商品中都凝结了无差别的人类劳动，这是对商品交换实践的科学概括。

第三，价值是被物的关系掩盖的人和人之间的社会关系。

应该看到，价值的实体是凝结在商品中的抽象劳动，但抽象劳动的凝结并不必然形成商品的价值。在非商品经济社会，劳动产品中同样凝结了无差别的人类劳动，但并不表现为价值，因此，对商品价值的认识仅仅停留在抽象劳动的凝结上显然是不够的。凝结在商品中的抽象劳动之所以表现为价值，这是由商品经济社会中所存在的社会劳动和私人劳动之间的矛盾导致的。在商品经济社会，生产商品的劳动即具有社会性又具有私人性。生产商品的劳动具有私人性，其不是直接的社会劳动，生产商品的劳动只有在商品交换过程中才能转化为被社会所承认

[1] 马克思．资本论（1）[M]．北京：人民出版社，2004:68.
[2] 马克思．资本论（1）[M]．北京：人民出版社，2004:50.
[3] 马克思．资本论（1）[M]．北京：人民出版社，2004:52.

的社会劳动，也正是在商品交换的过程中，劳动还原为抽象劳动，表现为价值。也就是说，价值形式是生产商品的劳动所特有的形式，只有在商品经济社会的商品生产、交换过程中才存在价值范畴，劳动形成价值就表明生产商品的私人劳动被社会所承认，成为社会总劳动的一部分。而在非商品经济社会，不存在商品、商品交换及相互交换劳动的关系，凝结在产品中的无差别人类劳动不必要采取价值的表现形式。应该看到，无论是商品和商品的交换还是商品和货币的交换，商品交换最终都可以归结为不同劳动者之间的劳动交换，即不同商品生产者之间相互比较和交换自身所耗费的劳动。也就是说，不同商品之间的交换都是以价值物来互相对待的，价值关系体现了商品生产者之间相互比较和交换劳动的关系。在商品经济社会，商品与商品之间互相交换的物与物的关系掩盖了商品生产者之间互相交换劳动的人与人的关系，同时也掩盖了生产不同商品的人类劳动的等同性，而人类劳动的等同性又进一步掩盖了商品生产者个人与社会之间的矛盾关系。马克思明确指出，价值的本质是被物的关系所掩盖的人与人之间相互交换劳动的社会关系，“当加利阿尼说价值是人和人之间的一种关系时，他还应当补充一句：这是被物的外壳掩盖着的关系”❶。

从以上分析中，我们可以看到马克思从商品的交换关系入手，通过分析逐步得出价值的科学内涵，即价值是在商品的交换关系中所表现出来的共同东西，是凝结在商品中的无差别的人类劳动，是被物与物的关系所掩盖的人与人之间的社会关系。有什么样的价值定义，就有什么样的价值理论，马克思的价值范畴表明，价值的核心是劳动，只有劳动才是创造价值的唯一源泉。

（三）要与其他价值概念划清界限

要准确把握马克思主义经济学中的价值范畴，就必须正确认识和区分各种不同的价值概念。

第一，马克思主义经济学的价值范畴与哲学或日常生活中的价值范畴是两个不同的概念。

哲学中的价值定义是指客体对主体的效用或客体对主体的意义。如果一个物品能够满足主体的某种需要，或者对某个主体具有积极意义，那么对于这个主体来说，这个物品就是有价值的，而如果该物品不能满足主体的某种需要，那么该物品就是没有价值的。在日常生活中我们所论述的价值大体也是这个含义，我们说某个事物有价值，也就是说它有用或有意义，如这本书的价值很大等。可见，

❶ 马克思．资本论（1）[M]．北京：人民出版社，2004:91.

哲学及日常生活中的价值概念与马克思主义经济学中的价值概念是不同的，哲学上的价值概念不是一个实体，而是主体和客体之间的一种特定的关系。而马克思主义经济学中的价值概念则有实体，其实体是无差别人类劳动的凝结，它反映的是人与人之间的相互交换劳动的关系。具体到商品这个问题上，哲学和日常生活中的价值概念恰好与马克思主义经济学中的商品的使用价值这个概念相一致，因为商品的使用价值就是指商品对人的有用性。因此，我们不能混淆哲学中的价值概念和马克思主义经济学中的价值概念，即不能用哲学的价值概念去代替马克思经济学中的价值概念，也不能试图把哲学中的价值范畴与马克思主义经济学中的价值范畴融合，否则就会造成理论上的混乱。

第二，要区分马克思主义经济学中的价值范畴和各种西方经济学中的价值范畴。

马克思主义经济学中的价值概念和西方经济学中的价值概念存在根本差异。要素价值论认为，价值与财富(使用价值)是同生共存的东西，价值的基础是使用价值，那么创造使用价值的劳动、资本、土地等各种生产要素，便自然而然地成为价值的源泉。效用价值论认为，商品的价值并非实体，价值无非是表示人的欲望同物品满足这种欲望的能力之间的关系，价值量的大小取决于人们对物品的主观评价。而均衡价值论将价值范畴直接定义为交换价值或市场价格，用对价格的分析代替了对价值的分析，认为生产费用决定供给，边际效用决定需求，供给和需求共同决定价值。可见，马克思主义经济学中所论述的“价值”并不是西方经济学所讨论的“价值”，而西方经济学中所说的“价值”也绝对不是马克思主义劳动价值思想中的“价值”；此外，还可以看到西方经济学各不同学派中的价值概念也各不相同，由各种不同价值概念出发所发展出的不同的价值理论，显然各不相同，其不可能形成一个统一的价值理论。

第三，要区分商品价值和产品价值。

部分学者从劳动产品中凝结了无差别的人类劳动出发，认为产品也具有价值，这种认识是错误的；其错误的根源在于混淆了马克思主义经济学所论述的价值的实体和价值的完整内涵。马克思主义经济学中完整的价值范畴由三个方面的内容构成，即价值是在商品的交换关系中表现出来的共同东西，价值的实体是凝结在商品中的无差别的人类劳动，价值的本质是被物与物的关系所掩盖的人与人之间的社会关系。应该看到，无差别人类劳动的凝结并不必然表现为价值，只有在商品经济条件下，凝结在商品中的抽象劳动才表现为价值。诚然，在《资本论》中马克思确实多次使用过产品价值的论述，但这并不是说产品具有价值，而是强调劳动产品中同样凝结了无差别的人类劳动。

此外，部分学者从恩格斯关于价值范畴的论述，即价值是“生产费用对效用的关系”[1]及价值的余留是“对效用和劳动花费的衡量”[2]的论述出发，认为在非商品经济社会也存在价值范畴。应该看到，马克思和恩格斯论述的价值概念并不相同，恩格斯是从效用和劳动耗费的关系角度来论述价值的，而马克思则是从商品交换过程中所体现的人与人关系的角度来论述价值的。恩格斯所论述的效用和费用的关系存在于任何社会形态，在未来的共产主义社会也将继续存在，它主要是用来解决物品是否应该生产问题，以及社会总劳动时间的合理分配问题的，这也是马克思所论述的“价值的一切本质上的规定”[3]。而马克思主义经济学中所论述的价值范畴则用来揭示商品交换关系背后所隐藏的人与人之间的关系，是与商品及商品经济相对应的历史范畴。恩格斯也完全赞同马克思关于价值范畴的论述，明确指出“经济学所知道的唯一的价值就是商品价值”[4]，并多次反复批判了杜林、桑巴特、考茨基等那些把价值概念永恒化的错误观点。

❶ 中共中央编译局．马克思恩格斯全集（1）[M]．北京：人民出版社，1960:605.
❷ 中共中央编译局．马克思恩格斯全集（20）[M]．北京：人民出版社，1973:335.
❸ 马克思．资本论（1）[M]．北京：人民出版社，2004:94.
❹ 中共中央编译局．马克思恩格斯全集（20）[M]．北京：人民出版社，1973:331.

第一章　抽象劳动与价值创造

抽象劳动是价值的实体，是劳动价值理论的核心内容；准确把握马克思所论述的抽象劳动范畴是科学理解马克思主义劳动价值理论的前提。以配第、斯密、李嘉图等为代表的古典政治经济学家虽然提出了劳动创造价值的观点，但是由于他们不能科学地说明究竟是什么劳动创造价值，因此常常碰到不能解释的现象，从而陷入自相矛盾的境地。马克思批判地继承了古典经济学家劳动创造价值的观点，并在此基础上创立了科学的劳动两重性理论——把完整的劳动区分为抽象劳动和具体劳动，并以此为基础科学地阐述了什么劳动创造价值、怎么创造价值以及为什么创造价值的问题。可以说，劳动两重性理论是马克思主义劳动价值论的基石，如果没有对劳动两重性的研究，就不可能形成科学的劳动价值理论，更不可能形成科学的马克思主义政治经济学。

第一节　马克思关于抽象劳动的论述

一、马克思抽象劳动思想的发展历程

（一）古典政治经济学关于抽象劳动的论述

马克思科学地论述了关于抽象劳动及劳动两重性的思想，但这并不是马克思的首创，我们不能忽视抽象劳动及劳动两重性理论的历史渊源，忽视古典政治经济学家的贡献。古典政治经济学家们从现实出发，抽象出“劳动一般”范畴，并深刻认识到劳动是价值的源泉。马克思对抽象劳动及劳动两重性的论述是建立在对古典政治经济学家相关思想批判继承的基础上的，我们有必要回顾古典政治经济学家们关于抽象劳动和劳动两重性思想的论述。

在重商主义流行的年代，配第首先把对经济理论的研究从流通领域转到生产领域，并创造性地提出了劳动创造价值的观点。他认为在资本主义社会劳动生产的是商品，是交换价值，而不是直接的使用价值。他把劳动区分为两类：一类是生产商品的劳动，一类是生产金、银的劳动。配第并认为生产商品的劳动只有在其商品和金、银交换时才表现为交换价值，而只有生产金、银的劳动才是创造价值的劳动。应该看到，在这里配第虽然错误地将生产金、银的劳动当作生产交换价值的劳动，但他已经认识到并不是所有的劳动都是创造价值的劳动，并朦胧地感觉到在生产商品的过程中存在两种作用不同的劳动，由此迈开了探索劳动两重性的第一步。

斯图亚特继承和发展了配第关于生产商品的劳动是与生产金和银的劳动有区别的思想，指出“那种通过自身转移而创造出一般等价物的劳动，我称之为产业”❶。也就是说，斯图亚特区分了创造一般等价物的称之为“产业”的劳动和创造使用价值的称之为“实在劳动”的劳动。马克思高度评价了斯图亚特的这一观点，指出“他清楚地划分了表现在交换价值中的特殊社会劳动和获取使用价值的实在劳动之间的区别”❷。

亚当·斯密明确地把价值区分为使用价值和交换价值，并指出，只有劳动才“是衡量一切商品交换价值的真实尺度”❸。他通过深入分析以工场手工业为基础的商品交换关系，指出各行业的不同的具体劳动只有转化为“劳动一般”才能进行交换。也就是说，斯密不仅克服了配第把生产金银的劳动等同于创造价值的劳动的错误思想，而且进一步从生产商品的各种具体劳动中抽象出了“劳动一般”范畴，在对生产商品的劳动两重性的研究中“大大地前进了一步”。但是，必须指出，这里斯密所抽象出的“劳动一般”范畴并不是抽象劳动，他并没有科学地区分出具体劳动范畴和抽象劳动范畴，而是错误地认为创造商品价值的劳动和创造商品使用价值的劳动是相同的劳动，以致在进一步研究怎么衡量商品的价值时陷于了混乱。

关于劳动两重性的研究大卫·李嘉图又比斯密前进了一步。他正确地把使用价值看作交换价值的物质承担者，并进一步指出创造价值的劳动不是某种具体劳动，而是从具体劳动中抽象出来的由社会规定的人的体力和脑力的消耗，即“社会必要劳动”。可是他并没有深入研究“社会必要劳动”的性质，而是把注意力

---

❶ 中共中央编译局．马克思恩格斯全集（13）[M]．北京：人民出版社，1962:48.

❷ 中共中央编译局．马克思恩格斯全集（13）[M]．北京：人民出版社，1962:48.

❸ 斯密．国民财富的性质和原因的研究[M]．北京：商务印书馆，1988:26.

集中在对劳动量的分析上。此外，他不仅认识到生产使用价值的具体劳动和生产商品的劳动是不同质的，而且还探讨了商品生产过程中直接劳动和间接劳动与价值形成的关系问题，这表明他已经开始应用生产商品的劳动两重性的观点来研究现实经济问题。然而，由于他的阶级局限性和形而上学的分析方法的局限，他不理解经济范畴是社会关系的理论表现，因而把资本主义生产方式看作永恒的社会形态，因此不可能科学地揭露出生产商品的劳动两重性。

通过以上分析可知，古典政治经济学家虽然已经认识到劳动创造商品的价值，劳动时间决定商品的价值量，但是由于他们把资本主义生产方式看成永恒的范畴，把商品经济和商品生产看成永恒范畴，混淆了产品生产和商品生产的区别，以致把创造价值的劳动也看成自然的永恒范畴。虽然他们已经在一定程度上揭示了生产商品的劳动具有两重性，但是他们并没有形成系统的理论，没有深入探索生产商品的劳动为什么具有二重性，没有科学地区分创造价值的劳动和创造使用价值的劳动，他们不知道劳动在什么条件下形成价值以及怎样形成价值，只有一个笼统的简单的“劳动一般”概念，“就必然处处都碰到不能解释的现象”❶。

（二）马克思劳动两重性思想的发展历程

在《1844 年哲学—经济学手稿》中，马克思在阐述异化劳动思想时最早使用了“抽象劳动”的概念。在这里，马克思一方面用“抽象劳动”来说明雇佣工人的劳动，他认为正是这种体力的、片面的劳动把雇佣工人变为劳动机器，另一方面，当他在比较重农主义和重商主义，比较斯密的价值理论和重农主义时，又把“抽象劳动”看成与“特殊劳动”相对应的具有普遍性和社会同一性的劳动。这或许可以说是马克思关于劳动两重性理论的最初萌芽。

马克思在《1857—1858 年经济学手稿》中再次论述了抽象劳动范畴。《手稿》论述了商品的两重性，即商品既是自然存在，也是经济存在，体现了社会生产关系。同时，他区分了“一般形式”的劳动和“自然形式”的劳动，认为商品不是“一般形式”的劳动，即抽象劳动的结果，而是“自然形式”的劳动，即具体劳动的结果。在这里，他虽然还没有把抽象劳动和价值联系起来，但他已经开始对商品、资本、剩余劳动等范畴进行了详细的考察，可以说距科学的劳动两重性理论仅仅只有一步之遥。

在 1859 年的《政治经济学批判》中，马克思科学地论述了抽象劳动与价值、具体劳动与使用价值之间的关系，他明确地指出，“生产交换价值的劳动是抽象

❶ 中共中央编译局．马克思恩格斯全集（32）[M]．北京：人民出版社，1974:12.

的一般的和相同的劳动，而生产使用价值的劳动是具体和特殊的劳动”[1]。在这里，他科学地提出了抽象劳动和具体劳动的概念，并把它们分别与价值和使用价值对应起来，形成了科学的劳动两重性理论，这是以前从来没有做到过的。

二、准确把握马克思的抽象劳动、具体劳动范畴

劳动两重性理论是劳动价值理论的基础，准确把握马克思主义经济学中的抽象劳动和具体劳动范畴是科学理解劳动价值理论的前提。

（一）准确把握马克思的抽象劳动范畴

第一，抽象劳动是无差别人类劳动的耗费，其实质是指人类劳动的等同性。

马克思明确指出，任何劳动过程，一方面是有目的的生产具体的使用价值的过程，另一方面是人类生理学意义上的体力和脑力的耗费过程，即人类劳动力的耗费过程。“一切劳动，一方面是人类劳动力在生理学意义上的耗费”[2]，这是所有劳动所共有的特性，没有质的差别，古典政治经济学家就从中抽象出了劳动一般范畴，即马克思所论述的无差别的人类劳动。在《资本论》中，马克思指出，如果撇开商品的使用价值，那么商品的共同属性就是它们都是人类劳动的产物，都要耗费人的脑力和体力，然而既然已经撇开劳动产品的各种特殊属性，那么生产这些产品的劳动的特殊属性也就撇开了，于是“各种劳动不再有什么差别，全都化为相同的人类劳动，抽象人类劳动”[3]。可见，马克思所论述的抽象劳动的实质是指人类劳动的等同性，是无差别的人类劳动的耗费。马克思多次论述了抽象劳动的实质，并使用“等同的人类劳动”“同种劳动”和“人类劳动”等概念来表述它。在《政治经济学批判》中，马克思指出：“表现在交换价值中的劳动可以叫作一般人类劳动”[4]；在《1861—1863 年经济学手稿》中，马克思说：纺纱劳动创造价值“是因为它是一般劳动，抽象的，等同的社会劳动”[5]；在《资本论》中，马克思指出，就创造价值而言，织与缝毫无区别，“这种等价表现实际上是把不同种商品所包含的不同种劳动化为它们的共同东西，化为一般人类劳动”[6]。应该指出，马克思虽然是从分析商品开始抽象出抽象劳动范畴的，但他所论述的抽象劳动范

[1] 中共中央编译局 . 马克思恩格斯全集（13）.[M]. 北京：人民出版社，1962:24.
[2] 马克思 . 资本论（1）[M]. 北京：人民出版社，2004:60.
[3] 马克思 . 资本论（1）[M]. 北京：人民出版社，2004:51.
[4] 中共中央编译局 . 马克思恩格斯全集（13）[M]. 北京：人民出版社，1962:19
[5] 中共中央编译局 . 马克思恩格斯全集（47）[M]. 北京：人民出版社，1979:81
[6] 马克思 . 资本论（1）[M]. 北京：人民出版社，2004:65

畴并非特指生产商品的抽象劳动，生产商品的抽象劳动只表示在生产商品的过程中耗费了无差别的人类劳动即耗费了劳动力，而劳动力的耗费是与劳动、与劳动产品相对应的，任何劳动都要耗费劳动力，即生产产品的劳动同样也会耗费无差别的人类劳动。

要注意区分抽象劳动范畴与古典政治经济学家的“劳动一般”。科学地理解马克思的抽象劳动范畴，要注意区分古典政治经济学家的“劳动一般”和抽象劳动范畴。应该指出，在当代依然有学者混淆抽象劳动和劳动一般范畴的区别，如杨曾宪❶认为，“抽象”相对于“具体”而言可以多层存在，“具体”和“抽象”不能构成“二重性”，并以种植萝卜的劳动可以抽象为农业劳动或无差别的劳动为例，试图证明劳动不存在两重性。杨曾宪错误地理解了马克思的抽象劳动范畴，混淆了具体与抽象的关系，犯了与古典政治经济学家类似的错误。在马克思主义经济学中，抽象劳动范畴的实质是指劳动的等同性，任何劳动都是人类劳动力的耗费，都可以抽象为无差别的人类劳动。而古典政治经济学家的“劳动一般”范畴却主要用于区分个别劳动和一般劳动，即他们运用抽象思维的方法对形形色色的个别的、具体的、特殊的劳动的同一性进行理论概括，从而得出了一般劳动范畴。就像是“白马非马”中的马是包括白马在内的抽象一样，“劳动一般”范畴主要论述的是一般劳动与个别劳动或特殊劳动的关系，如劳动和纺纱劳动的关系等，这主要是从劳动整体上来论述的，虽然也概括出了各种具体的特殊的劳动的共同特征，但是还没有达到所有的劳动都是人类劳动力的耗费这一抽象层次。他们将“劳动一般”看作一个整体形式存在的东西，而并不是人类劳动力在生理学意义上的耗费，这与马克思主义经济学中的抽象劳动范畴存在本质上的区别。马克思的抽象劳动范畴是与具体劳动相对应的，是劳动过程中抽象劳动和具体劳动对立统一中的一方面，它与劳动的整体形式无关，而特指在劳动过程中人类生理学意义上的体力和脑力的耗费，它是劳动整体中不可或缺的一个方面，与具体劳动一起构成劳动中的对立统一。

第二，抽象劳动范畴是现实的经济范畴，不仅仅是纯粹的生理学意义上的抽象，同样也包含了对经济关系的抽象。

马克思虽然是从人类劳动力生理学角度来论述抽象劳动范畴的，但这并不表明抽象劳动不具有社会性、不反映一定的社会关系。首先，任何劳动即人们劳动力的耗费都是在一定的社会历史条件下、在一定的社会关系中进行的，人们的劳

❶ 杨曾宪．科学对待马克思劳动价值论的缺憾——“价值学视域中的劳动价值论与商品”系列研究之十三[J]．社会科学论坛，2011（5）．

动产品不仅体现了人与自然之间的关系，同时也体现了人与人之间的关系——任何劳动产品中都凝结了无差别的人类劳动，无论这种抽象劳动的凝结是否表现为价值，这种质的等同性本身就体现了人与人之间的社会关系，也就是说，马克思主义经济学中的抽象劳动范畴同样包含了对经济关系的抽象，这是一个现实的经济范畴。其次，正是因为各种不同形式不同种类的劳动所生产出的具有异质使用价值的产品中都凝结了同质的无差别的人类劳动，从而使各种不同类型的劳动产品可以通过其所凝结的抽象劳动的量的多少而建立起等量关系，使不同产品之间的平等交换成为可能，从这个意义上来说，在产品中所凝结的抽象劳动不是物，其同样反映了不同生产者之间平等交换不同使用价值的关系。再次，构成产品交换中介的抽象劳动还具有社会平均劳动的性质，它不是单个生产者自己生产某种产品时所耗费的劳动或劳动时间，而是在社会正常生产条件、社会平均劳动熟练程度和劳动强度下，生产某种产品时所耗费的劳动或劳动时间，即社会必要劳动时间，这是在平等交换过程中由社会自发选择而成的，同样体现了不同生产者之间的竞争关系。最后，只有在一定的社会历史条件下才存在对劳动进行抽象的必要，即只有当不同生产者所生产出来的不同劳动产品需要进行交换并频繁进行交换时，人们才会开始探讨抽象劳动问题，抽象劳动作为衡量不同劳动产品的尺度而存在，它是人们安排生产、进行分配的基础。如在非商品经济社会中在直接生产产品的条件下，怎样分配社会劳动、如何进行劳动量的比较、计量以及怎么分配劳动产品，这同样需要借助抽象劳动范畴。也就是说，把抽象劳动概括为无差别的人类劳动并不排斥抽象劳动的社会性质，也并不否定其在特定的社会历史条件下所反映的社会关系，在抽象掉劳动的具体形式之后的抽象劳动范畴同样包含了对经济关系的抽象，是一个现实的经济范畴，它与纯粹的生理学意义上的劳动力的支出有着本质的区别。

在此，我们要注意区分抽象劳动范畴和简单劳动范畴。在提出抽象劳动范畴后，马克思进一步指出，形成商品价值的劳动“是每个没有任何专长的普通人的有机体平均具有的简单劳动力的耗费”❶。也就是说，马克思对作为人类劳动力生理学意义上耗费的抽象劳动进行了第二次抽象，将形成价值的抽象劳动最终归结为简单平均劳动，应该看到，马克思所论述的简单平均劳动范畴与简单劳动范畴是两个截然不同的概念。马克思所论述的简单劳动是不需要经过专门训练的、普通劳动者可以直接胜任的劳动。马克思认为复杂劳动是倍加的简单劳动，在商品交换过程中，可以把复杂劳动简化为简单劳动来进行比较，并且“为了简便起见，

❶ 马克思．资本论（1）[M]. 北京：人民出版社，2004:58.

我们以后把各种劳动力直接当作简单劳动力，这样就省去了简化的麻烦”[1]。在这里我们可以很清楚地看到简单平均劳动和简单劳动之间的区别。第一，简单平均劳动中的平均表明其体现了一定的社会经济关系，而简单劳动则没有体现任何经济关系，仅仅是人类劳动力的衡量标准。第二，作为产品交换中介的简单平均劳动是对抽象劳动的再次概括，它的内涵是相对固定的，而简单劳动的判断标准则是一个变化的过程，会随着社会生产力的发展而变化。也就是说，随着社会生产力的发展、劳动者受教育程度的提高，过去我们所说的只有少部分人能够从事的复杂劳动现在可能已经成为简单劳动，如识字等。

第三，抽象劳动是与劳动产品相对应的范畴。

马克思是从商品出发来分析和揭示资本主义社会的基本矛盾，但这并不意味着马克思所论述的劳动的两重性理论仅仅只适用于生产商品的劳动。任何劳动都要耗费一定的脑力和体力，都要采取一定的具体形式，马克思的劳动两重性理论适用于任何劳动范畴。在论述劳动两重性理论时，马克思明确指出：“一切劳动，一方面是人类劳动力在生理学意义上的耗费；就相同的或抽象的人类劳动这个属性来说，它形成商品价值。一切劳动，另一方面是人类劳动力在特殊的有一定目的的形式上的耗费；就具体的有用的劳动这个属性来说，它生产使用价值。”[2]此外，在马克思的论述中，他首先将商品的使用价值撇开，于是商品的唯一属性就是人类劳动的产品，马克思再将生产这些产品的劳动的特殊形式撇开，那么“各种劳动不再有什么差别，全都化为相同的人类劳动，抽象人类劳动”[3]。也就是说，在马克思看来，抽象劳动是与劳动产品相对应的范畴，它不仅可以凝结在商品中，也能够凝结在劳动产品中。由此可见，关于劳动的两分法适用于一切劳动范畴，适用于一切时代，那种认为只有生产商品的劳动才存在具体劳动和抽象劳动区分的观点，混淆了抽象劳动的质的规定性和抽象劳动在商品经济社会中的特殊表现形式。

应该看到，产品是一个永恒范畴，劳动产品中同样凝结了无差别的人类劳动。商品的价值是产品中凝结的抽象劳动在特定社会经济条件下的特殊表现形式，正如劳动产品并不必然成为商品一样，抽象劳动也并不必然表现为价值，只有在商品经济条件下凝结在商品中的抽象劳动才可能表现为价值。在商品经济社会，不同的劳动产品只有转化为同质的无差别的人类劳动，即采取价值的形式，才能进

---

[1] 马克思．资本论（1）[M]．北京：人民出版社，2004:58.

[2] 马克思．资本论（1）[M]．北京：人民出版社，2004:60.

[3] 马克思．资本论（1）[M]．北京：人民出版社，2004:51.

行有效的计量、比较和交换，这是商品经济社会中商品生产所特有的表现方式。应该指出，即使在商品经济社会，也同样存在生产不用来交换的产品的劳动，如农民生产自己食用的蔬菜所耗费的劳动，而这种生产产品的劳动也同样可以转化为生产商品的劳动。在现实社会中，也同样存在产品转化为商品的偶然现象，如农民将自己种植的多余的蔬菜拿出去卖，也就是说这些劳动产品同样可以转变为商品。从生理学意义上来看，无论农民是否将多余的蔬菜拿到市场上去交换，在其所生产出来的蔬菜中都凝结了无差别的人类劳动——没有农民的劳动，就不能生产出蔬菜，而在农民劳动过程中则必然会耗费一定数量的脑力和体力，并凝结在其所生产出来的劳动产品蔬菜中。而正是因为蔬菜这种劳动产品中同样凝结了无差别的人类劳动，所以其同样可以转变为商品，当农民将多余的蔬菜拿到市场上去交换，蔬菜这种劳动产品转变为商品时，凝结在其中的抽象劳动便表现为价值。也就是说，凝结在劳动产品中抽象劳动是始终存在的，并不取决于其是否参与商品交换。

在此，我们还有必要进一步探讨凝结在商品中的抽象劳动和凝结在产品中的抽象劳动之间的区别。首先，它们所反映的社会关系不同。凝结在产品中的抽象劳动所体现的人与人之间的关系是非常明显的，其所反映的是直接的社会劳动关系，即劳动产品是直接的社会劳动的产物。而凝结在商品中的抽象劳动则体现私人劳动和社会劳动之间的关系，即在商品经济社会，生产商品的私人劳动必须通过价值中介转化成被社会所承认的社会劳动，也就是说商品的价值首先表现为交换价值，从而使商品生产过程中人与人之间的关系表现为物与物之间的关系。其次，凝结在商品中的抽象劳动必须通过商品交换才能表现出来，也就是说，在商品经济中，凝结在商品中的抽象劳动首先表现为价值范畴，进而表现为交换价值范畴，最终通过交换表现为货币。而凝结在产品中的抽象劳动则可以直接用劳动时间来衡量，可直接进行比较和分配。

第四，抽象劳动是一个适合任何社会形态的永恒范畴。

马克思详细地论述了生产商品的劳动的两重性，但他从来都没有说过抽象劳动是商品经济、商品生产所特有的范畴。马克思认为，无论在任何社会形态，只有将各种不同形态的劳动转化为同质的、无差别的一般人类劳动，才能有效地进行劳动量的通约、计量和比较。而关于劳动量的比较、计量问题是所有社会形态的共同特征，无论是商品经济社会还是非商品经济社会都不例外。应该看到，在不同的社会形态中，抽象劳动有着不同的表现形式。在商品经济条件下，抽象劳动表现为价值的形式，间接充当不同劳动者的不同劳动之间比较、计量的中介。而在非商品经济社会，抽象劳动则直接充当不同劳动者的不同劳动之间比较、计量的中介，而不必通过价值形式这种迂回的方式进行，如在共产主义社会可以直接用劳动时间来对劳动进行比较和计量，而不需要价值形式和价值范畴。应该看到，马克思在这里所论述的劳动时间是撇开劳动的具体形态的抽象劳动时间，这是对在商品经济条件下采取价值形式来计量劳动量的扬弃，而不是对抽象劳动的否定。

此外应该指出，虽然抽象劳动的实质是人类劳动的等同性，是一个永恒范畴，但它同样具有历史性。人们只有在具体劳动充分发展、劳动形式极大丰富的前提下，才有必要和可能科学地认识抽象劳动范畴。只有社会生产力发展到一定程度，社会分工高度发达，劳动力可以自由流动，“个人很容易从一种劳动转到另一种劳动”[1]“任何一种劳动都不再是支配一切的劳动”[2]时，各种不同的劳动才有必要和有可能被当作等同的劳动看待，人们才有可能从各种不同形式的劳动中归纳出一般的等同的抽象劳动范畴。也就是说，虽然抽象劳动始终都存在并适用于一切社会形态，但只有当它充分表现出来的时候，人们才有可能科学地认识它。在这里，我们所论述的抽象劳动的历史性是相对于对抽象劳动的认识过程而言的。

（二）准确把握马克思的具体劳动范畴

马克思在论述抽象劳动范畴的同时，同样论述了具体劳动范畴。在马克思看来，具体劳动是与抽象劳动相对应的范畴，是指在一定的具体条件下人们采用某种特定的具体形式生产某种使用价值的实践活动。从一般的角度来说，任何劳动都是与特定的劳动目的相联系的，都要使用特定的劳动工具，采用特定的劳动方法和特定的劳动形式，也就是说，任何劳动都有自己特殊的、具体的表现形式，都是在特定的具体形式下进行的，它们都直接表现为具体劳动。我们可以看到，在现实社会中，人们的需求是多种多样的，如衣食住行等，而要满足人们各种各样不同的需求，就必须进行各种各样不同形式的劳动，如农民种地、工人炼钢、医生治病等；也正是这些多种多样的、目的不同、方法不同、形式不同的劳动，才生产出各种各样的不同的使用价值来满足人们多种多样的不同的需求。这些多种多样的、特殊的、不同形式的劳动就是具体劳动，它们是在劳动过程中所表现出来的具体劳动方面。

应该指出，不同的具体劳动生产出不同的使用价值，它在体现人与自然的关系的同时，同样也与一定的社会生产关系相联系，它决定着人们从事何种类型劳动，决定着劳动将生产什么使用价值，即怎样生产和生产什么的问题，这同样体

---

[1] 中共中央编译局．马克思恩格斯全集（46）上[M]．北京：人民出版社，1979:42.

[2] 中共中央编译局．马克思恩格斯全集（46）上[M]．北京：人民出版社，1979:42.

现了一定的社会分工关系。同时，应该看到，在不同的社会历史条件下，劳动具有不同的具体存在形式，并且这些劳动形式会随着社会经济的发展及生产方式的变化而发展变化，即使是生产同种使用价值的劳动也不例外，如生产衣服的劳动，以前需要进行手工纺织，而现在可以采用机器生产等，这些劳动形式的变化实质上也反映了特定社会历史条件下的一定经济关系。

此外，还有必要区分具体劳动范畴和劳动范畴。在马克思主义政治经济学中，具体劳动是指劳动采取的一定的具体的形式，如织布、种地、洗衣、歌唱等，它是与抽象劳动相对应的范畴，仅仅只是劳动两重性中的一个方面，并不是完整意义上的劳动。在现实经济生活中不存在独立的具体劳动范畴，具体劳动也不能独立生产出产品的使用价值，只有作为抽象劳动与具体劳动统一体的完整形态的劳动，才可以生产出产品的使用价值并将抽象劳动凝结到产品中去。在这里，我们同样不能混淆具体劳动范畴和古典经济学家所论述的个体劳动范畴，古典经济学家所论述的个体劳动范畴是可以独立存在并创造使用价值的个别劳动现象，如农民种地，而具体劳动并非完整的、实在的劳动，它与抽象劳动的对立统一才构成完整形态的现实的劳动。

（三）科学理解具体劳动和抽象劳动之间的关系

马克思用具体劳动范畴概括现实社会多种多样、千差万别的劳动形式，用抽象劳动范畴概括各种不同形式劳动的共同本质——它们都是人类劳动力生理学意义上的耗费。具体劳动和抽象劳动相互联系、相互依存，是同一劳动过程中不可或缺的两方面，它们共同构成整体的实在的劳动，马克思称之为劳动两重性。

第一，它们相互依存，是同一劳动过程中的不可或缺的两方面。

具体劳动是具有特定的生产目的、生产形式、生产条件、生产方法的劳动，它们要生产出各种的不同的使用价值，必然会耗费一定数量的无差别的人类劳动。抽象劳动范畴是从千差万别的不同形式的劳动中抽象出来的，是所有劳动的共性，它同样不可能脱离具体劳动而独立存在。任何劳动力的耗费都必须采取一定的劳动形式，不存在不采取具体劳动形式的抽象劳动，不进行特定形式的具体劳动，就不能耗费一定量的无差别的人类劳动，就不存在抽象劳动以及抽象劳动的凝结，同时也不可能生产出特定的劳动产品，没有具体劳动就没有抽象劳动。

也就是说，抽象劳动和具体劳动具有同一性，它们相互依存，不可分割，是同一个劳动过程中的两个方面，绝不是各自独立的两种劳动和两次劳动。从不同的角度来考察，任何劳动都可以区分为两方面，一方面，从劳动的具体形式及从生产使用价值的角度来看，任何劳动都是在特定的具体形式下进行的，都是具体劳动；另一方面，从劳动力的耗费及形成价值的角度来看，任何劳动都是人类劳动力生理学意义上的耗费，都是抽象劳动，这是同一劳动过程中的同时存在并同时发挥作用的两方面，即生产使用价值和耗费抽象劳动是劳动的整体功能而并不是两个独立的并列的功能。也就是说，任何劳动都具有这种两重性，它们无论是在时间上还是在空间上都是统一的，不能脱离对方而孤立存在，它们共同构成完整的、实在的劳动。因此，在进行劳动两重性的研究时，我们绝不能忽视劳动的整体性，不能把具体劳动和抽象劳动分裂为两次劳动或两种劳动。

第二，它们相互区别、相互影响。

首先，具体劳动和抽象劳动的作用完全不同。具体劳动是从劳动的具体形式来考察的，它与生产资料相联系，揭示的是人与自然之间的关系，它是劳动的自然属性，解决的是怎样劳动和什么劳动的问题；而抽象劳动则抽象掉了劳动的具体形式，仅仅从劳动力的耗费角度来考察劳动范畴，它与生产资料无关，主要反映人与人之间的关系即劳动的社会性，解决的是劳动的量的计量和比较的问题。具体劳动的结果是生产出各种不同的使用价值，强调的是劳动的形式，不同的劳动形式生产出不同的使用价值，它体现的是劳动的特殊性，正因为这些异质的使用价值使商品交换成为必要；而抽象劳动则在劳动过程中凝结在产品中形成价值的实体，它强调的是劳动的同质性、可比性及其量的关系，体现的是劳动的同一性，正是因为这些同质的抽象劳动从而使商品交换成为可能并得以顺利进行。

其次，具体劳动是一个发展的变化的范畴，随着社会生产力的发展、生产关系的变化，劳动的种类、形式也会相应地发生变化，即具体劳动是在不断发展变化过程中，而抽象劳动则是相对稳定的范畴，它特指无差别人类劳动力的耗费，不会随着社会关系、生产力的变化而变化。

再次，在生产相同产品的过程中，选择不同的具体劳动形式，会在一定程度上影响抽象劳动的耗费和凝结。马克思明确指出，“生产力特别高的劳动起了自乘的劳动的作用”❶，也就是说，生产力高的劳动在相同时间内所耗费的劳动量比其他劳动要少，所凝结而形成的价值量比其他劳动要高。而劳动的具体形式，是生产力发展状况的重要表现形式，如果选择了恰当的具体劳动形式，就可以提高劳动生产力，节省劳动成本，在相同劳动时间内生产更多的使用价值，并凝结形成更多的价值。

此外，我们还应该看到，在不同的社会经济条件下具体劳动和抽象劳动在劳动统一体中的地位是不同的，即它们之间也存在矛盾主要方面和非主要方面的区

❶ 马克思．资本论（1）[M].北京：人民出版社，2004:370.

别，并且这种区别会随着社会经济条件的发展而变化，并相应的体现在劳动过程中以及相应的交换与分配关系中。也就是说，随着社会生产力、社会生产关系的发展，在劳动统一体中，具体劳动和抽象劳动的地位也是发展变化的。例如在原始社会，在抽象劳动和具体劳动的对立统一体中，抽象劳动是矛盾的主要方面，即谁拥有充沛的脑力和体力即劳动能力强，谁就可以取得较高的社会地位并占有更多的劳动成果。而随着社会生产力的发展，抽象劳动的主体作用则逐步让位于具体劳动，如在生产力高度发达的商品经济社会，具体劳动已经成为劳动的主要矛盾方面并发挥决定性的作用——谁拥有了劳动的前提条件如生产资料等，谁就可以获得更高的社会地位并占有更多的劳动成果。

第二节　准确把握抽象劳动与价值创造的关系

一、凝结在商品中的抽象劳动形成价值的实体

（一）抽象劳动不创造价值

抽象劳动是与具体劳动相对应的范畴，是劳动两重性中对立统一的一方面，它与价值范畴既有联系又有区别。抽象劳动的实质是无差别的人类劳动，是人类劳动的等同性，抽象劳动可以形成价值，但并不等同于价值，也不创造价值，而是在劳动过程中凝结在商品中形成价值的实体。马克思从来没有论述过抽象劳动创造价值的思想，而是反复强调在劳动过程中人类劳动力在生理学意义上的耗费，并且指出只有凝结形态的抽象劳动才构成价值的实体。他明确指出："处于流动状态的人类劳动力或人类劳动形成价值，但本身不是价值。它在凝固的状态中，在对象化的形式上才成为价值。"[1]也就是说，在马克思看来，抽象劳动的耗费是价值形成的前提，抽象劳动的凝结所形成的仅仅只是价值的实体，它不可能自己创造自己，是劳动创造价值，而不是抽象劳动创造价值，抽象劳动在劳动过程中凝结在劳动产品上形成价值实体。马克思明确指出，"在同一时间内，劳动就一种属性来说必然创造价值，就另一种属性来说必然保存或转移价值"[2]。在此，我们既不能把抽象劳动等同于价值，也不能认为抽象劳动创造价值；否则就可能陷入劳

❶ 马克思．资本论（1）[M].北京：人民出版社，2004:65.

❷ 马克思．资本论（1）[M].北京：人民出版社，2004:232.

动创造劳动的价值的循环论证中。

（二）只有生产商品的劳动所对应的抽象劳动才可能形成价值

第一，马克思所论述的价值特指商品的价值。

要区分产品和商品，区分凝结在产品中的抽象劳动和凝结在商品中的抽象劳动，价值是与商品生产相对应的范畴，不能把凝结在劳动产品中的抽象劳动称之为价值。从劳动产物的角度来看，在现实经济生活中存在生产商品的劳动和生产产品的劳动。产品和商品之间的区别在于是否进行市场交换，即使在商品经济社会也并不是所有的劳动都是生产商品的劳动，也同样存在生产产品的劳动，如农民生产自己口粮的劳动等。产品是一个永恒范畴，它具有使用价值，是人类社会存在和发展的基础，这体现了人与自然之间的关系。产品的使用价值可以不经过市场交换而直接分配，但是劳动产品同样也可以参与市场交换，并且也存在参与市场交换的可能，如在商品经济社会，劳动者的私人劳动所生产出来的劳动产品同样可以和可能转化为商品。此外，生产产品的劳动同样是各种不同的具体形式的劳动和无差别人类劳动耗费的统一体，劳动两重性同样适用于生产产品的劳动，生产产品的劳动所耗费的抽象劳动同样凝结在劳动产品之中。然而，马克思并没有详细论述产品的价值问题，其所创立的科学的劳动价值理论中所论述的价值特指商品的价值，其所论述的创造价值的劳动两重性，是与商品经济、商品生产相联系的范畴。任何人类劳动都具有两重性，但只有生产商品的劳动的两重性才与商品的两因素对应，只有生产商品的劳动所对应的抽象劳动才可能凝结在商品中形成价值的实体。马克思认为，在非商品经济社会，劳动者的私人劳动可以直接地表现为社会劳动，即社会劳动的分配、劳动产品的分配都无须价值插手其中，在这里劳动可以不表现为价值，同时也不必表现为价值。例如在原始社会，生产者的私人劳动直接表现为符合社会有机体需要的劳动，而不必要通过商品交换进行转化，因此也就不存在马克思主义经济学中的价值范畴。而在商品经济社会，由于存在社会劳动和私人劳动之间的矛盾，生产商品的私人劳动只有成功地通过市场交换才能被社会所承认，进而间接地表现为社会劳动。因为在商品经济社会，商品生产是在生产资料私有制条件下进行的，劳动者所生产出来的劳动产品是私人所有，其必须把自己生产的劳动产品拿到市场上进行交换，才能使自己的私人劳动被社会所承认，也正是交换使商品裂变为使用价值和交换价值，只有在这种条件下，生产商品的私人劳动才需要还原为无差别的人类劳动、需要通过价值中介转化被社会所承认的社会劳动。也就是说，虽然生产产品的劳动同样具有两重性，劳动产品中同样凝结了无差别的人类劳动，同样具有“价值”，但这个价值仅仅是强调在劳动产品中同样凝结了无差别的人类劳动，这并不是马克思在劳动价值理论中所论述的价值。

第二，马克思所论述的劳动两重性是与商品相对应的范畴。

马克思以唯物史观的视角，辩证地分析了资本主义社会存在的历史性，并论证了商品范畴及商品经济的历史性，指出只有在私有制条件下及生产力和社会分工发展到一定程度时，产品才会转化成为商品，才会出现商品范畴。马克思通过对商品经济产生和发展历程的详细分析，揭示了商品与产品的异同、商品生产与产品生产的异同，发现了生产商品的私人劳动和社会劳动之间的矛盾。马克思指出，古典政治经济学家把资本主义生产方式看作永恒的自然形式，因而忽略了商品形式的历史性及其进一步发展的可能性，由此导致不能科学地认识劳动的两重性，把抽象劳动和“劳动一般”混为一谈。而正因为马克思科学地区分了商品和产品这两个不同的范畴，才能有效地克服古典政治经济学家的缺陷，才能科学地考察生产商品的私人劳动和社会劳动之间的矛盾，才能创立科学的劳动两重性理论。可以说，商品是马克思劳动价值理论乃至马克思主义经济学的逻辑起点，商品中包含了商品经济社会一切矛盾的萌芽，正如马克思是从分析商品开始来分析价值范畴一样，马克思所论述的创造价值的劳动的两重性也没有离开商品这个范畴，马克思是从分析商品开始，研究劳动的内在矛盾，从而揭示生产商品的劳动的两重性的，马克思所论述的凝结在商品中的抽象劳动，是“体现在商品中的劳动的二重性”[1]中的一个方面，这是马克思的劳动价值理论和古典政治经济学家的劳动价值理论的本质区别之一。也就是说，马克思的劳动价值理论是与商品范畴相联系的，我们不能脱离商品范畴来笼统地谈论价值问题，在商品经济社会的商品交换过程中，生产商品的私人劳动只有采取抽象劳动的形式，即通过价值中介才能转化为被社会所承认的社会劳动，抽象劳动的实质就是人类劳动的等同性，只有生产商品的劳动所对应的抽象劳动，才有可能凝结在商品中形成价值的实体。

二、具体劳动创造使用价值并转移保存生产资料的价值

具体劳动是和抽象劳动相对应的范畴，在探讨抽象劳动与价值创造关系的同时，有必要进一步分析具体劳动与价值创造的关系。

（一）具体劳动不创造价值

[1] 马克思．资本论（1）[M]．北京：人民出版社，2004:54.

在我国国内，有学者[1]认为具体劳动也参与创造价值。这种观点是错误的，如果具体劳动也能够创造价值，那么马克思主义经济学中的劳动两重性学说就不能成立，劳动价值理论也将成为空中楼阁。我们强调，价值的实体是抽象劳动的凝结，它体现的是劳动的同质性，即所有的生产商品的劳动的共性。而具体劳动是就劳动的具体形式而言的，生产不同使用价值的劳动具有不同的具体形式，它们在劳动目的、劳动方法、劳动工具、劳动对象、生产资料等方面都或多或少存在一定的差异，因此不同的具体劳动能够生产出不同的使用价值，它们具有不同的性质，所说明的是什么劳动和怎么劳动的问题。不同类别的具体劳动，生产出不同类别的异质的使用价值，其不可能凝结在商品中形成同质的可以进行量的比较和计量的价值。应该指出，具体劳动不创造价值，并不是说具体劳动和价值创造无关，商品价值以使用价值的存在为前提，如果具体劳动没有生产出使用价值，或具体劳动没有生产出符合社会需要的使用价值，即劳动没有生产出有用的劳动产品，则同样不可能存在价值范畴。

（二）具体劳动创造使用价值

劳动是人类社会存在和发展的基础，是一个永恒范畴，作为劳动两重性对立统一体中的具体劳动同样是一个永恒范畴。马克思明确指出，在生产商品的劳动两重性中，具体劳动生产商品的使用价值。人类社会要存在和发展，就必须要进行各种形式的生产劳动，来满足人们多种多样的需求，而各种不同形式的具体劳动，它们的生产目的、生产方法、生产工具、劳动对象、劳动形式等都不相同，它们所生产的使用价值自然也就不同。在这里，我们有必要进一步分析具体劳动和使用价值的关系。为了更科学准确地说明问题，我们可以从具体劳动的性质、质量、数量及使用价值的性质、质量、数量等方面来阐述具体劳动和使用价值的关系问题。

首先，具体劳动的性质决定使用价值的性质。具体劳动的性质就是指什么样的劳动，如缝和织就是两种不同性质的劳动。不同性质的具体劳动具有不同的劳动形式，即具有不同的劳动目的、劳动对象、劳动方法及劳动结果。要生产特定的使用价值，就必须采用特定性质的具体劳动，如要生产纱这种产品，就必须进行纺这种特定种类的劳动。而使用价值的性质，是指物品满足人们某种需要的属性，如衣服是用来御寒、食物是用来充饥等。应该指出，使用价值和使用价值的性质是两个不同的范畴，某种物品可以有多种使用价值，而一种使用价值则只有一种性质。例如，石油可以有许多使用价值，即可以做燃料，也可以做化工原料，

---

[1] 吴朝震.《资本论》的辩证法与联合劳动价值论[J].当代经济研究.2001（6）.

但就作为燃料的石油而言，其只具有燃烧这一使用价值的性质。应该看到，具体劳动的性质和使用价值的性质是同一的，特定形式的具体劳动生产出特定性质的使用价值，要生产什么样的使用价值就要采用某种特定的具体劳动形式。例如，通过织这种特定形式的劳动生产出布匹，通过种地这种特定形式的劳动生产出粮食，等等。同时，我们也可以通过检验使用价值性质的办法来检验具体劳动的性质，如织布劳动，如果生产出来的布匹能够满足保暖的需要，或能够用来制作衣服，那么织这种具体劳动就具有织的劳动的性质，如果生产出来的布匹不能够满足保暖的需要或制作衣服的需要，那么我们用来生产布匹的这种具体劳动就不具有织的劳动的性质。

其次，具体劳动的质量、数量影响使用价值的质量。具体劳动的质量是指劳动者的劳动技能及与提高劳动生产力有关的诸多因素的应用，如劳动者的熟练程度、科学技术的应用程度等。具体劳动的数量是指所耗费的同一性质的具体劳动的多少，如在生产某种商品时采用某种特定的劳动形式的时间的长短等。而使用价值的质量主要是指该种使用价值满足人们某种需要的能力，即产品满足人们某种需要的程度，在日常生活中主要表现为产品的质量，如产品的好坏、耐用程度等。一般而言，具体劳动的质量决定使用价值的质量，劳动生产力越先进、劳动者的劳动技能越高，劳动者生产出来的产品的质量就会越好，例如使用相同的材料制造瓷器，在相同的劳动时间内一个制造瓷器的大师与一个普通制造瓷器的工人所生产出来的瓷器的质量是截然不同的。同时，具体劳动的数量也会在一定程度上影响产品使用价值的质量。一般而言，在正常情况下，生产某种劳动产品所耗费的劳动时间越多，其所生产出来的产品的质量就会越高。例如，现有甲乙两个制造瓷器的工人，他们的技术水平、生产条件等都相同，即他们的具体劳动的质量是相同的，在制造相同的一种瓷器时，如果甲所花费的具体劳动较多，即甲在生产该种瓷器的过程中所花费的劳动时间较多，而乙在生产该种瓷器的过程中所花费的劳动时间较少，那么在一般的正常的情况下，工人甲生产出来的瓷器的质量应该会比工人乙所生产出来的瓷器的质量要好。

此外，具体劳动的质量和数量影响同样会影响使用价值的数量。由于不同种类的使用价值难以比较，在这里我们主要比较相同种类相同性质的使用价值的数量，如生产出几件衣服等。就不同质量的具体劳动来说，一个工人的劳动熟练程度越高，生产条件越好，生产力越发达，即具体劳动的质量越高，在单位时间里他生产出来的产品的数量即使用价值的数量就越多。例如，熟练的织布工人一小时可以织出 2 匹布，而初学的织布工人一小时只能织出 1 匹布，运用现代自动化设备的织布工人一小时可以织出 2000 匹布，而采用手工方式生产的织布工人一小时只能生产出 1/2 匹布等。也就是说，使用价值的数量和具体劳动的质量成正比。同样，使用价值的数量也与具体劳动的数量成正比，即劳动者在生产某种商品时所耗费劳动时间越多，即其所的耗费的具体劳动的数量越多，它所生产出来的产品的数量就越多，即其所生产的使用价值的数量也越多。例如，一个熟练的织布工人一小时可以织出 2 匹布，那么经过两小时的织布劳动，这个织布工人就可以织出 4 匹布。

（三）具体劳动转移并保存生产资料的价值

生产资料是劳动的构成要素之一，是劳动过程中不可或缺的内容，任何劳动都必须使用一定的工具，消耗一定的资源，并作用于特定的劳动对象，生产资料就是生产过程中劳动资料和劳动对象的总和。而生产过程就是劳动者将劳动作用于一定的生产资料之上生产出某种新的劳动产品的过程。应该看到，劳动者在生产过程中所消耗的生产资料同样是过去劳动的产物，在这些生产资料中同样凝结了生产它们所耗费的无差别的人类劳动。马克思明确指出，在劳动过程中具体劳动在生产新的使用价值的同时转移并保存生产资料中过去劳动所凝结的抽象劳动，即过去劳动所形成的价值，应该指出，在这里所论述的价值是指广义的价值，主要是强调凝结在生产资料中的抽象劳动，它即包含凝结在产品中的抽象劳动也包含凝结在商品中的抽象劳动。马克思详细地阐述了具体劳动的这种作用，他指出在织布劳动过程中，一方面，纺织工人的劳动在采用织这种具体形式的过程中生产出布的使用价值，与此同时，纺织工人又通过用织这种具体劳动形式，把生产过程中所耗费的纱线、纺织工具等生产资料中过去劳动所凝结的无差别人类劳动转移并保存到新的劳动产品即布中去；另一方面，在劳动过程中纺织工人采用织这种劳动形式所耗费的脑力和体力作为无差别的人类劳动又凝结到劳动产品即布中形成新的价值实体，这就是商品价值形成的过程。在这里我们应该进一步强调，抽象劳动和具体劳动是同一劳动过程中的两个方面，新的抽象劳动的凝结即价值的创造、商品使用价值的创造及生产资料中所凝结的过去劳动的转移和保存，它们都是同时进行的，是同一劳动过程的共同结果。

以上，我们分析了抽象劳动思想的发展历程，即古典政治经济学家关于抽象劳动的论述和马克思关于抽象劳动的研究历程，详细地阐述了马克思关于劳动两重性的理论，即任何劳动都可以两分为抽象劳动和具体劳动，并以此为基础，进一步论述了抽象劳动、具体劳动和价值创造、使用价值创造的关系。通过分析，我们可以发现，任何劳动都具有劳动两重性，抽象劳动是价值的实体，但其可以凝结在任何劳动产品之中，它并不必然会形成价值，因此有必要进一步深入探讨创造价值的劳动的规定性。

第二章　活劳动与价值创造

在论述过程中，马克思将劳动区分为两种形态：一种是流动形态的劳动，又称为运动形式的劳动或活劳动，是指在劳动过程中劳动者劳动力的耗费；一种是凝固形态的劳动，又称为物化形式的劳动或死劳动，是指劳动过程已经结束，在劳动过程中劳动者耗费的劳动力凝结在劳动产品中形成的物化劳动。在马克思看来，流动形态的劳动即活劳动，表明劳动者正处于劳动状态，它创造价值，但本身并不是价值，而凝固形态的劳动即物化劳动，表现为无差别人类劳动的凝结，表明劳动已处于完成状态，其已经凝结在劳动产品之中，就商品而言这就是价值的实体，因此也就是价值。活劳动是创造价值的唯一源泉，这是马克思劳动价值理论的核心，在劳动过程中，活劳动在创造商品价值的同时，转移和保存凝结在生产资料中的物化劳动的价值。

第一节　准确把握活劳动与物化劳动的内涵

一、准确理解活劳动的内涵

活劳动即劳动，是指劳动者在劳动过程中劳动力的耗费，是处于流动形态中的、正在进行的劳动，是劳动者运用生产资料有目的地改造劳动对象并生产出新的使用价值的活动，它只存在于劳动过程中，劳动一结束，活劳动也就消失了。

（一）从劳动力耗费的角度看，活劳动就是人的劳动力的使用

马克思明确指出，“劳动力的使用就是劳动本身”[1]。在马克思看来，劳动首先是一个生理上的过程，劳动力的耗费是劳动最本质的属性，任何劳动都是人类劳

[1] 马克思．资本论（1）[M]．北京：人民出版社，2004：207.

动力生理学意义上的耗费，都要消耗一定的时间和脑力体力。劳动力是指人的劳动能力，是人自身的自然力，是由脑力和体力两个因素构成的，是“活的人体中存在的、每当他生产某种使用价值时就运用的体力和智力的总和”❶。脑力和体力是活劳动的两个基本因素，它们相互依存、相互统一，缺一不可。任何劳动都是由脑力劳动和体力劳动构成的，它们在劳动过程中共同发挥作用。总体而言，在劳动过程中，脑力因素居于主导地位，起支配作用，体力因素处于从属地位，被脑力所支配和决定，充当实现目的的手段。没有人脑的指挥，人的体力耗费就会失去方向，难以生产出符合需要的劳动产品；没有体力的实践，仅有脑力的耗费，也不可能生产出符合需要的劳动产品。此外，还应该看到，人的体力是有限的，还会随着年龄的增长甚至进化的发展而退化，但脑力的发展有无限可能，我们的大脑还有待进一步开发，将会随着历史的发展而不断增强。

在此，我们要科学地区分劳动和劳动力。首先，它们的内涵不同。劳动力是人的劳动能力，是人的体力和脑力的总和，而劳动则是劳动力的使用过程。应该看到，劳动力是一种能力，是人“蕴藏着的潜力”，而劳动则是一种运动状态，是劳动力的使用。正如马克思所指出的，我们不能混淆劳动和劳动力之间的区别，说劳动力就是潜在劳动就像说消化能力是潜在消化一样是荒谬的，这是李嘉图学派的庸俗观点。其次，劳动不是也不可能成为商品，而劳动力可以是商品，雇佣工人出卖的是劳动力商品而不是劳动。马克思明确指出，“直接同工资相交换的不是劳动，而是劳动能力”❷，也就是说，在资本主义社会，雇佣工人出卖的是自身的劳动力商品，与资本交换的也是劳动力商品，并且仅仅是他的劳动力在一定时间里的支配权、使用权，即资本家获得的是工人的一定时间内的劳动力所有权，而工人劳动力商品的使用价值就是劳动。应该指出，虽然马克思曾多次使用“资本与劳动的交换”之类的术语，例如：“资本和劳动的交换，在人们的感觉上，最初完全同其他一切商品的买卖一样”❸。在这里，“资本与劳动的交换”的实质是指资本与劳动力商品的交换。马克思所强调的是只有劳动者在生产过程中为资本家提供劳动，资本家才能够达到购买劳动力目的，即获得劳动力的使用价值——劳动，也就是说，马克思所强调的是资本家购买雇佣工人的劳动力商品之后，雇佣工人劳动力的使用即雇佣工人的劳动就属于资本家，雇佣工人要在一定时间里为资本家进行劳动。应该强调，劳动不是商品，其本身也没有马克思主义经济学意

❶ 马克思．资本论（1）卷[M].北京：人民出版社，2004:195.
❷ 中共中央编译局．马克思恩格斯全集（26）（下）[M].北京：人民出版社，1974:19.
❸ 马克思．资本论（1）[M].北京：人民出版社，2004:619、620.

义上的价值，在资本主义社会，资本家所获得的价值和剩余价值主要是通过雇佣工人的劳动力的使用即通过雇佣工人的劳动创造的。

（二）从劳动过程来看，活劳动是劳动者运用生产资料改造劳动对象的活动

应该看到，劳动是劳动力的使用过程，而不是劳动结果；在劳动过程中，“人的活动借助劳动资料使劳动对象发生预定的变化”[1]。马克思指出，劳动过程必须具备两个基本要素，一个是主观因素，即人的劳动，一个是客观因素，即生产资料，也就是劳动资料和劳动对象。任何劳动过程都是人的因素和物的因素相互结合的过程，没有生产资料，劳动不可能进行，没有人的劳动，生产资料不过是一堆死东西。也就是说，劳动具有整体性，任何劳动过程都是人的要素与物的要素的结合，都是主体和客体、人和物相互作用的统一。

劳动者的劳动在劳动过程中处于主体地位，起决定作用，它可以根据劳动者的意志作用于并改造劳动对象，创造新的使用价值。没有劳动者的劳动，生产资料始终都只是生产资料，不可能变成新的劳动产品；没有劳动者的有目的的劳动，同样难以生产出符合需要的劳动产品。此外，应该看到，在劳动过程中劳动工具和劳动对象都是相对而言的，它们在劳动中的地位和作用是由劳动者的劳动决定的。也就是说，在劳动过程中占主体地位的是人而不是物，是劳动者的活劳动而不是生产资料等物化劳动（删除标红的部分），在劳动过程中劳动者处于主导地位，起决定作用，劳动主体决定和支配劳动客体，劳动客体的作用只有依靠劳动主体才能发挥出来。即生产资料是生产得以进行的必要条件，而不是生产过程中的决定性因素，生产资料作用的发挥是由劳动者的劳动决定的。

此外，还要区别劳动与劳动过程。它们是两个不同的范畴。劳动仅仅只是劳动过程中的一个构成要素。整体价值论者认为，劳动是主体和客体相互作用的整体，从劳动整体看，价值是由劳动的主体和客体共同创造的。要素价值论认为，在劳动过程中，资本创造利润，劳动创造工资，土地创造地租。在这里，他们都混淆了劳动和劳动过程这两者之间的关系，把劳动等同于劳动过程是其错误的根源。而马克思严格地区分了劳动过程和劳动，他通过对劳动过程中各要素的分析，揭示了劳动在劳动过程中的主体地位，揭示了创造价值的真正源泉和资本主义剥削的本质。

[1] 马克思．资本论（1）[M]．北京：人民出版社，2004:211.

（三）从劳动者的角度来看，活劳动是人有目的的活动

首先，劳动具有主体性，劳动是人所特有的活动。应该强调，劳动的主体是人，而不是动物或机器，劳动的本质在于劳动者体力和脑力的耗费，动物的活动、自然界的物理化学变化等与劳动范畴无关。其次，劳动具有目的性，劳动是人有目的的活动。任何劳动都要耗费一定的脑力和体力，脑力的耗费表明劳动不是盲目的，而是有一定意识和目的的，也就是说，劳动并不是纯粹的劳动力的耗费，而是劳动力有目的的使用。应该看到，即使是在人类社会初期，原始人类劳动的目的性同样是非常明确的，虽然其获得劳动成果的盲目性较大，如狩猎劳动不一定每次都能够成功等。而随着生产力的发展，劳动规模、劳动社会化程度的发展，劳动的计划性和目的性也越来越强。另外还应该指出，劳动应该是对社会有益的活动，对社会有害的活动不属于劳动范畴，比如小偷的偷窃行为等就不能称之为劳动，在现实生活中人们也从不将偷窃、战争等称之为劳动。再次，劳动具有生产性。应该指出，人的有一定意识和目的的活动并不一定都是劳动，如消费娱乐等活动就不属于劳动范畴，劳动的目的在于生产出一定的、有用的劳动产品，即生产出某种使用价值。也就是说，从劳动的结果来看，劳动是生产劳动产品、生产一定的使用价值的活动。劳动的成果就是劳动产品，它即可以是非实物产品，也可以是实物产品，还可以是劳动力产品等。如果没有生产出某种使用价值，即没有生产出有用物，就不能称之为劳动。据此我们可以把劳动和非劳动区分开来，也就是说，劳动具有生产性，这是它与消费等其他人的活动的本质区别。此外，劳动还具有有偿性。劳动的目的性决定了劳动的有偿性，在当前劳动还只是劳动者谋生的手段，在劳动过程中要耗费一定的脑力体力及一定的劳动时间，劳动者的劳动应该得到相应的补偿。

在此，我们要区分人的劳动与机器的运转和动物的本能。应该强调，劳动是人特有的活动，是人区别于动物、机器的主要标志，劳动的主体是人，而不是动物或机器，人的劳动与动物的本能或机器的运转之间存在本质的区别。首先，劳动是人有意识、有目的的活动。人类劳动过程中脑力作用的发挥是人的劳动与动物本能、机器运转之间的本质区别。人之所以成为人，就在于他们能够通过大脑去思维、去控制自身的活动，能够按照预定的目的改造劳动对象以满足自身的需求，而不是仅仅凭借自身的本能去活动，这正如马克思所论述的最蹩脚的建筑师与灵巧的蜜蜂的区别一样。其次，人的劳动具有创造性、主观能动性，人可以通过认识、利用客观规律来改造世界，以达到自身的目的；而机器只会按预定的程序运转，动物只能消极的适应环境。马克思批判了麦克库洛赫把牛和马的活动作

为劳动的错误观点，也批判了萨伊认为机器提供的“服务”也是劳动的谬论，明确指出动物的活动和机器的运转都不是劳动，都不可能创造价值。

二、准确理解物化劳动的内涵

（一）马克思关于物化劳动的论述

物化劳动是指保存在劳动产品中的凝结形态的劳动，即凝结在劳动产品中的无差别人类劳动。当劳动结束后，劳动由流动形态转化为凝结形态，在劳动过程中耗费的脑力和体力凝结、物化在产品中，所以称之为物化劳动。它们是在过去某个时间劳动者所耗费的无差别人类劳动的凝结，所以又称为过去劳动。在劳动过程中，由于它们早已凝结在生产资料之中，相对于正在发挥作用的活劳动而言，它们又称之为死劳动。简而言之，物化劳动是指凝结在劳动产品中的过去劳动，是过去所耗费的劳动的凝结，是已经完成了的活劳动。

马克思所论述的劳动的物化、凝结等术语，都是一种形象的比喻性的说法，劳动的物化并不等同于劳动的物质化与实体化，劳动的凝结也不是指劳动由液态变为固态或劳动只能凝结在某种物质产品中，而是指劳动体现在某种使用价值中。在劳动过程中，劳动处于流动形态，劳动者借助劳动工具使劳动对象发生预定的变化，并生产出新的具有某种使用价值的劳动产品，当劳动过程结束后，劳动由流动形态转化为凝固形态，凝结、物化在物中即新产品中，所以称之为物化劳动。劳动为什么能够物化呢？就是因为劳动在一定程度上改造了劳动对象，生产出了某种具有使用价值的劳动产品。也就是说，虽然劳动结束了消失了，成了过去劳动，但是只要其生产出了某种具有使用价值的劳动产品，这种消失的过去劳动凝结在劳动产品之中形成物化劳动，即马克思所论述的“劳动与劳动对象结合在一起。劳动对象化了，而对象被加工了。在劳动者方面曾以动的形式表现出来的东西，现在在产品方面作为静的属性，以存在的形式表现出来”❶。

在此，要区分物化劳动和劳动的物化过程这两个不同的范畴。劳动的物化过程即劳动过程，是指劳动者利用劳动资料、按照一定的生产目的、改造劳动对象并生产出一定的使用价值的过程。就劳动而言，这是处于流动形态的劳动；就生产要素而言，它同样也处于变化之中，这纯粹是劳动产品的生产过程。而物化劳动则是劳动物化过程的结果，是指凝结在劳动产品中的无差别人类劳动，这时劳动已经结束，流动形态的劳动即活劳动已不存在，它已经凝结在新的劳动产品之中。

❶ 马克思．资本论（1）[M].北京：人民出版社，2004:211.

（二）准确理解物化劳动的不同含义

在社会生产和再生产过程中，劳动产品按其用途可以分为两大类：一类是生产资料，一类是生活资料。作为生活资料的劳动产品中所蕴含的物化劳动直接被人们消费，转移保存到劳动力价值中，不再具有使用价值和价值，不是政治经济学研究的重点。作为生产资料的劳动产品中所蕴含的物化劳动又重新进入新的劳动过程中，作为与活劳动相对应的范畴而存在。按其用途，物化劳动通常可以区分为两大类：一是作为劳动过程结果的物化劳动，是指凝结在劳动产品中的无差别人类劳动，二是作为劳动过程的物化劳动，是指物化在劳动资料和劳动对象中的无差别人类劳动。在商品经济社会，劳动产品取得了商品的形式，生产商品的劳动成为形成价值的抽象劳动和创造使用价值的具体劳动的统一体，人们对物化劳动认识的侧重点也随着研究目的的不同而不同。当人们在论述物化劳动在使用价值创造过程中的作用时，其偏向于具体劳动；当人们在论述物化劳动和价值创造的关系时，则侧重于抽象劳动。

应该指出，在马克思的论述中，物化劳动通常有两种含义：

一是指劳动产品。只要是劳动产品，其中就必然凝结了无差别的人类劳动，因此也可以称之为物化劳动。在此，我们要科学地区分劳动产品和物化劳动之间的关系，物化劳动是劳动产品的基本属性，任何劳动产品中都凝结了或多或少的物化劳动；而劳动产品则是物化劳动凝结的载体，没有生产出具有某种使用价值的劳动产品，其所耗费的劳动就不可能物化、凝结，就不存在物化劳动。由此可见，物化劳动是劳动产品中所凝结的无差别人类劳动即抽象劳动，而不是指凝结了人类劳动的劳动产品。应该看到，在马克思的论述中物化劳动和生产资料是同义词，可以相互替代，马克思常常将物化劳动和生产资料等同起来，如"物质，物化劳动，对于作为活动的劳动来说只有两种关系：一种是作为原料……另一种是作为劳动工具"[1]。

二是指价值。马克思常常将物化劳动等同于价值，认为价值就是已经物化的劳动，因为就商品而言，从抽象劳动角度来看，物化劳动就是凝结在商品中的无差别人类劳动，就是商品的价值实体。这表明，就商品生产而言，所谓的物化劳动，就是指价值本身，所谓的劳动的物化，就是指劳动的凝结，即价值的创造过程。在此，要区分物化劳动和价值之间的关系。物化劳动与价值范畴既有区别又有联系，它们的联系在于：第一，物化劳动和价值的质都是相同的，它们都是无差别人类劳动的凝结，凝结在商品中的抽象劳动即物化劳动成为价值的实体，凝

[1] 中共中央编译局．马克思恩格斯全集（46）（上）[M]．北京：人民出版社，1979:256.

结在产品中的抽象劳动则仅仅表现为物化劳动而不表现为价值。第二，物化劳动和价值之间可以相互转化。凝结在产品中的物化劳动和凝结在商品中的价值实体之间是同质的，凝结在产品中的物化劳动可以通过商品生产过程重新转化为商品的价值实体，商品的价值也可以重新通过产品生产转化为物化劳动。它们之间的区别在于：第一，物化劳动的范畴大于价值的范畴，只要是劳动产品都或多或少地凝结了一定的物化劳动，而价值则是与商品相联系的范畴，仅仅指凝结在商品中的物化劳动。第二，商品的价值范畴体现了商品生产者之间相互交换劳动的人与人之间的关系，而凝结在产品中的物化劳动则不体现这种关系。

（三）物化劳动与活劳动的区别与联系

物化劳动和活劳动之间即相互联系又相互区别。它们之间的联系是：在劳动过程中它们是相辅相成、相互作用的两方面。在劳动过程中活劳动和物化劳动的关系就是劳动者的劳动和生产资料之间的关系，是劳动的主观因素和客观因素之间的关系，它们是紧密结合在一起的。任何劳动过程都是活劳动和物化劳动相互作用的过程，任何劳动产品都是活劳动和物化劳动相互作用的结果，没有活劳动，生产资料就是一堆死东西，不可能变成新产品，没有物化劳动即没有生产资料，活劳动也不可能凭空生产出新的劳动产品。它们之间的区别是：第一，活劳动是人类劳动力的耗费，是正处于流动状态的、现在正在进行的劳动，而物化劳动则是劳动力耗费的结果，是凝结在生产资料和劳动产品中的处于凝固状态的、过去的、已经结束的劳动；第二，活劳动存在复杂劳动与简单劳动、有用程度高与有用程度低、劳动生产力高与劳动生产力低等区分，而物化劳动则是中性的，主要是指社会平均物化劳动，是“一个想象的即纯粹社会的存在形式”[1]。

第二节　活劳动创造价值

“劳动是唯一的价值源泉”[2]，这是劳动价值理论的核心，是马克思主义经济学的基础。马克思所创立的劳动价值论的科学之处就在于揭示了劳动是价值的唯一源泉。

[1] 中共中央编译局 . 马克思恩格斯全集（26）（上）[M]. 北京：人民出版社，1972:163、164.

[2] 中共中央编译局 . 马克思恩格斯全集（26）（上）[M]. 北京：人民出版社，1972:75.

一、科学理解马克思的价值形成理论

价值形成理论是马克思劳动价值理论的重要组成部分，在《资本论》中，马克思运用劳动两重性原理对价值的形成过程进行了科学的诠释。在马克思看来，生产过程是人的因素和物的因素、劳动因素和非劳动因素相互结合发挥作用的过程，并且在这个过程中不同的因素"在产品价值的形成上起着不同的作用"[1]。马克思明确指出，商品是使用价值和价值的统一体，商品的生产过程即是价值的形成过程，即旧价值的转移和新价值的创造过程，也是使用价值的生产过程。

就使用价值的生产而言，在生产过程中，劳动者运用劳动资料使劳动对象发生预定的变化，劳动资料是劳动者把劳动传导到劳动对象的中介物，劳动者利用劳动资料增强自己改造劳动对象的能力。也就是说，在劳动过程中劳动者始终处于主导地位并发挥决定性作用，而生产资料则是被利用和被改造的客体，没有劳动者的活劳动，劳动工具不会自己运行，劳动对象也不会自动转化为新产品。此外，还应该看到，离开了人的劳动，生产资料不仅不能在生产过程中发挥作用，而且还会在自然力的作用下逐步损坏和解体，只有人的活劳动才能使它起死回生，马克思明确指出，"与活劳动相接触，则是使这些过去劳动的产品当作使用价值来保存和实现的唯一手段"[2]。

就价值的形成过程来看，价值的实体是凝结在商品中的抽象劳动，价值的本质是商品生产者之间相互交换劳动的人与人之间的社会关系。那么，在劳动过程中，只有抽象劳动才能形成价值，这是不言而喻的。在生产过程中，劳动者通过具体的有用的劳动，将生产资料中凝结的无差别人类劳动以物化劳动的形式转移并保存到新产品中。如果不借助于具体的有用的劳动，生产资料中凝结的物化劳动就会被浪费，也就是说，如果劳动者的劳动没有生产出有用的劳动产品，那么在生产过程中凝结在生产资料中的物化劳动就不能被转移并保存到新产品中，其所消耗的生产资料就会被浪费。由此可见，生产资料不仅不能创造价值，而且其自身原有的凝结在其中的物化劳动也必须依靠活劳动的作用才能转移并保存到新产品中，这也就是马克思所论述的具体劳动转移保存生产资料的价值。与此同时，劳动者在劳动过程中所耗费的无差别的人类劳动，凝结在新商品中形成新的价值。简而言之，就是在商品生产过程中，一方面，作为具体的有用的劳动，在生产出商品的使用价值的同时并将凝结在生产资料中的物化劳动转移保存到新商品中；另一方面，作为无差别的人类劳动，在生产过程中凝结在新商品中形成新的价值。

---

[1] 马克思．资本论（1）[M]．北京：人民出版社，2004:232.

[2] 马克思．资本论（1）[M]．北京：人民出版社，2004:214.

应该看到，在劳动过程中，生产资料不仅不能创造价值，而且必须通过具体的有用的劳动才能将自身所凝结的物化劳动转移并保存到新产品中。

马克思以纺纱劳动为例详细地论述了价值形成的过程。“工人并不是在同一时间内劳动两次……他只是由于加进新价值而保存了旧价值。……在同一时间内，劳动就一种属性来说必然创造价值，就另一种属性来说必然保存或转移价值”❶。也就是说，在马克思看来，纺纱工人的活劳动是价值的唯一源泉，即使是转移和保存生产资料的旧价值，也是具体劳动的作用，而与物化劳动无关。

在此基础上马克思进一步分析了不同生产要素在价值增值过程中的作用，并将资本区分为可变资本和不变资本。马克思指出，以生产资料形式存在的那部分资本，如机器、原材料等，在生产过程中并不改变自己的价值量，只是通过有用的、具体的劳动将其所蕴含的物化劳动转移并保存到新产品中，并且其所转移保存的价值量不会大于自己所损耗的价值量，马克思称之为“不变资本”。而作为购买劳动力商品的那部分资本，在劳动力商品的使用过程中即在生产过程中能够创造更多的价值，从而为资本家带来价值增值，马克思称之为“可变资本”，由此揭开了商品生产过程中剩余劳动和剩余价值的秘密。

在此，要区分价值创造和价值形成这两种不同的范畴。价值形成既包括生产过程中新价值的创造，也包括生产资料中旧价值的转移；而价值创造则只包括新价值的创造。应该看到，商品的价值是由两部分构成的，一部分是通过具体劳动从生产资料中转移并保存过来的旧价值，一部分是通过生产过程中抽象劳动的凝结形成的新价值，商品的价值是活劳动创造的新价值和从生产资料中转移保存的旧价值的总和。从价值形成角度来看，物化劳动和活劳动都参与了价值形成，但其作用是截然不同的。物化劳动是创造价值的必要条件，它只是被动地转移旧价值，并不创造新价值；而活劳动的耗费则凝结在劳动产品中形成新的价值，活劳动是新价值的唯一源泉。因此，从价值创造的角度来说是活劳动创造了新价值，即劳动创造价值，并且劳动在创造价值的同时转移并保存凝结在生产资料中的旧价值。

二、脑力劳动与体力劳动共同创造价值

马克思所处的时代是机器大工业时代，其劳动形式以体力劳动为主，而在当代经济社会，人们劳动的形式已经发生了较大变化，在劳动构成中脑力劳动所占的比例越来越大，已经占主体地位，有学者把马克思的劳动价值论简单地归结为

❶ 马克思．资本论（1）[M]．北京：人民出版社，2004:232.

体力劳动价值论，认为其只适用于简单商品经济，已经不再适用于当代生产现状。这种观点是错误的。

（一）任何劳动都是劳动者脑力和体力的共同耗费

马克思明确指出，作为价值实体的抽象劳动就是“人的脑、肌肉、神经、手等等的生产耗费”❶，也就是说，创造价值的劳动始终都是劳动者的脑力和体力的统一，既包括脑力劳动，也包括体力劳动。

应该看到，作为人类劳动力生理学意义上的耗费，任何劳动都要耗费劳动者一定的脑力和体力，都是脑力和体力的统一。劳动力即人的劳动能力，它既包括脑力因素，也包括体力因素，劳动力的耗费，也必然表现为脑力劳动和体力劳动的总和。从本质上看，任何劳动都是人的脑力和体力耗费的统一，没有不耗费体力的脑力劳动，也没有不耗费脑力的体力劳动，纯粹的脑力劳动和纯粹的体力劳动在现实经济生活中是不存在的，只存在于抽象的论述中。应该看到，即使最简单的劳动也是人的体力和脑力的结合，任何劳动都是在脑力支配下的体力支出，脑力处于主导地位，这是人的劳动和动物本能之间的本质区别。只耗费体力而不耗费脑力的活动称不上劳动，而只是一种本能，其区别就如马克思所论述的蹩脚的建筑师与辛勤的蜜蜂一样。在劳动过程中，脑力因素和体力因素结合在一起共同发挥作用，其中脑力因素居于主导地位，脑力支配体力，没有头脑的指挥和控制，人的活动就不成为劳动，而只是一种本能；体力则从属于脑力并且是实现脑力的手段，脑力的耗费必须通过体力劳动才能作用于劳动对象，才能得到实现，没有体力劳动，脑力劳动则只是纸上谈兵而已。

任何劳动都是人类劳动力生理学意义上的耗费，但在不同的劳动形式中，其所耗费的脑力和体力是不同的。也就是说，劳动具有异质性，它们之间存在一定的差别，有的劳动脑力劳动耗费多，有的劳动体力劳动耗费多。我们习惯上所论述的脑力劳动和体力劳动，同样也都是脑力和体力支出的统一，而仅仅只是脑力劳动或体力劳动在总劳动支出中所占的量、所占的比例不同而已。体力劳动者和脑力劳动者的划分，是就其从事的职业而言的，是就其劳动过程中脑力劳动和体力劳动支出所占的比例而言的。任何劳动都是劳动者脑力和体力的支出，其区别仅仅在于脑力和体力支出的量、支出的比例不同而已。体力劳动者和脑力劳动者之间的不同主要是劳动分工的不同，以及劳动耗费中脑力因素和体力因素的构成比例和作用不同。脑力劳动和体力劳动的分工，并不意味着在劳动力的耗费过程

---

❶ 马克思．资本论（1）[M]. 北京：人民出版社，2004:57.

中脑力和体力是分开的，而仅仅只是有的人以脑力劳动为主、有的人以体力劳动为主而已。在日常生活中，我们习惯上称以体力劳动为主的劳动者为体力劳动者，如搬运工人等，以脑力劳动为主的劳动者为脑力劳动者，如科技劳动者等。无论是工厂一线工人等体力劳动者的体力劳动，还是教师、科学家等脑力劳动者的脑力劳动，都是人类劳动力生理学意义上的耗费，都是脑力和体力的共同支出，其区别仅仅只是脑力和体力构成的比例不同，或者说是以体力支出为主还是以脑力支出为主而已。

脑力劳动和体力劳动的分工是社会发展的产物，其在社会总劳动中所占的比例也随社会的发展、科技的进步而不断变化。在人类社会初期，脑力劳动和体力劳动是结合在一起的，而随着生产力的发展及社会分工的深化，脑力劳动和体力劳动逐步分离开来。总体而言，在生产力水平较低的时期，人们的劳动以体力劳动为主，并且随着阶级的产生，在阶级社会脑力劳动和体力劳动相互分离并处于对立状态。如在简单商品经济时代，劳动者的劳动以体力劳动为主，脑力劳动所占的比重较小，在资本主义工场手工业时期，体力劳动者的体力劳动同样是当时社会主要的劳动形式。而随着生产力的进一步发展，在生产力水平较发达的时期，劳动者的劳动以脑力劳动为主，如在当代知识经济社会，劳动者的劳动以脑力劳动为主，脑力劳动者已成为劳动者的主体，脑力劳动者的脑力劳动已成为占社会主要地位的劳动形式。从劳动力中包含脑力和体力，到脑力和体力在不同的劳动者中所占的比例有高有低，到出现脑力劳动者和体力劳动者的分工，再到脑力劳动者的脑力劳动成为劳动的主要形式，这是生产力发展、社会发展的必然结果，是社会进步的表现。

应该看到，科技进步和劳动形式的变化改变的只是劳动过程中脑力和体力支出的比例，无论劳动的形式怎么变化，劳动过程中脑力和体力支出的比例怎么改变，都不可能改变劳动的质——劳动者劳动力的耗费、劳动者脑力和体力的共同支出，在现实生活中不存在纯粹的脑力劳动和体力劳动。还应该看到，在不同生产力条件下，体力劳动和脑力劳动在价值创造的中所占的比例不同。在生产力水平较低的时期，体力劳动占主体地位，是普遍形态，如资本主义工场手工业时期，体力劳动创造的价值在价值总额中占较大份额；而在生产力发展水平较高的时期，如在当代知识经济条件下，脑力劳动者已成为创造价值的主体，在价值创造过程中的作用和地位也越来越重要，脑力劳动所创造的价值在价值总额中占较大份额。

（二）马克思的劳动价值论是以最简单的体力劳动为逻辑起点来构建并展开的

为了科学地分析复杂的劳动价值现象，有效地揭示资本主义社会经济关系的本质，马克思运用从抽象到具体的研究方法，首先将复杂的问题简化，"把各种劳动力直接当作简单劳动力"[1]，即以简单劳动和体力劳动为研究起点，把现实的资本主义社会中各种复杂的经济关系还原为最简单的体力劳动与价值创造的关系，"这样就省去了简化的麻烦"[2]。应该看到，在马克思所处的时代，从属于机器的、简单的、重复的体力劳动是劳动的主要形式，占主体地位，创造价值的劳动主要是一线工人等体力劳动者的体力劳动，因此马克思更多的是以一线工人的体力劳动为例来分析资本主义生产过程及其生产关系，但他同样高度重视脑力劳动与价值创造的关系，高度重视脑力劳动者的劳动在价值创造过程中的地位和作用。

在随后的论述中，马克思进一步从抽象到具体，从简单体力劳动拓展到其他劳动形式。在阐述总体劳动思想时，马克思明确指出，随着生产社会化程度的提高，劳动过程中的各种职能如体力劳动、脑力劳动出现了分离，"有的人多用手工作，有的人多用脑工作"[3]，也就是说，马克思明确地区分了脑力劳动和体力劳动，并强调脑力劳动者和体力劳动者都是总体工人的组成部分，他们的劳动都是创造价值的劳动。例如，马克思把商品生产过程中主要从事脑力劳动的工程师等也看作生产商品的总体工人的一分子，认为他们的劳动作为总体劳动同样创造价值。在马克思所处的时代，管理劳动是脑力劳动的主要形式，而这在资本主义生产过程中又表现为其与体力劳动的对立。马克思进一步论述了资本主义管理劳动的两重性，科学地分析了资本家的管理劳动在创造价值过程中的作用，指出一方面它具有生产性，同样属于创造价值的总体劳动范畴，另一方面它又具有剥削性，具有剥削雇佣工人的特殊职能。此外，马克思还清醒地认识到，随着科技的发展，脑力劳动将逐渐取代体力劳动占主体地位，生产工人的"直接劳动在量的方面降到微不足道的比例"[4]。

（三）要高度重视脑力劳动在价值创造过程中的作用

应该看到，在人类社会发展历程中，随着生产力的发展，脑力劳动越来越重要，脑力劳动者越来越成为价值和财富的主要创造者。在当代经济社会，科技的进步导致劳动者队伍构成的变化，专门从事科技、管理等工作的脑力劳动者的数量越来越多，体力劳动者的体力劳动在价值创造过程中的地位和作用在逐步下降，并有逐步被机器取代的趋势，而脑力劳动者的脑力劳动在价值创造过程中的作用和地位在日益上升。

---

❶ 马克思．资本论（1）[M]. 北京：人民出版社，2004:58.

❷ 马克思．资本论（1）[M]. 北京：人民出版社，2004:58.

❸ 中共中央编译局．马克思恩格斯全集（49）[M]. 北京：人民出版社，1982:100.

❹ 中共中央编译局．马克思恩格斯全集（46）（下）[M]. 北京：人民出版社，1980:212.

脑力劳动者的脑力劳动是生产力发展的主要因素，是社会进步的主要动力。应该看到，脑力劳动对提高劳动生产力有巨大的作用，它可以提高人的劳动能力，改进劳动工具，扩大劳动对象的范围，还可以提高生产的管理水平，创造新的生产力。最能体现脑力劳动在价值创造、使用价值创造过程中作用的，是劳动工具的发展，从石器到铁器再到自动化机器等一系列生产工具的发展，这主要是脑力劳动的产物。马克思明确指出：生产力的这种发展，最终"归结为脑力劳动特别是自然科学的发展"[1]。

就使用价值的生产而言，从量的方面来看，科学技术越来越成为使用价值增加的主要因素。"由于应用了发明，使生产力提高了，即同等人数的工人在同一时间内生产了更多的使用价值"[2]；同时，通过脑力劳动可以发现物的更多的使用价值。就质的方面来看，通过脑力劳动可以提高生产商品的工艺水平，提高商品的质量和使用效果。就价值的创造而言，随着生产力的发展，脑力劳动在价值创造过程中的作用也越来越大。在创造价值的过程中，脑力劳动处于主导、核心地位，脑力劳动在价值创造过程中的作用大于体力劳动，可以推动大于自己许多倍的体力劳动。脑力劳动大部分属于复杂劳动，在相同的劳动时间内其创造的价值比体力劳动多。脑力劳动的劳动成果可以多次参与价值创造过程，如凝结在科学技术中的物化劳动可以多次重复地转移并保持到新产品中。此外，最先采用先进科学技术、先进管理方法的生产者可以提高其劳动生产力，从而获得超额剩余价值。

当然，针对当代劳动发展的新形势、新情况，我们也应该看到马克思劳动价值理论的缺陷与不足。关于价值计量的问题，马克思认为在一般情况下，劳动者所创造的价值量与劳动时间成正比，社会必要劳动时间决定商品的价值量。应该看到，在经济生活中简单的体力劳动能够用劳动时间来计量其价值量，劳动时间一定，则体力劳动所创造的价值量一定，而脑力劳动则很难通过劳动时间来有效衡量其价值量的大小。传统的用劳动时间来计量价值量的方法仅仅适用于体力劳动者的体力劳动，而难以有效衡量脑力劳动者的脑力劳动。脑力劳动通常具有创造性甚至唯一性。以创新劳动为例，脑力劳动者用较少的劳动时间生产出来的创新度较高的商品，其所凝结的价值量同样较多，哪怕只花费了较少的劳动时间，而创新度较低的脑力劳动产品，即使其花费了很多的劳动时间，其价值量也不一定高。1 名女性科技工作者 1 天的脑力劳动所创造的价值量可能比 10 名男性一线工人 10 天所创造的价值总量还要多。事实上，马克思也看到了这一点，指出"对

[1] 马克思 . 资本论（3）[M]. 北京：人民出版社，2004:96.

[2] 中共中央编译局 . 马克思恩格斯全集（47）[M]. 北京：人民出版社，1979:64.

脑力劳动的产物—科学—的估价，总是比它的价值低得多”❶。关于在生产过程中脑力劳动者的脑力劳动所创造的价值的计量问题，还有待进一步的研究。

三、不是所有的劳动都创造价值

部分学者❷❸❹❺❻❼❽❾认为，凡是社会必需的、对社会有益的劳动都是创造价值的劳动，即所有的劳动都是创造价值的劳动。这种观点是错误的。

价值的源泉是劳动，只有活劳动才能创造价值，但这并不等于所有的劳动都创造价值，我们不能把劳动和价值等同起来，认为所有的劳动都创造价值或所有对社会有益的劳动都创造价值。正因为并不是所有的劳动都创造价值，才有必要进一步探讨创造价值的劳动的规定性，进一步具体分析哪些劳动能够创造价值，哪些劳动不能创造价值，那些劳动与价值创造无关。事实上，在非商品经济社会，不存在商品范畴，不存在商品交换关系，也就不存在马克思主义经济学中的价值范畴，也不存在创造价值的劳动，即使在商品经济社会，也不是所有的劳动都能够创造价值，也同样存在不创造价值的劳动，同样存在与价值创造无关的劳动。那种认为所有的劳动都是创造价值的劳动的观点，混淆了一般劳动和创造价值的劳动之间的区别，混淆了经济学中的价值范畴和哲学中的价值范畴。一般劳动是人类社会存在和发展的基础，其涵盖范围最广，包含所有的各种不同形式不同种类的劳动，而创造价值的劳动有其特定内涵和外延的，是与商品经济社会商品生产相联系的特定的范畴，不能随意扩大，以致混淆经济学中的价值概念和广义的价值概念。价值是与商品经济商品生产相联系的范畴，我们在探讨创造价值的劳动的规定性的时候，必须严格遵照马克思主义经济学中的价值的含义，将问题限制在经济领域，限制在商品生产领域，创造价值的劳动只能是经济领域的范畴，而不能随意将其扩大到上层建筑中。

在此，要区分创造价值的劳动和社会必需劳动。创造价值的劳动和社会必需

❶ 中共中央编译局．马克思恩格斯全集（26）（上）[M]．北京：人民出版社，1972:337．

❷ 方华．劳动价值论新探[J]．社会科学，1996（4）．

❸ 陈秋元．“一般人类劳动”新探[J]．贵州民族学院学报（社会科学版），1997（2）．

❹ 李运福．关于“深化劳动和劳动价值论认识”的几个问题之我见[J]．上海交通大学学报（社会科学版），2002（2）．

❺ 巩建华．一切社会必要劳动都创造价值[J]．探索与争鸣，2003（11）．

❻ 李伟明，王援．谈谈劳动价值概念的再扩展[J]．社会主义研究，2003（1）．

❼ 徐思光．关于创新马克思主义劳动价值理论若干问题的思考[J]．财贸研究，2003（2）．

❽ 朱妙宽．全面认识创造价值的劳动．山东财政学院学报[J].2004（4）．

❾ 曾永寿．有关价值理论若干问题的思考[J]．经济与社会发展，2008（6）．

劳动是两个不同的范畴，它们之间没有必然联系，社会必需劳动的内涵大于创造价值的劳动的内涵。在马克思主义理论体系中，劳动是一个一般的广泛的概念，是与人类社会共存的涉及各个方面的永恒范畴，而创造价值的劳动则只是经济学中的范畴，它从属于商品经济范畴，是一个历史范畴。只有在商品交换过程中，人类劳动的等同性才有必要采取价值的形式表现出来，只有在商品经济社会才存在商品价值关系，才存在创造价值的劳动范畴。即使在商品经济社会也并不是所有劳动者的劳动都创造价值，如国家公务员、警察等，他们都是社会主义劳动者，他们的劳动都是社会必需劳动，但是他们所生产的劳动产品并不是商品，并不需要通过商品交换来获得社会的承认，因此他们的劳动与商品生产无关，不具备创造价值的功能，不创造政治经济学意义上的价值。在这里，我们还要区分创造价值的劳动和对社会有益的劳动。应该指出，创造价值的劳动一定是社会必需劳动，一定是对社会有益的劳动，但并非所有的社会必需的、有益的劳动都是创造价值的劳动。所有符合社会道德的、有利于社会进步的劳动，都是对社会有益的劳动，这与其是否创造价值无关。

此外，也不能把是否创造价值作为衡量劳动重要性的标准。“劳动是否创造价值”仅仅是政治经济学中的概念，而不是哲学中价值判断的标准。马克思所创立的政治经济学，其目的在于揭示资本主义生产关系的本质及其被共产主义社会取代的必然性，并不涉及对某种劳动是否重要及其重要程度的价值判断。任何社会形态中都存在一定程度的社会分工，商品经济社会也不例外。有的劳动生产商品、创造价值，有的劳动不生产商品、不创造价值，那种认为只有创造价值的劳动才是重要的，不能创造价值的劳动是无关紧要的观点是错误的。

第三节　物化劳动不创造价值

物化劳动是和活劳动相对应的范畴，马克思明确指出：物化劳动不创造价值。

一、物化劳动不创造价值

（一）物化劳动不创造价值

第一，价值的本质是商品生产者之间相互交换劳动的社会关系，这种社会关系在商品的生产、交换过程中形成。而物化劳动则是以物的形式存在的生产资料，它是物而不是劳动，不可能像活劳动一样在商品生产过程中创造或体现这种人与人之间的经济关系。

第二，物化劳动是已经凝结在劳动产品中的过去劳动，与正在进行的活劳动不同，它们是过去劳动的劳动成果，并已凝结在劳动产品中；所以又称之为死劳动。它不具备活劳动的主体性、目的性和创造性。在劳动过程中，它作为生产资料而存在，是生产过程中的物的因素，不可能像活劳动一样具有创造价值的能力并重新创造价值。在劳动过程中，作为生产资料代名词的物化劳动只有依靠劳动者的活劳动才能发挥作用，即使是在所谓的无人工厂即自动化工厂，要生产劳动产品也同样需要劳动者来从事启动、维护、控制等操作。

第三，物化劳动是过去劳动的凝结，是已经完成了的活劳动，不能再次创造价值。在商品生产过程中，作为生产资料形式存在的物化劳动不可能再次还原为活劳动重新创造价值。已经完成了的劳动现在再重新创造价值，这显然是荒谬的。

第四，物化劳动的实质是凝结在劳动产品中的过去劳动，即无差别人类劳动的凝结，它与商品的价值实体是同质的，可以通过商品生产过程或产品生产过程相互转化。认为物化劳动能够创造价值，其实质就是认为价值能够创造价值，这在逻辑上同样是不能成立的。物化劳动是过去劳动的物化，其载体是劳动过程中的生产资料，这是商品生产的必备条件，在商品生产过程中具体劳动将凝结在生产资料中的物化劳动转移保存到新商品中，物化劳动本身并不创造价值。此外，如果假定物化劳动能够创造价值，那么将难以解决价值的计量问题。

总之，物化劳动是过去劳动所耗费的抽象劳动的凝结，是一个死物。在劳动过程中，物化劳动的存在形式是生产资料，它是劳动过程中的物的要素，只有和活劳动结合起来，才能发挥作用。也就是说，在劳动过程中，物化劳动“只是作为活劳动的物质因素起作用”❶，只能被动地转移价值，而不能创造价值。

（二）生产资料不创造价值

应该看到，在马克思的论述中，常常把物化劳动和生产资料等同起来，所谓物化劳动，就是指生产资料中凝结的过去劳动。在这里，不能把机器、原料等生产资料简单地等同于物化劳动，马克思仅仅是从作为劳动产品的生产资料中蕴含了一定量的抽象劳动的角度，用物化劳动一词来代替生产资料，在这里抽象掉了生产资料的具体使用价值。在劳动过程中，物化劳动的存在形式是生产资料，说物化劳动不创造价值的实质就是说生产资料不创造价值。

第一，在生产过程中，生产资料作为物的因素发挥作用。在劳动过程中，劳

❶ 马克思．资本论（1）[M]．北京：人民出版社，2004:213.

动者处于主导地位，是主动的一方，而生产资料则处于被动地位，是被支配的一方，即劳动者操纵劳动工具改造劳动对象，按预定的生产目的生产出新的劳动产品。劳动产品纯粹是人的劳动的产物；离开了人的劳动，生产原料等不过是一堆死物而已。生产工具也仅仅只是生产产品的手段，而不是新产品的生产者，在劳动过程中生产工具需要劳动者的操控，即使是实现全自动生产的无人工厂也是如此。生产工具的发展，只表明了劳动生产力的提高，人类改造自然能力的增强，而不是人的作用的降低。而劳动对象也仅仅只是人们改造的对象，如棉花只是纺纱劳动的对象，至于棉花究竟是天然的还是野生的这与纺纱劳动是没有关系的，离开了纺纱这一活劳动，它们只是一堆“死东西”。也就是说，在生产过程中，无论生产资料中凝结了多少物化劳动，它都必须依靠活劳动才能发挥作用。

第二，生产资料不创造使用价值。改变劳动对象形态并生产出新产品的始终是人的劳动，而不是生产资料自己，生产资料只有在生产过程中通过活劳动的作用，才能将过去劳动所创造的使用价值改造成新的使用价值。棉纱不会自己变成布，而是人的劳动使它变成布，这是不言自明的。马克思虽然说过“劳动并不是它所生产的使用价值即物质财富的唯一源泉”❶这句话，但这并不是说生产资料也创造商品的使用价值，生产资料不仅不创造使用价值，而且生产资料如果不被使用的话，其自身的使用价值就会逐渐地自行消失，而“活劳动必须抓住这些东西，使它们由死复生，使它们从仅仅是可能的使用价值转化为现实的和起作用的使用价值”❷。

第三，生产资料不创造价值。在劳动过程中离不开生产资料，但这并不能证明生产资料也可以创造价值。马克思指出，这正如化学反应过程需要容器，但当我们在分析化学变化时，就应该把容器抽掉一样，生产资料是劳动的必要条件，但是当我们在分析价值创造问题时，就应该将其忽略。事实上，生产资料是过去劳动的产物，它不是劳动，不可能再次具备劳动的特点和功能，其所蕴含的劳动量仅仅是以物化劳动形态存在的，在生产过程中，只有通过人的劳动，生产资料才能发挥作用。

总之，活劳动是创造价值的唯一源泉。在商品生产过程中，是劳动创造价值，而不是生产资料创造价值，生产资料中所蕴含的物化劳动只有通过劳动者的具体劳动才能转移保存到新产品中。也就是说，马克思主义经济学并不否认物的要素，即生产资料在价值形成过程中的作用，但是它们只能被动地转移保存旧价值，而

❶ 马克思 . 资本论（1）[M]. 北京：人民出版社，2004:56.
❷ 马克思 . 资本论（1）[M]. 北京：人民出版社，2004:214.

不是创造新价值。

二、作为物化劳动载体的生产资料转移价值

（一）具体劳动转移保存生产资料的价值

生产资料表现为过去劳动的凝结，即物化劳动，它只能通过活劳动将自身凝结的无差别人类劳动转移并保存到新产品中去，也正是在这个意义上，马克思把用来购买生产资料的这部分资本称之为不变资本。也就是说，在生产过程中作为生产资料的物化劳动不创造价值，而是转移价值，即商品的价值构成中包括从生产资料中转移保存过来的价值。在劳动过程中，部分生产资料如燃料等凝结在其中的物化劳动一次性转移到新产品中，部分生产资料由于能够多次使用，如机器等，凝结在其中的物化劳动则按其损耗程度逐步转移到新产品中去。当然，如果生产资料是纯粹的自然物，那么在劳动过程中它并不转移和保存价值，因为其本身就没有价值。

在生产过程中，生产资料必须依靠活劳动才能发挥作用，转移并保存凝结在生产资料中的抽象劳动即旧价值是通过活劳动确切地说是通过具体劳动实现的，生产资料只有通过有用的具体的劳动才能转移并保存其原有的价值，即转移和保存凝结在其中的劳动量。“由于加进价值而保存价值，这是发挥作用的劳动力即活劳动的自然恩惠……当危机到来的时候，资本家对此就有切肤之感了”❶。这就是说，只有劳动才能创造价值并转移保存生产资料中的物化劳动，工厂停工，没有了工人的劳动，就不能创造价值。与此同时，生产工具、生产原料长期不用就会变坏，这时，资本家才能感觉到劳动的重要性。

同时，马克思对从生产资料中转移保存到新商品中的价值量也作了详细论述：“生产资料转给产品的价值决不会大于它在劳动过程中因本身的使用价值的消灭而丧失的价值”❷，即生产资料所转移保存到新商品中的价值量是以其所凝结的劳动量为最大限度的；因为凝结在生产资料中的无差别人类劳动在其作为产品被生产出来的时候就已经确定了，在新的商品生产过程中，生产资料中所蕴含的物化劳动的量并不会增加，只会通过具体劳动逐步转移到新产品中去。另外，我们可以看到，在生产过程中普遍存在生产资料虚耗的情况，如没有生产出有用的劳动产品，而只生产出废品，这是生产过程中难以避免的现象，也就是说，从生产资料中转移保存

❶ 马克思 . 资本论（1）[M]. 北京：人民出版社，2004:240.

❷ 马克思 . 资本论（1）[M]. 北京：人民出版社，2004:237.

到新商品中的价值量，绝不可能超过生产资料自身所凝结的旧价值。

此外，马克思还曾经论述过，生产棉纱所需要的劳动时间，既包括生产棉纱的劳动时间，也包括生产棉花的劳动时间及生产纱锭的劳动时间。在这里主要阐述的是棉纱的价值构成问题——棉纱的价值既包括从棉花、纱锭中转移保存过来的物化劳动，又包括在生产过程中所凝结的抽象劳动——而并不是说过去生产棉花的劳动、生产纱锭的劳动能够重新创造价值。在生产棉纱的劳动过程中，只有纺织工人的纺纱劳动才能创造新价值，过去劳动所创造的凝结在棉花、纱锭等生产资料中的无差别人类劳动通过纺纱劳动转移保存到棉纱中。

（二）物化劳动和价值之间可以相互转化

应该看到，在任何劳动产品中都凝结了无差别的人类劳动，在商品关系中它们表现为价值；在非商品关系中它们表现为物化劳动。事实上物化劳动和价值是同质的，都是无差别人类劳动的凝结，它们之间可以相互转化。在商品生产过程中，作为生产资料的产品的物化劳动可以通过具体劳动转移并保存到新商品中，即凝结在产品中的物化劳动可以通过商品生产重新转化为价值；当然，商品的价值也可以重新通过产品生产过程转化为物化劳动。在现实生活中，特别是在商品经济社会，这种凝结在产品中的物化劳动通过商品生产过程转化为商品价值的现象是非常常见的，但也非常容易被人们所忽视。例如，我们对科学知识的利用往往是无偿的，但事实上它们同样是科学劳动的产物，其中同样凝结了无差别的人类劳动，凝结在科学知识中的无差别人类劳动同样可以在劳动过程中转移并保存到新产品中去，如在制造汽车发动机的过程中就需要用到许多科学原理，或者在生产新专利商品时需要运用许多基础科学知识等。也就是说，存在这样一种客观现象，即在商品生产过程中我们无偿利用了前人的劳动成果，从生产资料中转移并保存到新商品中的物化劳动有一部分是无偿的，并且“被活劳动抓住并赋予生命的过去劳动的这种无偿服务，会随着积累规模的扩大而积累起来”❶。在此，我们可以设想存在一个物化劳动库，其包涵了所有的非商品的劳动产品，这些劳动产品中所凝结的物化劳动可以通过商品生产过程无偿转移并保存到新商品中，成为商品价值的构成部分，这也是解释当代经济社会活劳动减少而价值总量增加之谜的一个途径。

三、准确认识物化劳动在价值创造过程中的作用

❶ 马克思．资本论（1）[M].北京：人民出版社，2004:702.

我们在看到作为物化劳动载体的生产资料不创造价值的同时，也要充分认识其在价值创造过程中的作用。所谓生产资料在价值创造过程中的作用，不是指它能够创造价值，而是指它是劳动得以正常进行的必要条件，是创造价值的必要条件，并且它能够最大限度地影响劳动的有用程度，影响劳动创造的价值的量。

（一）作为物化劳动载体的生产资料是劳动得以正常进行的必要条件

在劳动过程中，人和物是劳动的两个基本要素。马克思明确指出："劳动过程的简单要素是:有目的的活动或劳动本身，劳动对象和劳动资料"[1]。即人的劳动和生产资料是任何劳动过程都必不可少的要素，也就是说，人的劳动不可能脱离生产资料而单独发挥作用，没有生产资料，劳动就不可能进行。

在劳动过程中，劳动者运用劳动资料作用于劳动对象生产出具有社会使用价值的商品，这是劳动者在生产过程中耗费的抽象劳动能够凝结在商品中形成价值的前提条件。应该看到，在生产过程中人的要素和物的要素的作用是不一样的，人的活劳动是占主导地位、起决定性作用的生产要素；没有活劳动，就无所谓商品生产，无所谓价值创造。而物的要素同样必不可少，没有生产资料，即没有劳动工具和劳动对象，也同样不存在劳动及价值创造的问题。

马克思高度重视作为物化劳动载体的生产资料在价值创造过程中的作用，指出："不能纺还没有'生产出来的'棉花，不能使尚待制造的纱锭转动，不能烧还未从矿井里开采出来的煤。因此，它们总是作为过去劳动的存在形式加入［生产］过程。在这个意义上，现存的劳动取决于以前的劳动……"[2] 由此可见，活劳动和物化劳动作为劳动过程中不可或缺的两个方面，都是价值创造必不可少的因素。劳动离不开物，离不开生产资料，劳动者的劳动只有同劳动工具和劳动对象相结合才能进行现实的劳动过程。作为物化劳动载体的生产资料是劳动得以正常进行的必要条件，离开了物的要素，劳动就失去了生产工具和劳动对象，就不存在劳动过程，更谈不上价值创造。

（二）准确把握物化劳动在价值创造过程中的作用

可以看到，由于个人禀赋的不同，由于劳动生产力的差别，不同的劳动者在创造价值时，存在个别劳动时间和社会劳动时间、个别价值和社会价值的区别，即在相同的劳动时间里他们所生产出来的商品的数量是不同的，所创造的价值量

---

[1] 马克思．资本论（1）[M]. 北京：人民出版社，2004:208.

[2] 中共中央编译局．马克思恩格斯全集（26）（下）[M]. 北京：人民出版社，1974:306.

是有差别的。应该指出，生产过程中的人的因素即劳动因素和物的因素即非劳动因素都可能导致这种差别。毋庸置疑，使用不同生产资料的劳动者，在相同的劳动时间里创造的价值量是不同的。也就是说，先进的生产资料虽然不能直接创造价值，但是它可以提高劳动生产率及劳动的有用程度，并能够减少劳动过程中生产资料耗费，因而使劳动者能够在相同时间内创造出更多的价值。

马克思详细地论述了生产要素与劳动生产率的关系，指出劳动生产力主要取决于五大要素，即“工人的平均熟练程度，科学的发展水平和它在工艺上应用的程度，生产过程的社会结合，生产资料的规模和效能，以及自然条件”❶。从影响劳动生产力的因素来看，劳动的熟练程度和强度、生产的管理水平属于人的因素，科技的发展及应用程度、生产资料的规模和效能及自然条件属于物的因素。由于物的因素所导致的劳动生产力提高，其实质是指劳动者能够以与其他劳动者同质的劳动，在相同的劳动时间内创造出更多的价值和使用价值，从而导致单位商品的个别价值低于社会价值，并通过商品交换被承认为较多的社会劳动，从而获得超额剩余价值。由于人的因素导致的劳动生产力的提高，其实质是指劳动者以与其他劳动者不同质即异质的劳动，在相同的劳动时间内创造出更多的价值和使用价值，这同样提高了劳动的有用程度。如劳动强度高或劳动复杂程度高的劳动，与简单劳动相比其在相同时间内耗费了更多的脑力和体力，其创造的价值和使用价值也自然会比简单劳动所创造的价值多。在此还应该看到，由于物的因素与人的因素所导致的劳动生产力的提高之间存在一定的区别，即由于物的因素所导致的劳动生产力的提高会导致单位商品个别价值的降低，而由于人的因素导致的劳动生产力的提高则并不必然导致单位商品个别价值的变化，即在这种情况下可以在更少的劳动时间里凝结更多的无差别人类劳动，形成更多的价值。

应该看到，在劳动过程中，不同的生产资料对创造价值所起的作用也是不同的，先进的生产资料可以有效地提高劳动生产力和生产效率，提高劳动者劳动的有用程度，从而在相同时间内创造出更多的价值；而落后的生产资料则会降低劳动者劳动的有用程度，使其在相同时间里只能创造出相对较少的价值。在此我们重点讨论先进的生产资料在价值创造过程中的作用。

第一，采用先进生产资料的企业可以大幅提高劳动生产力。在劳动过程中，使用不同生产资料即不同生产工具和劳动对象的劳动者，其劳动生产力是不同的，由此在相同时间里创造的单位商品的数量也不同。由于商品的价值量是由社会必要劳动时间决定，而商品交换是以其价值量为依据，因此劳动生产力高的劳动者

❶ 马克思．资本论（1）[M].北京：人民出版社，2004:53

的私人劳动能够在交换过程中被承认为较多的社会劳动，表现为更多的价值。此外，随着劳动生产力的提高，从先进生产资料中转移保存到新商品中的价值量也会提高，即相对于社会平均水平，运用先进生产资料的劳动者的活劳动转移了更多的旧价值。

第二，采用先进生产资料的企业可以有效提高劳动的有用程度。先进的生产资料与活劳动相结合，可以帮助劳动者更加有效地利用自然力，提高劳动的有用程度，使活劳动能够更加高效地发挥其作用，能够在相同时间内创造更多的价值。应该看到，随着作为物化劳动载体的生产资料特别是生产工具质量的不断提高，与生产资料相结合的活劳动的有用程度也不断提高，而伴随着劳动有用程度的提高，其所创造的价值也比社会平均水平要多。正如从事复杂劳动的劳动者能够比从事简单劳动的劳动者创造出更多的价值一样，在相同的劳动时间内有用程度高的劳动能够比有用程度一般的劳动创造出更多的价值。如操纵先进纺纱机器的纺织工人的劳动的有用程度就比手工作坊中的纺织工人的劳动的有用程度要高，单位时间内其创造的价值和从生产资料中转移并保存到商品中的价值就多。

第三，采用先进生产资料的企业可以提高生产资料的使用效率。在商品生产过程中，生产资料中所凝结的物化劳动要通过具体劳动转移和保存到新商品中去。就生产同种商品而言，在生产过程中生产资料同样存在“平均耗费”的标准。如果生产资料的消耗超出“平均耗费”的范围，凝结在生产资料中的物化劳动将不能按正常比例转移保存到新产品中，其所转移并保存到新商品中的物化劳动就偏少。在生产资料的使用过程中，存在节约和浪费的区别。采用先进生产资料的企业可以节约生产资料，提高生产资料的使用效率，减少生产单位商品所耗费的生产资料的量，降低商品的个别价值，从而使商品生产者在竞争中取得优势。

第四，运用先进生产资料的企业，不仅可以提高劳动生产力，缩短个别劳动时间，而且可以降低劳动者的劳动强度，减少生产单位商品的劳动耗费，节省活劳动，而其所节省的活劳动，在商品交换过程中，同样被当作实际耗费的劳动看待，同样被承认为较多的社会劳动，由此使生产者获得超额利润。当然，也不排除采用先进生产资料可以提高劳动者劳动强度的可能，但劳动强度的提高同样会导致劳动生产力的提高，导致劳动有用程度的提高，使其在单位时间里创造更多的价值。

我们可以看到，在劳动过程中，劳动者运用先进的生产资料所获得的更多的价值主要有三个来源：第一，来源于劳动生产率的提高，从而使劳动者的私人劳动能够通过商品交换被承认为较多的社会劳动，使商品的个别价值可以折算成较多的社会价值。第二，来源于劳动有用程度的提高，正如复杂劳动和简单劳动的关系一样，有用程度高的劳动可以比有用程度低的劳动创造出更多的价值。第三，来源于对生产资料和劳动耗费的节约，这同样可以降低单位商品的个别价值，并通过商品交换表现为较多的价值。在此应该看到，运用先进生产资料的企业所创造出的较多的价值，依然是来自于劳动者的活劳动，我们说物化劳动在价值创造过程中具有重要作用，并不是说它能够创造价值。先进的生产资料对社会生产力的促进作用是巨大的，但这并不意味着它能够创造价值，而在于使用先进的生产资料能够极大地提高劳动者劳动的有用程度，使其能够在相同的时间内创造出更多的价值。应该看到，物化劳动对价值创造的作用仅仅只是一种潜在的可能性，它只有在劳动过程中通过活劳动才能发挥和体现出来，离开了活劳动它就是一堆死东西，也就是说生产资料在价值创造过程中的作用是以人的劳动为前提的。价值的实体和源泉始终都是劳动者的劳动，生产资料无论多么先进，都只是创造价值的条件，劳动过程中的物的要素，只有与劳动者的活劳动结合在一起时，才能作为现实的生产力发挥作用。

承认物化劳动在价值创造过程中的作用，并不等于物化劳动也创造价值。这是两个不同的问题。前者论述的是创造价值的条件，即没有作为物化劳动载体的生产资料，劳动就不能正常进行，就不能创造价值；后者论述的是创造价值的源泉，只有活劳动才是创造价值的唯一源泉，而作为物化劳动载体的生产资料无论多么先进，都只是作为劳动过程中的物的因素通过活劳动来发挥作用，绝不可能创造价值。也就是说，承认物化劳动即生产资料在价值创造过程中的作用，与劳动是创造价值的唯一源泉这一基本观点并不矛盾。例如，在游泳比赛中，人的活动、泳衣、游泳池是不可或缺的要素，虽然泳衣等运动装备对游泳成绩的提高有巨大的作用，但是只有运动员的游泳运动才是游泳成绩的决定因素，只有运动员才是游泳成绩的创造者。理解物化劳动即生产资料在价值创造过程中的作用，我们要防止两种倾向：一方面，要看到物化劳动是创造价值的必要条件，但不能片面夸大物化劳动的作用，认为其也创造价值；另一方面，要正确认识物化劳动在价值创造过程中的重要作用，不能因为其不创造价值就否认其在价值创造过程中的作用。

四、物化劳动价值论者的错误

在当代经济社会，生产力的发展导致生产自动化的程度日益提高，在商品生产过程中，劳动者的活劳动在减少，甚至出现了“无人工厂”的现象，而劳动者所创造的价值在增多，由此出现了“价值总量之谜”。为了有效解释这一现象，学术界出现了形形色色的物化劳动价值论。特别是在 20 世纪末 21 世纪初，关于物化劳动是否创造价值的争论尤为激烈。

物化劳动价值论者认为，物化劳动能够创造价值，同样是价值的源泉。主要有以下几种观点：第一，物化劳动多功能论者[1][2][3][4][5]认为，物化劳动的功能、作用与活劳动类似，因此同样具有创造价值的功能。第二，社会劳动价值论者[6][7]认为，物化劳动具有物质和劳动二重属性，价值是由社会劳动创造的，即物化劳动、活劳动共同创造价值。第三，三元价值论者[8][9]认为，传统的一维价值论难以有效地解释当代的经济现象，应该把劳动价值论和效用价值论结合起来，形成三元价值论，即自然生产力、物力资本生产力和劳动资本生产力共同创造商品的价值。第四，多元论者[10][11][12]认为，价值是由多种生产要素共同创造的，因此物化劳动也同样创造价值。第五，整体价值论者[13][14][15]认为，劳动过程是劳动主体和客体的统一，物化劳动和活劳动共同创造价值和使用价值。第六，经济人劳动论者[16]认为，经济人的劳动力是由自然人和工具的劳动力共同构成的统一体，这必然会得出活劳动和物化劳动共同创造商品价值的结论。第七，机器价值论者[17][18][19][20][21]认为，机

---

❶ 蒋振民．广义劳动价值初论 [J]．广东社会科学，1988（2）．

❷ 李松龄．物化劳动也具有生产力也能创造价值 [J]．经济研究参考，1997（85）．

❸ 张云德．论物化劳动在价值创造中的作用 [J]．浙江大学学报（人文社会科学版），2001（2）．

❹ 张继良．劳动价值理论：时代发展的思考 [J]．当代财经，2002（1）．

❺ 邵建平，陈体标．价值形成的实质及广义劳动的作用初探 [J]．经济评论，2002（1）．

❻ 钱伯海．论社会劳动创造价值 [J]．数量经济技术经济研究，1993（12）．

❼ 王莉霞，刘振彪，庞任平等．确认物化劳动创造价值才能使我们坚信马克思的劳动价值论 [J]．经济评论，2001（1）．

❽ 丁建中，解强．价值形成和分配的基本原理新探——“三元价值论”及其意义 [J]．江汉论坛，1994(8)．

❾ 丁建中，孙明．论商品价值的三维尺度 [J]．学术月刊，1995（12）．

❿ 晏智杰．顺应历史发展潮流，重塑多元价值理论——论深化改革与促进发展的经济学价值论基础．北京航空航天大学学报（社会科学版），2002(2).

⓫ 董德刚．从单一要素价值论到系统价值论——劳动价值论的创新 [J]．求索，2005(1).

⓬ 谷书堂，柳欣．新劳动价值论一元论 [J]．中国社会科学，1993，(6).

⓭ 许祖东．物化劳动在价格形成中的作用 [J]．河南财经学院学报，1990（4）．

⓮ 钱津，王俊发．论劳动整体创造价值 [J]．青海社会科学，2005（6）．

⓯ 张其仔．马克思主义的劳动价值论和我国私营经济的发展 [J]．中共福建省委党校学报，2002（1）．

⓰ 冯根福，李映青．变革“劳动力”概念与发展传统价值源泉理论——论活劳动、物化劳动以及参与劳动过程的自然力共同创造价值 [J]．当代经济科学，1989（3）．

⓱ 林民书．价值的社会属性及其价值源泉 [J]．财经科学，2002（4）．

⓲ 彭必源．重新解读马克思的劳动价值论 [J]．理论月刊，2002（9）．

⓳ 刘成碧．论物化劳动在价值创造中的作用 [J]．长白学刊，2003（1）．

⓴ 杨静光．物化劳动：增生价值及运作条件 [J]．理论与改革，2003（1）．

㉑ 刘有源，田辉玉，郭晓玲．论机器、土地为什么创造价值暨泛价值论 [J]．经济评论，2004（5）．

器设备能够代替活劳动的职能，同样能够创造价值。第八，科技价值论、知识价值论和信息价值论者❶❷❸❹❺❻认为，科技、知识、信息等物化劳动也可以创造价值。

对以上各种物化劳动价值论，以苏星、卫兴华、余陶生、蒋学模、陈征等为代表的众多学者进行了批判；归纳起来，认为物化劳动价值论者主要存在如下错误：

第一，混淆了劳动者的劳动和劳动过程。劳动是人这一劳动力有目的的使用，而劳动过程则是劳动者运用劳动资料有目的地改造劳动对象并生产出新的使用价值的过程。劳动过程有两个基本要素，即生产资料和劳动者的劳动；生产资料是物化劳动的载体，是劳动过程中物的因素，而劳动者的劳动则是劳动过程中人的因素，即劳动者的劳动仅仅只是劳动过程的一个构成要素。任何劳动过程都是人的因素和物的因素相互结合的过程，没有生产资料，劳动不可能进行，没有人的劳动，生产资料不过是一堆死东西。劳动者的劳动在劳动过程中处于主体地位，起决定作用，它可以根据劳动者的意志改造劳动对象，创造新的使用价值。生产资料是生产得以进行的条件，它不是生产的决定性因素，生产资料在劳动过程中作用的发挥是由劳动决定的。离开劳动者的劳动，生产资料始终都只是生产原料、劳动工具或劳动对象，不可能变成新的劳动产品。整体价值论者认为，劳动是主体和客体相互作用的整体，从劳动整体看，价值是由劳动的主体和客体共同创造的。多元论者认为，在劳动过程中资本创造利润，劳动创造工资，土地创造地租。他们混淆了劳动和劳动过程这两个不同的范畴，把劳动等同于劳动过程是其错误的根源。

第二，混淆了活劳动和物化劳动的概念。活劳动是处于流动形态的、正在进行的劳动，是指劳动者在劳动过程中劳动力的耗费，物化劳动是指凝结在劳动产品或生产资料中的过去劳动，它是过去的活劳动的凝结，是已经完成了的活劳动。作为物化劳动，无论是本次还是上次活劳动的凝结，它都不是活劳动，与活劳动存在本质的区别。它不具备活劳动的主体性、目的性和创造性，在劳动过程中它作为生产资料是物的因素，不可能像活劳动一样具有创造价值的能力并重新创造

❶ 陈越，林菲．试论技术贸易 [J]. 社会科学研究，1985（1）.

❷ 曾绪宜．论创造性物化劳动的价值增殖功能 [J]. 探索，1995（6）.

❸ 温志宏．物化劳动与活劳动共同创造价值的论证 [J]. 当代财经，1998（12）.

❹ 李今朝．从劳动价值论到知识价值论 [J]. 山东师大学报（社会科学版），1999（6）.

❺ 张建伟．知识是否创造价值 ?[J]. 经济学家，2000（5）.

❻ 柳昌清．试论知识参与创造剩余价值 [J]. 中州学刊，2003（6）.

价值，作为物化劳动载体的生产资料只有依靠活劳动才能发挥作用，仅仅是活劳动创造价值的物质条件。而活劳动则是劳动者有意识、有目的的活动，人类劳动过程中脑力作用的发挥是人的劳动与动物本能、机器运转之间的本质区别。马克思深刻地批判了麦克库洛赫等庸俗经济学家把牛、马的活动机器的运转等称之为劳动的观点，也批判了萨伊的机器提供的“服务”也是劳动的谬论，明确指出动物的活动和机器的运转都不是劳动，都不可能创造价值。

第三，混淆了价值创造和分配的关系。价值创造和分配是两个不同的范畴，二者之间没有必然的因果联系。马克思明确指出，“分配关系不过表现生产关系的一个方面”❶，分配理论是以生产资料所有制为基础的，而不是由生产要素在价值创造中的贡献决定的。也就是说，决定价值的因素和决定分配的因素是不同的，按劳分配不是以劳动价值论为依据，按要素分配也不是以要素价值论为依据。价值的创造和劳动有关，而收入的分配则与生产要素所有权有关，按生产要素分配是生产要素所有权在经济上的体现，而不是其在价值创造过程中作用的体现。在现实经济社会中的利润、地租等非劳动收入，都只是生产要素所有权在经济上的体现，并不表明它们都相应地创造了价值。价值是由劳动者的劳动创造的，而资本获得利润和土地所有者获得地租则是由生产要素所有权决定的，不能将它们混为一谈，不能认为实行按要素分配，就证明生产要素创造了价值。应该看到，马克思所论述的按劳分配制度、按需分配制度也不是以劳动价值理论为依据的，在社会主义社会实行按劳分配及在共产主义社会实行按需分配，归根到底都是由生产资料公有制决定的，而与价值创造无关。也就是说，作为物化劳动载体的生产资料不创造价值，但这并不妨碍其参与价值的分配，它是创造价值的必要条件，并在价值的创造过程中发挥重要作用，生产资料的所有者也必然要凭借其所有权参与分配，这与劳动者有权参与分配一样，都是要素所有权在分配领域的实现。

第四，混淆了价值创造和价值构成。商品的价值是由两部分构成的，一部分是在劳动过程中通过具体劳动从生产资料中转移并保存过来的旧价值，一部分是在劳动过程中活劳动重新创造的新价值。从生产资料中转移保存到新商品中的价值量以生产资料中所物化的劳动量为最大限度，因为凝结在生产资料中的物化劳动在其作为产品被生产出来时就已经确定了，在新的商品生产过程中其所含的价值量并不会增加，只会逐步转移到新产品中去。而劳动创造价值所强调的是在生产过程中所耗费的无差别人类劳动凝结在商品中形成新的价值。不能因为新产品的价值构成中包含从生产资料中转移保存过来的物化劳动，就认为物化劳动也创

❶ 马克思．资本论（3）[M]．北京：人民出版社，2004:1000.

造价值，从价值形成的角度来看，作为物化劳动载体的生产资料是创造价值的必要条件，它只是被动地转移旧价值，并不创造新价值，而在劳动过程中活劳动的耗费则凝结在劳动产品中形成新价值，劳动者的劳动是新价值的唯一源泉，从价值创造的角度来说是活劳动创造了新价值。

第五，违背了劳动两重性理论。劳动两重性理论认为，劳动者的劳动，一方面，作为具体劳动，在创造新的使用价值的同时转移并保存生产资料的旧价值；另一方面，作为抽象劳动凝结在新产品中形成新价值。具体劳动是就劳动的具体形式而言的，生产不同使用价值的劳动具有不同的劳动形式。在生产过程中，具体劳动作用于生产资料，在消耗其使用价值的同时生产出新的使用价值；与此相应的，生产生产资料使用价值的劳动时间就转化为生产新的使用价值的劳动时间的一部分，即生产资料的旧价值被转移并保持到新产品中。也就是说，具体劳动只转移保存凝结在生产资料中的旧价值而不创造新价值，而生产过程中所耗费的抽象劳动则凝结在商品中形成新的价值。物化劳动价值论者混淆了具体劳动和抽象劳动在价值形成过程中的不同作用，从而导致了理论的混乱。

第六，混淆了价值和使用价值的源泉。价值是商品的社会属性，反映的是人与人的关系，其实体是凝结在商品中的抽象劳动，其本质是人和人之间被掩盖的相互交换劳动的社会关系。劳动是价值的唯一源泉，只有活劳动才能创造价值，劳动者创造的价值量的多少取决于生产过程中所耗费的劳动量的多少及劳动的有用程度。而使用价值则是商品的自然属性，反映的是人与物之间的关系，是指商品能够满足人的某种需要的属性。在使用价值的创造过程中，劳动是起主要作用的能动的因素，却不是唯一的要素，具体劳动必须和生产资料相结合才能生产出各种不同形态的使用价值。也就是说，使用价值的源泉是劳动与其他生产要素的结合。也就是说，使用价值和价值的源泉是不同的，作为物化劳动载体的生产资料能够创造价值的观点，混淆了形成使用价值的因素和形成价值的因素。

第七，误解了剩余价值的源泉。使用先进的生产资料是提高劳动生产力的重要途径，但先进的生产资料本身并不创造价值；在商品生产过程中，它通过具体劳动转移和保存旧价值，不可能成为剩余价值的源泉。资本家无偿占有的剩余价值同样来源于劳动者的劳动。在资本主义生产过程中，雇佣工人的劳动包含两个部分：一部分是用于再生产劳动力价值的必要劳动，一部分是无偿为资本家生产剩余价值的剩余劳动。运用先进生产资料如使用先进生产线的企业，在相同劳动时间里能够比其他企业生产出更多的劳动产品，从而导致其所生产的单位商品的个别价值低于社会价值，并通过商品交换表现为更多的价值，使资本家获得超额剩余价值。而随着先进生产资料的普及，生产力水平的提高，再生产劳动力商品的必要劳动时间会减少，由此导致为资本家无偿劳动的剩余劳动时间增加，资本家可以获得相对剩余价值。也就是说，相对剩余价值同样来源于雇佣工人的劳动，它归根到底是由生产力发展导致必要劳动时间缩短、剩余劳动时间延长而产生的。

应该看到，物化劳动创造价值的观点，与马克思曾经批判的资产阶级经济学家的观点是基本一致的，其实质是鼓吹资本也创造价值，其目的是否定资本主义剥削。在社会经济发展过程中，只有当生产资料成为资本时，才会出现生产资料也创造使用价值和价值的幻想。从资本的角度看，在生产过程中劳动力商品和生产资料都是资本的表现形式，劳动力商品即可变资本，生产资料即不变资本，因此生产资料和劳动者一样都是劳动产品的创造者，都创造商品的价值。资本主义经济学家把作为物化劳动载体的生产资料和资本相混同，用物化劳动是价值的源泉来说明资本也是价值的源泉，并通过对劳动力所有权的美化，宣称资本家凭借生产资料所有权获得利润，劳动者凭借劳动力所有权获得工资，这掩盖了资本家凭借生产资料所有权无偿占有雇佣工人剩余劳动创造出来的剩余价值的实质。马克思详细地论述了物化劳动不等于资本，不创造价值，指出正，因为资本家垄断生产资料，无产阶级才不得不出卖自己的劳动力，"劳动所生产的对象，即劳动的产品，作为一种异己的存在物，作为不依赖于生产者的力量，同劳动相对立"[1]，并且生产资料越来越成为奴役工人的工具，在资本主义经济关系中所谓的劳动所有权并没有实质意义。马克思关于物化劳动不创造价值的论述，从根本上揭露了资本主义生产的实质，有力地揭露了资产家剥削的秘密。

---

[1] 中共中央编译局.马克思恩格斯全集（42）[M].北京：人民出版社，1979:91.

第三章　社会劳动与价值创造

为了科学地回答生产什么、怎么生产和为谁生产这三个商品经济社会的最基本最核心的问题，马克思明确地提出了社会劳动和私人劳动的概念，并从中归纳出生产商品的劳动的范畴，并在此基础之上进一步阐述了交换社会劳动的分析方法，即用作为直接社会劳动代表的货币为中介来解决商品生产过程中所存在的社会劳动和私人劳动之间的矛盾，以此来解决在商品经济社会怎样实现资源的有效配置、有效满足不同商品生产者的需求等问题。由此可知，只有生产商品的私人劳动才有必要采取抽象劳动的形式，通过价值中介转化为被社会承认的社会劳动，即只有生产商品的劳动才存在价值创造的问题，才可能创造价值。

第一节　社会劳动与价值创造

从本质上看，任何生产都是社会的生产，任何劳动都是在一定社会历史形态中、在一定社会关系中进行的，都具有社会性。研究创造价值的劳动的规定性，有必要进一步论述创造价值的劳动所蕴含的特殊的社会性。

一、准确把握社会劳动、私人劳动的内涵

（一）准确把握社会劳动的内涵

社会劳动是指劳动者的劳动是为别人和社会所进行的劳动，是社会分工体系中的组成部分。在任何社会形态，无论是在生产力极不发达的原始社会还是在生产力获得极大发展的共产主义社会，人们都必须依靠相互提供劳动产品才能够满足各自的不同需求。简而言之，社会劳动就是为别人生产劳动产品的劳动。马克思明确指出："一旦人们以某种方式彼此为对方劳动，他们的劳动也就取得社会的

形式"❶。可以看到，在人类文明发展历程中，在不同的社会历史阶段及不同的社会经济形态下，劳动者的劳动表现为社会劳动的方式是不同的，可以将其区分为直接的社会劳动和间接的社会劳动。直接的社会劳动即劳动者的劳动直接表现为社会总劳动的一部分，劳动者的劳动直接被社会所承认；而间接的社会劳动则是指劳动者的劳动并不直接表现为社会总劳动的一部分，其必须通过某种途径如市场交换等才能被社会所承认，才能转化为社会劳动。

应该指出，社会劳动即有质的规定性，也有量的规定性。无论在何种社会形态中，人们从事劳动的主要目的都是满足各种不同的社会需要，而社会需要是一个客观范畴，从质的方面看它表现为一定的社会需求结构，从量的方面看它表现为一定的使用价值的总量。也就是说，社会劳动具有两重规定性，劳动的社会形式是其质的规定性，劳动的计量与比较是其量的规定性，它们是社会劳动所具有的即相互联系又相互区别的两方面。在不同的社会形态下，劳动有不同的社会形式，劳动的计量、比较和分配也不同。总体而言，劳动的社会形式决定劳动的计量、比较和分配，也就是说，劳动的社会形式是否符合社会需要是社会劳动存在的前提；如果劳动者的劳动所生产出来的使用价值不符合社会的需要，那么就无所谓这种使用价值的量的多少，因为这种劳动本身就不属于社会劳动范畴。在任何社会形态中，根据社会需要合理地在各个生产领域按比例分配社会劳动，这是社会经济协调发展的先决条件。在某段时间内，如果社会劳动的分配比例失调，即社会劳动的分配比例与社会的实际需要相背离，如分配在某些生产领域的社会劳动超出了社会对它的需要量，这将会导致部分社会劳动的浪费，部分其他的社会需求难以得到满足；在情况严重的情况下，甚至会导致社会经济生活的紊乱。也就是说，无论在何种社会形态下，都需要合理地分配社会总劳动及总劳动时间，即对劳动形式和劳动时间进行合理分配，这就必然要求进行劳动时间、劳动耗费的比较与计量。

（二）私人劳动的内涵

私人劳动是指生产资料为私人所有、劳动过程私人独立进行、劳动产品为私人占有的劳动。私人劳动和社会劳动是两个不同的范畴，它并不等同于社会劳动。马克思指出："只有独立的互不依赖的私人劳动产品，才作为商品互相对立"。❷应该看到，我们所说的私人劳动的社会性，是指它存在转化为社会劳动的可能性而

❶ 马克思．资本论（1）[M].北京：人民出版社，2004:89.

❷ 马克思．资本论（1）[M].北京：人民出版社，2004:55

言的，只有顺利转化为社会劳动的私人劳动才具有社会性。

从劳动的目的来看，存在两种不同类型的私人劳动：一种是纯粹的私人劳动，即劳动者的劳动是不以交换为目的的，即仅仅为了满足自身需要，如农民生产自己口粮的劳动。马克思明确地指出，纯粹的私人劳动即不以交换为目的的私人劳动与价值创造无关，创造价值的劳动必须是社会劳动。另一种是特殊的私人劳动，即劳动者以交换为目的而进行的私人劳动，也就是生产商品的劳动，劳动者生产产品的目的是为了交换，也就是说，劳动者生产的劳动产品取得了商品的表现形式，如厂家生产冰箱等商品的劳动等。无论哪种类型的劳动，只要它以交换为目的，就必然存在私人劳动与社会劳动的矛盾，其劳动产品就必然表现为商品形式；只有通过商品交换，其生产商品的私人劳动才能够被社会所承认，才能够转化为社会总劳动的一部分。

首先，有必要区别个人劳动和私人劳动。第一，私人劳动是指劳动者私人占有生产资料、能够自由支配自身劳动力、并占有劳动产品的劳动；而个人劳动则是指能够自由支配自身劳动力的劳动，并不强求对生产资料和劳动产品的私人占有。第二，私人劳动以私人占有和支配生产资料为前提，具有一定的历史性。如在原始社会、奴隶社会就不存在私人劳动，即使在资本主义社会，自由得一无所有的雇佣工人的劳动也不属于私人劳动范畴，而个人劳动则在任何社会形态都可以存在。

其次，不能把私人劳动等同于私有制。应该看到，私人劳动不仅存在于私有制社会，而且在公有制条件下也可以存在。在私有制条件下从事私人劳动的生产者是私有者；而在公有制社会，由于劳动者之间仍然存在独立的经济利益，因此私人劳动同样可以存在。马克思详细地论述了私有制条件下的私人劳动，并认为在未来的公有制社会，劳动者的劳动将会成为直接的社会劳动。但是实践证明，在当代中国特色社会主义市场经济条件下，部分劳动者的劳动依然还没有成为直接的社会劳动，仍然还属于特殊的私人劳动范畴，仍然需要通过商品交换和价值中介才能转化为被社会所承认的社会劳动，才能体现其社会性。

再次，有必要进一步明确私人劳动的特点。一是私人劳动是劳动者谋生的手段。只要社会财富还没有极大丰富、劳动还不是生活的第一需要，劳动者的劳动就会要求按照等价交换的原则进行补偿，在此情况下劳动仍然只是谋生的手段。二是不同的私人劳动在质量和数量上都存在差别。应该看到，职业的差别，劳动复杂程度、熟练程度、劳动强度的差别，劳动工具的差别等，都会导致不同的私人劳动之间的质量和数量上的差别，由此必然会导致劳动者的个别劳动时间和社会必要劳动时间之间的差别。

二、直接的社会劳动与价值创造无关

我们还应该正确理解创造价值的劳动与社会劳动的关系。马克思明确指出创造价值的劳动是“没有质的差别的社会劳动”，即创造价值的劳动范畴小于社会劳动的范畴。

（一）直接被社会承认的劳动不创造价值

在不同的社会历史阶段、不同的社会经济形态下，劳动者的劳动表现为社会劳动方式的不同，存在直接与间接的社会劳动的区分。某种劳动采用怎样的社会形式，既是这种劳动的社会性质问题，也是政治经济学所研究的核心问题。在《资本论》中，马克思详细地论述了不同的社会形态中的社会劳动的形式、计量、比较、分配等问题。在原始社会，劳动者的个人劳动直接表现为社会有机体中的一个成员的机能。在自给自足的家庭经济中，社会劳动采用家庭成员共同劳动的形式，家庭成员的个人劳动直接表现为家庭范围内的社会劳动，家族直接计量和分配家族成员的劳动形式和劳动时间。在封建领主社会，社会劳动采用农奴劳动的形式，领主分配农奴的劳动形式与劳动时间，或农奴自发地分配为自己和领主劳动的形式与时间。在商品经济社会，社会劳动采用生产商品的劳动的形式，通过计划或市场，有规律地调节和分配社会总劳动及不同的劳动时间。而在未来的共产主义社会，社会劳动采用以公有制为基础的有计划的组织形式，社会统一计划和分配劳动形式及劳动时间。由此可见，在原始社会、封建社会等非商品经济社会形态中，劳动者的劳动是直接的社会劳动，其直接表现为社会总劳动的一部分，可以直接进入社会进行计量、比较和消费，而不需要转变为商品；不需要通过市场交换来获得社会的承认，也不必要通过商品交换即价值中介从而转化为被社会承认的社会总劳动的一部分，也就是说，这些直接的社会劳动与价值创造无关。

然而在商品经济条件下，生产商品的劳动虽然具有社会性，但它不是直接的社会劳动而是间接的社会劳动，也就是说，它属于特殊的私人劳动范畴，必须通过商品交换即通过价值中介来转化为被社会所认可的社会劳动。而商品生产劳动这种特殊的私人劳动是否能够顺利地被社会所承认并成功转化为社会总劳动的一部分，主要取决于其所生产的商品是否符合社会的需求。如果其所生产出来的商品不符合社会需求，即商品没有成功地卖出，生产商品的私人劳动就没有被社会所承认并不能转化为社会劳动，那就更谈不上社会劳动的量的问题。这里还存在另外一种情况，如果生产某种商品的劳动总量超出了社会需求，即商品的供给量大于需求量，那么必然会存在部分商品卖不出去的情况，因此生产该商品的私人劳动必然有一部分不能成功转化为被社会所承认的社会劳动。也就是说，在价值范畴中所包含的凝结在商品中的抽象劳动是在交换过程中间接实现的社会劳动，它通过市场交换来证明其社会性。

此外，在商品经济社会同样存在直接的社会劳动，这主要包括政府部门的公共管理劳动、公共服务劳动、部分非营利性社会组织的服务劳动等。这类劳动为社会提供制度规则、基础设施建设服务以各类社会公共服务，为保障生产劳动的有效进行，提供了一定的必要的社会条件。为论述简便，可以将这种直接的社会劳动称为“社会公共劳动”。还应该指出，无论在哪种社会形态中，生产担任商品交换等价物的劳动，如生产金、银或生产货币的劳动，因为其劳动产品可以以直接交换的形式存在，这种劳动直接进入社会分工体系，是直接的社会劳动，不需要通过市场交换转化而能够直接被社会所承认，所以同样与价值创造无关。

（二）社会公共劳动不创造价值

西方部分学者认为，一切能够获得报酬的劳动都属于创造价值的劳动，因此如国家部门的政务活动之类的社会公共劳动也是创造价值的劳动。在我国也有部分学者❶❷❸❹❺❻从社会公共劳动是社会经济持续健康发展的必备条件出发，认为社会公共劳动同样是创造价值的劳动。毋庸置疑，这种观点是片面的、也是错误的，社会公共劳动与政治经济学范畴中的价值无关。

首先，这类劳动属于社会公共劳动范畴，是直接的社会劳动，其所提供的劳动产品是面向全社会的公共产品。主要目的是维护社会、经济的稳定发展。也就是说，这种劳动成果不以交换和盈利为目的，其所提供的产品只具有使用价值不具有交换价值。不成为商品，不受市场机制及经济规律的制约。也就是说，这类劳动从一开始就不具备商品生产、商品交换的特性，它与商品范畴无关，也就不存在是否创造马克思主义经济学意义上的商品价值的问题。

其次，那种认为社会公共劳动是社会所需要的有用的劳动，因此是创造价值的劳动的看法，不仅混淆了马克思主义经济学的价值范畴和哲学价值范畴的区别，

---

❶ 曹永栋．服务劳动的价值决定探析 [J]. 兰州铁道学院学报，2002（5）.

❷ 傅军胜．劳动价值论研究讨论综述（上）[J]. 马克思主义研究，2002（3）.

❸ 辜堪生．试论公共服务劳动也能创造价值 [J]. 社会科学研究，2002（6）.

❹ 关柏春．试论生产劳动理论的历史终结——兼与卫兴华教授商榷 [J]. 社会科学评论，2004（2）.

❺ 张峰．假设前提的变化与劳动价值论的新发展 [J]. 中南财经政法大学学报，2007（4）.

❻ 李森．论公共产品理论与劳动价值论的耦合及其意义 [J]. 山东财政学院学报，2012（1）.

同时模糊了对社会有用的劳动和创造价值的劳动这两者之间的界限。应该指出，有使用价值和有价值是两个截然不同的概念，我们不能因为社会公共劳动有用即具有使用价值，就认为其具有价值。创造价值的劳动一定是对社会有用的劳动，但对社会有用的劳动并不一定属于创造价值的劳动范畴。不能把某种劳动是否重要或是否有用作为判断其是否创造价值的标准。社会公共劳动如警察、军人、公务员、教师等公职人员的劳动无疑是对社会有用的，是社会经济持续健康发展中不可或缺的劳动，然而这种劳动成果并不是商品，并不参与市场交换。因此，在这类劳动过程中，劳动者所耗费的脑力和体力虽然同样会凝结在其所提供的劳动产品中，但这类抽象劳动的凝结并不表现为价值。这种劳动是有用的、非营利性的，与价值创造无关。

再次，那种从总体工人、总体劳动的角度出发，认为社会公共劳动同样为价值创造服务，因此同样是创造价值的劳动的观点，混淆了生产领域和社会领域的关系，错误地将为创造价值服务的社会公共劳动纳入创造价值的总体劳动范畴。应该看到，生产领域是面向生产的，在生产领域范围内的总体劳动为创造价值服务并创造价值；而社会领域是面向全社会的，并不仅仅面向生产；这类劳动所耗费的抽象劳动会凝结在其所提供的劳动产品中，但并不形成价值。应该指出，在商品生产过程中，某些为生产领域服务的社会公共劳动所提供的公共产品会进入商品生产环节，因此凝结在这些公共产品中的无差别人类劳动同样会通过生产商品的具体劳动转移并保持到新商品中，转化为商品价值实体的组成部分。

最后，那种关于用税收购买社会公共劳动的观点并不能改变社会公共劳动不生产商品、不具有交换价值的事实。社会公共劳动的经费主要来源于国家税收或社会赞助，因此其不需要通过出卖劳动产品来获得经济补偿。也就是说，社会公共劳动者的劳动报酬是靠国家税收或社会赞助支付，其本身属于国民收入的二次分配。我们不能因为从事社会公共劳动的劳动者要获得一定的报酬，就认为这些公共劳动是生产商品的劳动，就认为这些劳动者所得到报酬是通过商品交换获得的。

总之，社会公共劳动创造价值的观点是错误的，作为直接的社会劳动，它不生产商品，因此与价值创造无关。也就是说，就马克思主义经济学而言，社会公共劳动作为不生产商品的劳动，是不创造也不可能创造价值的。马克思高度评价了斯密关于社会公共劳动不创造价值的论述。斯密指出："某些最受尊敬的社会阶层的劳动，像家仆的劳动一样，不生产任何价值。"❶ 马克思认为这是具有革命性的资产阶级说的话。

---

❶ 中共中央编译局．马克思恩格斯全集（26）（上）[M]．北京：人民出版社，1972:151.

第二节　生产商品的劳动与价值创造

在商品经济社会，存在一种既不同于直接的社会劳动也不同于纯粹的私人劳动的特殊劳动范畴，即生产商品的劳动。这既是间接的社会劳动，也是特殊的私人劳动。生产商品的劳动就是人们为了进行交换而进行的劳动，它既包括生产实物商品的劳动也包括生产非实物商品的劳动；而非生产商品的劳动是指不以交换为目的的劳动，如农民自给自足的劳动等。在马克思主义经济学中，生产商品的劳动具有特殊的规定性，只有生产商品的劳动才可能创造商品的价值。

一、生产商品的劳动及其内在矛盾

（一）生产商品的劳动具有特殊性

应该看到，劳动产品取得了商品形式，生产产品的劳动就转化为生产商品的劳动，而生产商品的劳动具有特殊性；它既具有私人性也具有社会性，既是私人劳动也是间接的社会劳动。

首先，生产商品的劳动是私人劳动。在生产资料私有制条件下，商品生产者的生产资料、劳动成果均为私人占有，生产什么、怎么生产、生产多少等都是商品生产者自己私人的事，都由自己自主决定，即商品生产者的劳动具有私人劳动的性质，它们为了各自的利益而生产。但是，生产商品的劳动又不同于纯粹的私人劳动，它的生产目的就是进行商品交换，并进而转化为被社会所承认的社会劳动，即它具有社会性，属于间接的社会劳动范畴，它劳动的直接目的就是实现其社会性；只有通过商品交换，生产商品的私人劳动才能转化为被社会所承认的社会劳动，并通过交换获得一定形式的补偿。

其次，生产商品的劳动是间接的社会劳动，具有社会性。由于社会分工的发展，商品生产者从事的是某种或某些特定商品的生产，很难做到自给自足，它们必须与其他商品生产者相互交换劳动产品才能满足各自的各种不同的需求。也就是说，每个商品生产者都是社会分工体系中的一个组成部分，他们相互依赖、相互依存，相互为对方生产产品，相互交换劳动，他们的劳动是间接的社会劳动，是为别人生产的劳动，是用来满足其他社会成员的需要的劳动，即商品对于他的生产者来说是价值而非使用价值。因此，商品生产者的劳动是为别人生产的劳动，它们必须相互交换劳动产品，必须成为社会总劳动的一部分，即商品生产者所生产的商品必须符合社会的需求，并通过商品交换成功卖出，只有如此才对商品生产者有意义。因此，一方面商品生产者的劳动必须能够满足一定的社会需要，并通过商品交换证明它是社会分工体系中社会总劳动的一部分，另一方面也只有通过与生产其他商品的劳动相交换，商品生产者才能够有效满足自身的需求，实现生产商品的目的。

（二）生产商品的劳动存在私人劳动和社会劳动的矛盾

在商品经济社会，商品生产不是生产者个人的事，其所生产的劳动产品只有对别人有用才是产品，只有成功卖出对生产者而言才是产品。在商品生产过程中，生产不是目的，而仅仅是手段。也就是说，在商品生产、商品交换过程中，商品生产者是在为别人生产，虽然其生产目的是为自己服务。商品生产者不能为自己生产直接的消费品，而是为他人生产直接的消费品，只能消费别人为其提供的消费品。也就是说，商品生产者只是为交换而生产，只是为交换价值、为货币而生产，而与所生产的产品的使用价值无关，即生产商品的劳动是以交换价值为目的的劳动，而不是以使用价值为目的的劳动。

换而言之，作为生产商品的私人劳动，是为他人、为社会生产的劳动，虽然其内在地包含社会性，却不具有直接的社会性，不能直接地表现为被社会所承认的社会劳动。生产商品的私人劳动由于只具有间接的社会性，因此导致私人劳动和社会劳动的矛盾，即生产商品的私人劳动必须有效地转化为被社会承认的社会劳动。也就是说，商品生产者所生产的商品必须能够成功地卖出；否则，生产商品的私人劳动就不能获得社会的承认，就是无用劳动。应该看到，生产越发展，社会分工越细化，生产商品的私人劳动向社会劳动的转化就越有必要；与此同时，转化过程中所存在的不确定性也就越突出。从本质上说，一切为了使商品交换更加顺利而产生的各种商品交易市场或劳务市场，一切与此相关的资金运用、金融运作等，都是服务于生产商品的私人劳动向社会劳动的转化，它的最终目的都是为了使生产商品的私人劳动能够顺利地转化为被社会承认的社会劳动。

私人劳动和社会劳动的矛盾又包含两种情况：第一种情况，商品生产者生产的产品不符合社会的需要，即其所生产出来的商品卖不出去，那么这种生产商品的私人劳动就没有被社会所接受，就不能转化为社会劳动；第二种情况，商品生产者生产的商品部分销售出去了，那么这种生产商品的私人劳动就部分地转化为被社会所承认的社会劳动。也就是说，并不是所有的生产商品的私人劳动都一定能够成功地转化为社会劳动，它必须具备一定的条件。从质的方面说，它必须能够满足一定的社会需要；从量的方面说，它不能超出社会对该种需求的总量，即不能超出社会必要劳动的量的范畴。如果生产某种商品的劳动超出了社会必要劳动的量的范畴，即其所生产出来的劳动产品的数量超出了社会需要，那么就必然有一部分劳动是多余的无用的劳动，这又进一步说明生产商品的私人劳动并不等同于社会劳动。

（三）生产商品的私人劳动和社会劳动的矛盾是商品经济社会的基本矛盾

在商品经济社会，生产商品的私人劳动和社会劳动之间存在不可避免的矛盾，这是商品经济社会的所特有的矛盾，在资本主义社会它囊括了所有资本主义社会矛盾的全部萌芽，导致其他一系列的资本主义生产关系的矛盾。

首先，生产的私人劳动与社会劳动的矛盾是商品经济社会一切矛盾的根源。只有通过商品交换，生产商品的具体劳动才有必要还原为无差别的抽象劳动，商品的使用价值才能被让渡而实现其价值。也就是说，在商品经济社会，具体劳动和抽象劳动之间的矛盾、价值和使用价值之间的矛盾、价格和价值之间的矛盾等所有商品经济社会的内在矛盾都是在这一矛盾的基础上产生和发展起来的，矛盾的存在和解决也都取决于生产商品的私人劳动和社会劳动之间矛盾的存在和解决。

其次，是否能够顺利地解决生产商品的私人劳动和社会劳动之间的矛盾对商品生产者来说至关重要。社会分工要求商品生产者的劳动是社会劳动，要求其所生产的产品能够满足某种社会需求，但是由于生产商品的劳动具有私人性，生产什么、生产多少、怎么生产往往都是由商品生产者自行决定，因此其所生产出来的产品经常存在不符合社会需求的状况。如果生产商品的私人劳动所生产的产品符合社会需求，其生产出来的商品就能够顺利地卖出，那么商品生产者就可以获利，如果其所生产的产品不符合社会的需求，该产品就不能顺利卖出，那么商品生产者就会亏损甚至破产，也就是说，能否顺利地解决生产商品的私人劳动和社会劳动之间的矛盾，这决定着商品生产者的命运。

再次，从长远来看，生产商品的私人劳动和社会劳动之间的矛盾能够刺激商品生产者的积极性，并通过优胜劣汰的竞争机制促进生产力的发展，并可能会引起商品生产者的两极分化，从而进一步导致社会生产关系发生变化，如由简单商品经济向市场经济的发展。

此外，还应该指出，生产商品的私人劳动和社会劳动之间的矛盾是商品经济社会的基本矛盾，这同样适用于社会主义社会。应该看到，商品的各种内在矛盾如价值和使用价值的矛盾、抽象劳动和具体劳动的矛盾存在于一切商品经济社会中，而作为其根源的生产商品的私人劳动和社会劳动之间的矛盾也必然存在于一切商品经济社会中。只要存在商品生产、商品交换，就必然存在生产商品的私人劳动和社会劳动之间的矛盾，即使在社会主义社会也不例外。

二、内在矛盾的解决途径

（一）商品交换是解决矛盾的途径

无论在何种社会形态中，为了合理有效地满足各种社会需要，都必须合理地分配社会总劳动及社会总劳动时间的比例。虽然在不同的社会形态下，社会总劳动的分配形式和实现程度存在很大的差异，但是，“这种按一定比例分配社会劳动的必要性，绝不可能被社会生产的一定形式所取消，而可能改变的只是它的表现方式”❶。马克思以孤岛上的鲁滨孙同样必须合理地安排劳动时间为例，指出无论哪种社会形态，都存在一般劳动范畴，都存在劳动的计量、比较及按比例分配劳动的必要。也就是说，合理有效地分配社会总劳动及总劳动时间，是社会生产的客观规律，是任何社会都必须面对和解决的基本经济问题。

在商品经济社会，特别是在资本主义商品经济社会，这种按比例分配社会总劳动的方式主要是通过商品交换的形式，即通过商品交换价值的形式来的实现的。在商品经济社会，商品生产者很难确切地掌握社会需求的变化，因此只能通过商品供求关系变化所导致的商品价格的变化来调节自己的生产方向和生产规模。也就是说，在商品经济社会，商品生产者主要是通过市场机制、通过价值规律，自发地调节社会总劳动的分配，这是按比例分配社会总劳动的一种有效实现形式。

也就是说，在商品经济社会，生产商品的劳动的社会性只有通过商品交换才能间接地表现出来。社会分工和生产资料私人占有是商品生产的两个基本条件。社会分工使社会生产区分为不同的行业及部门，不同的生产者为社会提供不同的劳动产品，体现不同的经济利益，它们不以直接的社会劳动的形式提供给社会，既不直接给社会提供产品，也不直接从社会获得其他消费品。但是，这种生产商品的私人劳动，同样存在成为社会总劳动的组成部分的必要；他们所生产的商品不是用来满足自己的需要，而是用来满足他人的需要，即他们不是为使用价值而生产，而是为交换价值而生产，其所生产的使用价值不是用来自己消费，而是为了交换，它是为别人进行的劳动。这种生产商品的劳动对满足商品生产者自身的需求没有直接意义，在这种劳动被社会接受即成功地转化为社会劳动之前，这种

❶ 中共中央编译局．马克思恩格斯全集（32）[M]．北京：人民出版社，1974:541.

劳动是私人的，其所生产出来的劳动产品也是私人的，谁也不知道这是为谁生产的，也不知道谁将为此付费，如果生产出来的劳动产品不能成功实现交换，即生产出来的商品卖不出去，那么生产该商品的劳动就不能获得有效的补偿，无论是对商品生产者而言还是对社会需求而言，生产该商品的劳动都是无意义的。也就是说，生产商品的劳动是为了交换而进行的劳动，生产的目的就是为了交换，各种不同的、特殊的生产商品的私人劳动只有通过商品交换才能使商品生产者之间发生社会关系并体现其劳动的社会性，只有其所生产的商品成功卖出，才能有效地解决生产商品的私人劳动和社会劳动之间的矛盾，并在此基础上有效地满足商品生产者自身的各种需求。商品生产者只有通过商品交换才与社会发生关系，才能满足自身的需求，而通过交换，劳动产品取得了商品的形式，产品生产转化为商品生产。

（二）生产商品的劳动还原成抽象劳动

生产商品的私人劳动必须通过商品交换才能转化为被社会所承认的社会劳动，而要交换就要进行劳动的计量和比较，但是生产不同商品的劳动的具体形式是各不相同的，即生产不同商品的具体劳动是不同质的，难以有效地进行劳动量的计量和比较，不能成为商品生产者相互交换其劳动产品的中介和基础。

在批判继承古典政治经济学关于劳动创造价值思想的基础上，马克思发现，具有不同使用价值的商品之所以能够交换，就是因为它们都是无差别的人类劳动的产物，即不同形式的、具体的、特殊的劳动之间之所以可以有效地比较、计量和交换，就在于它们都可以转化为无差别的、同质的人类劳动——抽象劳动。在这里，马克思抽象掉劳动的具体形式，创立了科学的劳动两重性理论，并在此基础上进一步科学地阐明了价值、交换价值等范畴，建立了科学的劳动价值理论。也就是说，虽然商品交换表现为商品与商品的交换，但其实质是不同商品生产者之间私人劳动的交换，即人与人之间的劳动与劳动的交换，商品交换的基础是生产出来的商品中所凝结的无差别人类劳动，在商品交换过程中，私人劳动还原为抽象劳动的形态，转化为社会劳动，凝结在商品中的无差别人类劳动表现为价值。

由此，我们可以看到，生产商品的劳动的两重性是由私人劳动和社会劳动的矛盾决定的。生产商品的私人劳动只有通过商品交换才能转化为被社会所承认的社会劳动，但是在商品交换过程中，各种具体的不同形式的劳动之间无法进行有效的计量和比较，因此必须将各种不同的具体劳动还原为同质的抽象劳动，即在商品交换过程中，各种不同的具体劳动转化为一般的无差别的抽象劳动，并表现为价值，与此同时，生产商品的私人劳动转化为社会劳动。应该看到，抽象劳动是商品经济条件下商品交换的中介，是生产商品的私人劳动转化为社会劳动的特殊表现方式，深刻地理解这一点，有助于我们科学地把抽象劳动和一般劳动以及无差别的生理学意义上的劳动力支出相区别。

（三）准确理解生产商品的私人劳动转化为社会劳动的过程

现在，有必要进一步深入地分析生产商品的私人劳动转化为被社会所承认的社会劳动的过程。

首先，在商品交换前，在理论上可以将各种不同形态的具体劳动还原为无差别的一般的抽象劳动，并通过价值形式表现为商品的价格。也就是说，作为社会劳动化身的商品的价值，是一种潜在的理论上的东西，它能够以“观念货币”的形式表现为商品的价格。当商品的价值用其他商品表现出来时，我们称之为交换价值，当商品的价值用货币表现出来时，我们称之为“价格”。货币是从商品世界分离出来的充当一般等价物的特殊的商品，在马克思主义经济学的理论体系中，这种作为一般等价物的货币的自然形式，同时就是它的社会形式，它们是直接的社会劳动的代表，能够与任何商品直接交换，货币的这种特性为商品的交换、为社会劳动的交换提供了现实的可行的途径。在当代，在现实生活中，那种以物易物的商品与商品之间直接交换的形式比较少见，而商品与货币之间交换的形式较为普遍，表现为用货币购买商品或按价格出售商品。在以货币为中介的商品交换过程中，交换价值只有量的差别，没有质的差别，劳动的一切特殊的具体的属性都被抽象掉了，只剩下量的关系。由此又产生了商品价值与价格的关系，商品的价值决定商品的价格，商品的价格表现商品的价值。在商品经济条件下，虽然商品价格的变化不能精确地反映商品价值的变化，但商品生产者可以通过商品价格的变化去把握商品的价值的变化。

其次，在商品的实际交换过程中，通过商品的成功卖出，即商品与货币的交换，生产商品的私人劳动成功转化为被社会所承认的社会劳动，与此同时商品的价值也得到实现。如果商品不能成功卖出，则表明生产该商品的私人劳动没有获得社会承认，未能成功地转化为社会劳动，其所生产出来的商品就是无用的劳动产品，就不具备现实的经济学中所论述的价值。如果商品以高于或低于其社会必要劳动时间的价格卖出，这表明生产该商品的劳动的有用程度存在差异，对此我们将在下一章继续探讨。也就是说，商品是否能够成功卖出，直接决定着商品的使用价值和价值是否能够实现及商品生产者生产商品的劳动是否能够得到有效的补偿。在商品经济社会，生产商品的直接目的就表现为通过商品交换获取货币，金银乃至纸币等货币符号都成为社会财富的代表，马克思预言，“随着生产的社会性的发展，货币的权力也在同一程度上发展”❶。此外，我们可以看到，在现实经济社会中商品价值的实现，即生产商品的私人劳动向社会劳动的转化，往往会受到商品供求关系的影响，而商品供求关系的实质就是商品生产量和社会需要量之间的比例关系，从其根源上来说，这同样是由生产商品的私人劳动和社会劳动之间的矛盾决定的。

（四）准确把握生产商品的劳动的社会性

通过以上分析，可以看到，生产商品的劳动所蕴含的社会性具有三重特性，即社会有用性、社会等同性和社会间接性。

首先，生产商品的劳动的社会性是指它的社会有用性。商品生产的目的在于交换，因此生产商品的私人劳动必须要能够满足一定的社会需要，它必须生产出一定的符合社会需要的使用价值，而不仅仅是商品生产者自己所认为的产品的有用性，即其产品要能够被社会承认从而成功实现交换；只有如此，其所耗费的劳动才能被证明是社会总劳动的一部分。从这个角度看，这体现了商品生产者之间的相互依赖的关系，体现了私人劳动和社会劳动之间的矛盾关系，即生产商品的私人劳动是受社会总劳动制约和控制的。

其次，生产商品的劳动的社会性包含了社会等同性。生产不同类别商品的劳动之所以可以交换，就是因为可以抽象掉其具体形式，可以转化为生理学意义上的无差别的人类劳动，即生产商品的私人劳动必须通过商品交换，将其不同质的具体劳动还原为同质的抽象劳动并表现为商品的价值。应该指出，这种劳动不仅可以转化为同质的抽象劳动，而且具有社会均等性，商品生产者生产出来的劳动产品能够同其他任何劳动产品相交换，这体现了它的平等性，体现了商品经济社会不同商品生产者之间的平等交换的经济关系。这是社会等同性的第一重含义。在商品交换过程中，有效计量劳动的数量和质量的工具是生产商品所需的社会必要劳动时间，而不是个别劳动时间。如果生产商品所耗费的个别劳动时间小于社会必要劳动时间，其所耗费的私人劳动可以被社会承认为较多的社会劳动；反之，如果生产商品所耗费的个别劳动时间大于社会必要劳动时间，则其私人劳动只能转化为较少的社会劳动，即生产该商品所耗费劳动只创造出较少的价值。应该指出，在价值决定方面，个别劳动时间和社会必要劳动时间的矛盾同样根源于并反映私人劳动和社会劳动之间的矛盾，反映了在量的关系上生产商品的私人劳动究竟能在多大程度上被社会承认的问题。

❶ 中共中央编译局．马克思恩格斯全集（46）（上）[M]．北京：人民出版社，1979:91．

再次，生产商品的劳动的社会性具有间接性。在商品生产过程中，生产者并不和其他生产者直接发生关系，生产商品的劳动的社会性必须通过生产物即生产出来的产品的社会性才能表现出来，其所生产的商品必须能够成功卖出、成功实现交换。生产商品的劳动的社会性是在商品交换过程中通过抽象劳动形式、价值形式、价格形式迂回地表现出来的，商品生产者之间的社会关系也是迂回地通过物与物的关系表现出来的。也就是说，生产商品的劳动的社会性是间接实现的，而不是直接实现的。只有商品成功卖出即成功实现交换，生产商品的劳动的社会性才能表现出来，生产商品的私人劳动才能成为被社会承认的社会总劳动的一部分。如果商品不符合社会需要，没有成功卖出，那么生产该商品的劳动的社会性就不能实现，该劳动就不具备社会性，虽然该商品是为社会及他人而生产。

应该指出，虽然生产商品的劳动的社会性在商品生产过程中不能直接地表现出来，而只能在商品交换过程中通过价值形式迂回地表现出来，但是生产商品的劳动的社会性是客观存在的。商品生产者是为了交换价值而生产，其所生产的使用价值不是用来自己消费，而是为了交换，在交换过程中商品生产者必然会和其他商品生产者相互交换劳动产品，必然会和其他商品生产者发生社会联系，也就是说，生产商品的劳动的社会性是客观存在的，并且在商品生产过程中就已经存在，在商品生产过程中所耗费的劳动已经凝结在商品之中，生产商品的劳动的社会性虽然没有现实地表现出来，但是可以在观念上通过价格形式得到表现，它只是在商品交换过程中被承认、被证明、被实现，而并不是通过商品交换过程产生的。我们不能因为商品生产过程中不能体现劳动的社会性，就认为生产商品的劳动的社会性是在交换过程中产生的。

三、只有生产商品的劳动才可以创造价值

理解生产商品的私人劳动和社会劳动之间的矛盾找到矛盾解决的途径，有助于我们科学地把握劳动为什么形成价值及劳动怎样形成价值的问题。在商品经济条件下，只有通过商品交换，将各种不同形式的具体劳动还原为无差别的抽象人类劳动，生产商品的私人劳动才可能转化为被社会承认的社会劳动。与此同时，在商品交换条件下，商品又裂变为价值和使用价值，也正是在商品交换的过程中，劳动被还原为抽象劳动。表现为价值。也就是说，不同商品生产者之间相互交换商品的实质是相互交换劳动，但是由于存在私人劳动与社会劳动、具体劳动与抽象劳动的矛盾，生产商品的劳动才有必要采取价值的形式，凝结在商品中的抽象劳动才表现为价值的实体。

应该看到，价值的实体是凝结在商品中的抽象劳动，然而并不是所有劳动的

凝结都形成价值，各种具体形式的劳动需要还原为抽象劳动并通过价值中介转化为被社会所承认的社会劳动，这是生产商品的劳动所特有的事。我们应该科学地区分价值范畴、抽象劳动范畴及物化劳动范畴，不能把它们等同起来。马克思并没有把形成价值的劳动和无差别的一般人类劳动等同起来，他一再强调并不是所有劳动都创造价值，并不是所有劳动的凝结都形成价值，只有生产商品的劳动才可能创造价值，只有凝结在商品中的无差别人类劳动才能够形成价值的实体。也就是说，价值是商品所特有的属性，尽管所有的劳动都是人类劳动力生理学意义上的耗费，但不是所有的劳动都必须采取价值形式，都形成价值。只有在商品经济社会中生产商品的劳动，才有必要采取形成价值的抽象劳动的形式，通过价值中介转化为被社会所承认的劳动。

那么，为什么只有生产商品的劳动才可能创造价值，而生产产品的劳动不能创造价值？生产商品的劳动之所以要采取价值形式，是由商品经济社会的现实经济条件所决定的。我们知道，任何一种社会形态都存在社会分工，不同的生产者通过不同的劳动形式生产不同的劳动产品。在商品经济社会，生产商品的私人劳动不能直接地表现为社会劳动，它只有通过商品交换，采取抽象劳动、商品价值的形式才能间接地表现为社会劳动。也就是说，生产商品的劳动之所以必须采用价值的形式，这是社会劳动和私人劳动矛盾的结果，体现了商品生产者之间互相交换劳动的关系，即被商品与商品之间的物与物交换的关系所掩盖的人与人之间的相互交换劳动的社会关系。

而在非商品经济社会，人们的劳动在一定范围内可以直接地表现为社会劳动，因此也就不需要价值中介参与其中，也就不必要存在价值范畴，生产产品的劳动不创造价值。如在未来的共产主义社会，为了有效地计量、比较不同具体形式地劳动，依然需要将各种不同的具体劳动还原为无差别的同质的抽象劳动，但是，由于共产主义社会是公有制社会，劳动者的劳动是直接根据社会计划进行的，其劳动的社会性在劳动的过程中就直接体现出来了，因而不必要通过价值这种迂回曲折的道路，因此劳动者生产产品的劳动就无需表现为价值的形式，也不表现为价值。可以看到，虽然在共产主义社会，抽象劳动依然存在并继续发挥作用，但凝结在劳动产品中的抽象劳动并不表现为价值，即在共产主义社会不存在商品经济中的价值范畴。同样，在封建社会等非商品经济社会形态内部，也不存在普遍的商品生产和商品交换现象，无论是农奴的劳动还是佃户的劳动，它们都属于直接的社会劳动，这些劳动的社会性不必要间接地通过商品交换，通过价值范畴来表现。这些劳动的计量、比较与分配也不必要通过价值量来表现。这进一步表明，价值形式仅仅只是特定经济形态下的社会劳动的一种表现形式，价值量形式仅仅只是计量、比较、分配社会劳动量的一种方式，它们并不是唯一的形式。此外，在商品经济社会，如果劳动者不以商品的形式即不以商品交换的形式为他人提供劳动产品，凝结在其所生产出来的劳动产品中的抽象劳动就不表现为价值。商品经济社会同样存在直接的社会劳动或纯粹的私人劳动，这些劳动也同样与价值范畴无关，如农民生产自己所需的粮食的劳动，再如公职人员履行公职的劳动，交通警察指挥交通的劳动。总之，价值范畴的存在，是由商品经济社会的商品生产条件决定的，是在商品交换过程中实现的。在商品经济存在之前或消亡之后，虽然无差别的抽象劳动依然存在，依然凝结在劳动产品中，但其并不表现为价值。

应该看到，在商品交换过程中，商品交换关系的实质是人与人之间相互交换劳动的关系，以物与物之间相互交换的关系表现出来，表现为物的人格化，于是就具有了神秘性。劳动产品并不神秘，但是当其成为商品，就具有了神秘性，成为一种既可感觉又超越感觉的特殊的物。商品的这种神秘性来自于其价值形式，来自于其商品关系。在商品经济社会，人与人的关系通过商品交换表现为物与物的关系，"商品形式在人们面前把人们本身劳动的社会性质反映成劳动产品本身的物的性质，反映成这些物的天然的社会属性，从而把生产者同总劳动的社会关系反映成存在于生产者之外的物与物之间的社会关系"❶。应该看到，商品具有价值，凝结在商品中的无差别人类劳动表现为价值，生产商品的劳动创造价值，这归根到底都是由生产商品的私人劳动和社会劳动之间的矛盾决定的。古典资本主义经济学家由于不理解商品关系的拜物教性质，把资本主义经济形态看成永恒的社会形态，把劳动产品采取商品形式看成与生俱来的，把劳动创造价值当作劳动的自然属性，从而使自己的理论也具有拜物教性质。马克思深刻地批判了这一错误倾向，进一步揭示了产生商品拜物教、货币拜物教的根源，并阐述了商品生产的历史性、资本主义经济形态的历史性及资本主义制度的历史性。

第三节　生产非实物商品的劳动同样创造价值

关于生产非实物商品的劳动是否创造价值的问题，曾经是我国学术界争论的

---

❶ 马克思．资本论（1）[M]．北京：人民出版社，2004:89.

热点问题。部分学者❶❷❸❹❺❻❼❽❾❿⓫⓬认为，创造价值的劳动仅限于物质生产领域，生产非实物商品的劳动不创造价值，其劳动者所获得的报酬来自物质生产领域的价值转移。针对这些观点，我们有必要进一步深入分析非物质生产领域的价值创造问题。

一、非实物商品的定义与特点

在当代社会，随着劳动生产力的发展、社会分工的深化及人们需求的增长，劳动的种类即劳动的具体形式越来越多样，生产出来的劳动产品也越来越丰富。总体而言，劳动产品的具体形态存在生产实物商品的劳动和生产非实物商品的劳动两种类型。在此基础之上，生产非实物商品的劳动又可以区分为生产服务商品的劳动和生产精神商品的劳动，而生产服务商品的劳动又可以进一步细分为纯粹的服务和可以物化的服务。纯粹的服务即转瞬即逝的服务劳动，它的劳动成果不以实物的形式而以“活动”的形式存在，表现为无形的劳动产品，如歌唱家的歌唱劳动、医生的诊断服务、公务员的服务劳动等；可以物化的服务即可以“把自己的劳动固定在某种物上”，并能够提高这些物的价值的服务劳动，它的劳动成果可以以实物形式存在，表现为有形的劳动产品，如运输、餐饮等服务行业中的服务劳动。

相对于实物商品，非实物商品具有以下三个方面的特点：

第一，非实物商品具有无形性。实物商品是看得见、摸得到、有形的，而非实物商品是看不见、摸不到、无形的，如歌唱家的歌唱等就是看不见、摸不到、无形的。在现实生活中人们虽然能够清楚地感觉到非实物商品的存在，但与实物

---

❶ 智效和．论消费服务不创造价值[J]．北京大学学报（哲学社会科学版），1984（2）．

❷ 胡先来．服务劳动创造价值吗？——与冯子标、牛仁亮同志商榷[J]．经济理论与经济管理，1986（1）．

❸ 胡培兆．价值的特殊性、物化性及其意义[J]．兰州学刊，1987（4）．

❹ 彭延光．关于发展劳动价值论的基础——与王慎之同志再商榷[J]．学术月刊，1988（7）．

❺ 陈振羽．正确理解马克思的生产劳动理论[J]．理论学习月刊，1989（11）．

❻ 郭小鲁．服务劳动创造价值吗？[J]．江汉论坛，2001（1）．

❼ 胡世祯．发展劳动价值论不能偏离劳动价值论——对一篇文章的评析[J]．重庆工商大学学报（社会科学版），2003（5）．

❽ 魏新丽，肖彬．论服务劳动不是创造价值的劳动——与南京大学博士后柳新元副教授商榷[J]．生产力研究，2004（7）．

❾ 王峰明．马克思劳动价值论视阈中的“服务产品”[J]．学术界，2005（6）．

❿ 姚挺．对重新认识劳动价值论的几种认识的看法[J]．学习论坛，2008（10）．

⓫ 陶玉．论价值是物质产品的特殊历史形式[J]．教学与研究，2011（3）．

⓬ 顾书桂．从劳动价值论看非生产性劳动的内涵[J]．社会主义研究，2011（1）．

商品相比，非实物商品很难被触摸或看到，非实物商品的使用价值往往只有在使用后才能有效判别其品质，消费者在购买非实物商品之前往往不能对其所购买的使用价值作科学的判断，因此要承担一定的购买风险。

第二，非实物商品具有即时性。与实物商品相比，部分非实物商品的生产过程和消费过程是同时发生的，其生产、交换和消费具有同时性和不可分割性，如餐厅服务员提供服务劳动的过程同时就是消费者消费服务商品的过程，服务劳动结束，其所提供的服务商品也就消失了。再如，歌唱家的歌唱一经停止，就不能带给听众美的享受。由此导致服务商品的质量难以事先得到有效的控制，消费者在享受非实物商品如服务商品的同时也要参与服务商品的生产、流通过程，即在服务商品生产过程中，服务者与被服务者之间、服务商品的生产者与服务商品的消费者之间存在一定的互动关系，并且这种互动关系会在一定程度上影响到服务商品的品质。

第三，非实物商品具有难以储存性。由于非实物商品的生产和消费常常具有不可分割性，导致大部分的非实物商品难以像实物商品一样进行有效的存储，因此，非实物商品具有非贮存性、非转移性和消费过程的短暂性。也就是说，生产者与消费者均难以将非实物商品像实物商品一样存储起来，由此必然会导致需求波动对服务业的影响更为敏感。如餐饮业，在用餐高峰时期服务人员忙不过来，而在非用餐时间，又存在服务人员闲置的现象。

二、生产非实物商品的劳动创造价值的具体分析

商品是用来交换的劳动产品。判断某种劳动产品是否属于商品的标准，不在于其是否具有实物形态，而在于其是否进入市场进行交换。劳动产品之所以可以成为商品，其根本原因在于参与了市场交换，它们是为交换而生产的劳动产品，而与其是否具有实物形态无关，与其是否能够脱离生产者和消费者独立存在无关。把用于交换的非实物劳动产品纳入商品的范畴，并不违背经济学中商品的基本概念，同时这也是马克思的一个基本观点。例如，在《剩余价值论》中，马克思就进一步论述了非实物商品的存在，明确指出，"对于提供这些服务的生产者来说，服务就是商品"[1]。应该看到，非实物商品与实物商品一样，同样都具有使用价值和交换价值，它们同样都具备商品的一般属性。如歌唱家的歌声可以使听众得到艺术的享受，这表明它具有符合社会需要的使用价值，同时听众愿意为此买票付费，这表明它同样具有交换价值。在当代经济社会，随着生产力的发展、人们生

[1] 中共中央编译局．马克思恩格斯全集（26）（上）[M]．北京：人民出版社，1972:149

活水平的提高，人们的需求的层次越来越高，需求的种类也越来越多样化，不仅包括实物商品，同时也包括越来越多的非实物商品。

在此，要注意区分非实物商品和劳动力商品。劳动力商品的使用价值是活劳动本身，它的价值是生产和再生产劳动力商品所需要的生活资料的价值；而非实物商品的使用价值是指其能够满足一定的社会需求，它的价值同样是由劳动者的劳动创造的，是凝结在非实物商品中的无差别人类劳动。与实物商品一样，非实物商品的价值同样是由三个部分构成的，即从生产资料中转移并保存到新产品中的价值C，劳动者的必要劳动创造的价值V，和劳动者的剩余劳动创造的价值M即剩余价值。也就是说，从价值构成来看，非实物商品的价值构成同样不同于劳动力商品。此外，就商品的购买而言，劳动力商品是与资本家的资本相交换，而非实物商品是与人们的收入相交换，这两者之间同样存在本质的区别：资本家购买劳动力商品的目的是为了无偿获取雇佣工人所创造的超出劳动力商品价值的那部分剩余价值，这必然会导致资本的增殖，而人们购买非实物商品则是为了消费，即通过购买非实物商品从而获得某种使用价值，而这必将导致收入的减少。

还要注意区分非实物商品和生产该商品的劳动。部分生产非实物商品的劳动如服务劳动，它们的劳动过程和商品的生产、消费过程是同时进行的，容易使人们产生服务劳动就是服务商品的误解。应该看到，服务劳动和服务商品是两个截然不同的范畴，服务劳动生产出服务商品，服务商品是服务劳动的结果，在日常生活中，我们所购买、消费的是服务商品而不是服务劳动，只有服务商品才具有使用价值和价值，而服务劳动则不能成为商品，服务劳动可以创造价值但本身并不具有价值。在这里，我们要对其进行科学的区分，要看到服务商品不是劳动的过程而是劳动的结果，虽然其与劳动过程在时间上和空间上具有同一性。如理发服务，为顾客理发是一个劳动过程，在这个过程中理发师提供服务劳动，而为顾客理好头发才是理发服务的结果，才是理发师所提供的服务商品，即服务劳动是生产服务商品的手段，服务商品是服务劳动的劳动成果。

通过以上对生产非实物商品的分类分析，我们看到，在非物质生产领域的生产非实物商品的劳动中，相较于其他劳动，纯粹的服务劳动更为典型，因此，我们将以此为重点，进一步深入分析生产具有无形劳动产品的纯粹的服务劳动是否创造价值的问题。

（一）非实物商品同样具有使用价值

在当代经济社会的现实生活中，人们的需求是多方面的，既有物质方面的需求，也有非物质方面的需求，如对精神文化的需求等。毋庸置疑，在人们的日常生活中，物质需求是第一位的，而精神、文化等非物质需求也同样重要，尤其是在当代经济社会，在物质需求已经得到极大满足的同时，人们更加注重享受资料、发展资料等非物质需求。实践证明，人类的劳动成果按其存在形式可以区分为两大类：实物形式的劳动成果，如房屋、汽车等实物产品，和非实物形式的劳动成果，如教师、医生等提供的服务。我们不能也不应忽视非实物劳动产品、非实物使用价值的存在。

第一，存在两种形式的使用价值：实物形式的使用价值和非实物形式的使用价值。

使用价值是指物的有用性。马克思明确指出，"物的有用性使物成为使用价值"❶。一个物品要有使用价值就必须有用，能够满足人们的某种需求，而人们的需求具有多样性，既有物质方面的需求也有精神等方面的非物质的需求，因此我们不能机械地把使用价值局限于物质方面，局限于实物商品上。马克思明确指出存在两种形式的使用价值：一种是以实物形式存在的使用价值，它"物化，固定在某个物中"❷；一种是以非实物形式存在的使用价值，"这个使用价值是随着劳动能力本身活动的停止而消失"❸。也就是说，在实物形式的使用价值之外还存在一种非实物形式的使用价值，它可以作为活动而有用，"他不是立即以物的形式提供使用价值，而是以活动的形式提供使用价值"❹，如歌唱家的歌唱等。

非实物形式的使用价值是指劳动成果不采取实物形式，不能离开生产者和消费者独立存在，在运动状态的过程中被消费，并满足某种社会需要的使用价值。它主要表现为运动状态或过程状态，它的生产和消费是紧密结合在一起同时进行的，如运输服务的使用价值，这种使用价值虽然是无形的，但它同样可以被感受到，具有物质性。而实物形式的使用价值是指劳动成果取得了独立的物质形式，能够离开生产者和消费者而独立存在，如衣服的使用价值等。必须指出，使用价值的实物或非实物形式与物质生产领域和非物质生产领域是有区别的。实物形式的使用价值包含一切以物的形式存在的使用价值，非物质生产领域中同样可以生产出实物形式的使用价值，如画家创作的艺术品等，与之对应的，非实物形式的使用价值包含一切不以物的形式存在的使用价值，物质生产领域中同样可以生产出非实物形式的使用价值，如车队提供的运输服务等。

第二，非实物形式的使用价值同样能够满足某种需求，同样可以是价值的物

---

❶ 马克思．资本论（1）[M]．北京：人民出版社，2004:48.

❷ 中共中央编译局．马克思恩格斯全集（26上）[M]．北京：人民出版社，1972:157.

❸ 中共中央编译局．马克思恩格斯全集（26上）[M]．北京：人民出版社，1972:157.

❹ 中共中央编译局．马克思恩格斯全集（46上）[M]．北京：人民出版社，1979:464.

质承担者。

判断某种物品是否具有使用价值的标准不在于其是否有形，而在于其是否能够满足一定的社会需求。非实物形式的使用价值之所以存在，不在于其活动本身，而在于其具有满足某种社会需要的效用，在于其所具有的可消费性。非实物形式的使用价值的有用性可以通过其是否满足某种社会需求来证明。各种精神产品如文艺作品等可以满足人们对精神文化的需要，各种服务产品如医疗服务等可以满足人们对消除病痛的需要。总之，各种不同的非实物商品，在满足人们对生产、生活、发展和享受的需要的过程中发挥着重要作用。应该看到，不管是物质产品还是非物质产品，其之所以成为商品，就在于它具有相对稀缺性，并能够满足人们的某种需要，因此人们需要通过交换从而获得该种使用价值。而人们之所以购买非实物形式的使用价值，也就在于它能够满足购买者的某种需要，或者是作为消费资料满足购买者一定的生活需要，或者是作为生产资料满足购买者一定的生产需要，这与购买实物形式的使用价值并没有本质的差别。由此可见，非实物商品所具有的非实物形式的使用价值同样具有一切使用价值的共性即可消费性，它们同样可以满足人们想象的或现实的某种需要。随着社会的发展，人们的需求越来越多样化，除了各种物质需求之外还包括越来越多的非物质需求如精神文化需求等。劳动的根本目的就在于满足人们的需求。为了有效地满足各种不同的需求，人们的劳动形式越来越复杂、劳动种类越来越多，不仅包括生产实物商品的劳动，同样也包括生产非实物商品的劳动。应该看到，非物质生产劳动如服务劳动等，虽然其劳动成果不以实物为载体，是无形的，但它们同样客观存在、同样能够被感知，并且同样能够满足社会的某种需要，即生产它们的具体劳动同样创造了一定的使用价值，虽然这类使用价值是以非实物形式存在的。

使用价值是物品所具有的能够满足人们某种需要的客观属性，它不以人们的主观意志为转移。穿衣服可以保暖、听歌唱家演唱可以享受，……无论是实物或是非实物形式的使用价值，它们都在现实经济生活中客观存在着，能够被人们感知并且消费。应该强调，非实物形式的使用价值同样具有客观实在性，其所具有的能够满足人们某种需求的或者物理的、化学的、生物的属性本来就是客观存在着的，是其客观属性，我们不能因为这种使用价值不以物质形式为载体就否认它的物质性。我们要准确地把握科学的物质概念，从哲学意义上而不是从物理学意义上来理解马克思主义的物质范畴，物质即能够被感知的客观实在。实物形式的使用价值可以被感知，具有物质性，非实物形式的使用价值同样是人们可以感知的客观实在，即使是那些一经生产就会马上消失的服务产品也同样具有物质性，我们能够清晰地感受到服务产品的存在便是明证。也就是说，非实物形式的使用价值虽然可能是转瞬即逝的，但它并不是虚无缥缈的幻觉，而是实实在在地能够被感知、被消费的客观实在。我们所论述的非实物产品之所以不是实物是指其不可触摸，而不是指其不存在，如歌唱家生产的歌唱产品，欣赏音乐这是我们能够切实感受到的实实在在的使用价值。

与实物形式的使用价值一样，非实物形式的使用价值同样可以成为价值的物质承担者。马克思明确指出，“对于价值说来，它由什么样的使用价值来承担都是一样的”[1]，也就是说，无论是实物形式或非实物形式的使用价值，对价值来说是无关紧要的。作为商品价值承担者的使用价值的规定性是其社会属性，是指其能够满足某种社会需要，而不是使用价值的自然属性，商品的使用价值范畴是一个已经抽象掉了各种具体使用价值差别的抽象范畴，只要它们能够满足一定的社会需要，它们就有资格也能够成为商品价值的物质承担者。如马克思在论述运输劳动时指出，虽然运输业所生产的不是物质产品，而是“场所的变动”，是运动形式的非实物形态的使用价值，但它同样都凝结了无差别的人类劳动，具有交换价值和价值。也就是说，运输劳动同样具有劳动两重性，同样可以创造价值，一方面其作为具体劳动在转移保持生产资料价值的同时生产出非实物形式的使用价值即“场所的变动”，另一方面在运输劳动过程中所耗费的无差别人类劳动凝结在运输商品中形成新的价值的实体。

（二）非实物商品同样具有交换价值

与实物商品一样，非实物商品不仅具有使用价值，而且同样可以具有交换价值。

第一，非实物形式的使用价值同样可以成为交换价值的物质承担者。

价值的本质是指不同劳动者之间相互交换劳动的关系，这必然以商品交换为前提，与实物商品类似，生产非实物商品的目的同样是为了与他人进行交换，即非实物商品的使用价值同样是用来交换的使用价值。在商品经济社会，无论是实物商品或非实物商品，都不可能无偿提供，它们都需要通过商品交换表现为一定的交换价值。马克思明确地指出，非实物商品同样具有交换价值，“这些服务本身有使用价值，由于它们的生产费用，也有交换价值”[2]。马克思认为，生产商品的目的就是交换，非实物商品同样要进入流通过程，经过商品交换到达消费者手中，非实物商品的交换过程同样是使用价值的交换和价值实现过程的统一，同样是等

❶ 马克思.资本论（1）[M].北京：人民出版社，2004:220

❷ 中共中央编译局.马克思恩格斯全集（26）（上）[M].北京：人民出版社，1972:160.

价交换过程。马克思还进一步指出，人们所购买的实物商品和非实物商品的数量是相互影响的，即在购买能力不变的情况下，购买实物商品的数量多，即花费在实物商品上的货币多，则其购买非实物商品的数量就会减少，反之亦然。

非实物商品要参与商品交换，那么它必然会具有交换价值。马克思指出，“交换价值首先表现为一种使用价值同另一种使用价值相交换的量的关系或比例”❶。我们可以看到，理发师理一次发所获得的收入可以用来购买一张电影票去观看一场电影，理发和看电影是不同类别的非实物商品，但是它们之间可以进行商品交换，即它们具有相同的交换价值，也就是说它们有更加内在的共同的可以相互比较的东西，交换价值仅仅是其表现形式而已。毫无疑问，这种共同的可以相互比较的东西绝不可能是异质的使用价值，当抽象掉非实物商品的使用价值后，我们可以发现，所有的非实物商品都是人类劳动的产物，非实物商品所具有的交换价值的基础是凝结在商品中的同质的、可以相互比较的抽象劳动，即它们都是无差别的人类劳动的产物。

第二，非实物商品交换价值的基础同样是由社会必要劳动时间决定的。

与实物商品类似，非实物商品的交换同样需要进行量的比较，其交换价值的基础同样是由社会必要劳动时间决定的，同样要受到供求关系的影响。如工人卖掉了其所生产的椅子获得 10 元钱，然后他又用这 10 元钱去理了发，这表明凝结在椅子中的抽象劳动的量与凝结在理发商品中的抽象劳动的量是相当的。虽然椅子是实物商品，而理发是非实物商品，这只是它们使用价值形态上的差异，却并不能掩盖它们都是无差别人类劳动的产物，生产它们都需要耗费一定的劳动时间。关于非实物商品的价值量的决定又有两种情况：一种是重复型非实物商品的价值决定，另一种是创新型非实物商品的价值决定。就生产重复型非实物商品的劳动而言，由于存在劳动力素质、劳动条件的差别等，在相同时间内，不同的生产该种非实物商品的劳动所创造的价值量也存在一定的差别，如在相同时间内特级教师的教学劳动就比一般教师的教学劳动所提供的价值量要多，一般情况下五星级宾馆提供的服务会比一星级宾馆提供的服务要好等。也就是说，生产重复型非实物商品的劳动同样存在个别劳动时间和社会必要劳动时间的差别，由于社会上有许多劳动者都能够提供这种商品，生产该种非实物商品的劳动者之间存在竞争，因此，重复型非实物商品的价值量由生产该种商品的社会必要劳动时间决定，而不是由生产该种商品的个别劳动时间决定。而创新型非实物商品则不同，由于其具有创新性，创新型非实物商品的价值量是由生产该种商品所耗费的个别劳动

❶ 马克思．资本论（1）[M]．北京：人民出版社，2004:49.

时间决定的，如音乐、著作等非实物商品具有创新性，其生产只此一家别无分店，因此该类商品的价值量是由最先生产这种商品所消耗的个别劳动时间决定的。

我们可以看到，在现实生活中似乎存在一种商品价值量与社会必要劳动时间相矛盾的情况，如当红歌星唱一首歌所获得的收入是一般歌唱者的几十甚至几百倍，事实上这同样可以运用马克思主义经济学中的劳动价值理论加以合理的说明。首先，听众在享受歌星的歌唱商品时能够获得较高的精神满足，即歌星的歌唱商品具有较高的使用价值，听众愿意为此支付较多的货币；其次，歌星的歌唱商品具有稀缺性，其价值量不是由社会必要劳动时间决定，而是由生产该商品的个别劳动时间决定的，因此其本身就具有较大的价值；再次，在一百个歌手中可能才会产生一个歌星，歌星的成功是建立在许多未能成功的歌手基础之上的，其本身就具有较大的价值。在这里，我们不能用偶然捡到金刚石所耗费的劳动量去衡量金刚石的价值，同样也不能用普通歌手所耗费的劳动量去衡量歌星所提供的歌唱商品的价值。此外，在现实社会中确实存在一些难以计量其价值量的非实物商品，如技术咨询服务等，不同的劳动者生产该种商品的个别劳动时间具有很大的伸缩性，但它们同样要花费一定的劳动时间，同样要遵循复杂劳动是倍加的简单劳动的原则。

还应该看到，在商品交换历程中，非实物商品的交换同样是逐步发展起来的，其价值决定就如实物商品的价值决定一样同样经历了一段具备发展的过程，在最初阶段其交换是偶然决定的，慢慢地发展到由习惯决定，再后来则逐渐发展到由价值规律来决定，“先是由供求之间的比例，最后则由能够创造这类活服务的出卖者本身所需要的生产费用来决定”❶。此外，由于非实物商品存在生产和消费同时进行的情况，人们很容易忽视它的流通过程。当非实物商品的生产和消费能够顺利进行时，其流通过程并不明显，但是当其生产和消费不能顺利进行时，其流通过程就会显现出来。如在唱卡拉OK的过程中，如果歌厅的服务不符合消费者的意愿或需求，消费者就可能不会再继续进行消费，服务商品的流通过程也就自然终止了。

（三）非实物商品同样具有价值

如前所述，价值的实体是凝结在商品中的无差别的人类劳动，价值的本质是被物与物的关系所掩盖的人与人之间相互交换劳动的关系。马克思明确指出，商

❶ 中共中央编译局．马克思恩格斯全集（46）（上）[M]．北京：人民出版社，1979:466.

品之所以有价值，不是因为它们是物，而是“因为它们是社会劳动的化身”❶。也就是说，判断某种劳动是否创造价值的标准不在于其生产出来的劳动产品是否具有实物形态，而在于其所凝结的无差别人类劳动是不是社会劳动的化身，即劳动是否创造价值，并不以其生产出来的劳动产品是否具有实物形态为前提。在商品经济社会，与实物商品的交换过程一样，非实物商品交换过程中同样体现了人与人之间的相互交换劳动的关系，凝结在非实物商品中的无差别人类劳动同样表现为价值。

第一，非实物商品中同样凝结了无差别的人类劳动。

任何劳动都具有劳动两重性，生产非实物商品的劳动也不例外。一方面，不同形式的具体的特殊的非物质劳动生产出具有不同使用价值的非实物商品；另一方面，在生产过程中耗费的无差别人类劳动同样凝结在非实物商品中。也就是说，非实物商品之所以具有价值，是因为它是劳动的产物，与生产实物商品的劳动一样，生产非实物商品所消耗人的体力和脑力同样能够凝结在非实物商品中形成价值的实体。我们要正确地从哲学意义上而不是物理学意义上去把握劳动的物化、凝结等概念，部分学者把创造价值的劳动局限于物质生产领域，这与他们错误地理解马克思所论述的劳动的物化、凝结等术语有关。应该看到，马克思所论述的劳动的物化、凝结等术语，都只是一种形象的比喻性的说法，劳动的物化并不等同于劳动的物质化与实体化，劳动的凝结也不是指劳动由液态转变为固态，同样也并不是指劳动只能凝结在某种物质产品上，而是指劳动体现在某种使用价值中。从劳动两重性的角度来说，当劳动者生产出某种符合一定社会需要的使用价值时，其所耗费的无差别的人类劳动就实现在该使用价值中，代表一定的劳动量和劳动时间，这就是劳动物化和劳动凝结的含义。也就是说，任何劳动者，只要其能够生产出某种具有使用价值的劳动产品，在生产过程中其所耗费的无差别人类劳动都会物化、凝结在该劳动产品中。马克思借用物化、凝结等概念来类比抽象劳动与价值实体之间的关系，这表明价值实体必须以一定的使用价值为承担者，如果劳动者生产出来的商品没有使用价值，那么生产该商品所耗费的抽象劳动就不能顺利地物化或凝结，该商品就绝不会有价值。也就是说，抽象劳动物化、凝结的根本标志是在劳动过程中具体劳动生产出某种符合社会需要的使用价值，而与该使用价值的载体即其生产出来的劳动产品是否具有实物形态无关。马克思主义经济学中所论述的劳动的物化和凝结，强调的是价值必须以使用价值为前提，使用价值是价值的基础。生产商品的劳动只有生产出某种符合社会需求的使用价值，

❶ 中共中央编译局．马克思恩格斯全集（26）（下）[M]．北京：人民出版社，1974:198

凝结在商品中的无差别人类劳动才可能形成价值，那些正在进行的或已经完成的但是没有生产出某种使用价值的劳动，其所耗费的脑力和体力并没有凝结或物化到劳动产品中，因此不可能形成价值。应该看到，在这里马克思并没有把劳动的物化、凝结仅仅局限于物质生产领域，至于这种使用价值究竟是实物形态还是非实物形态这是无关紧要的。

第二，生产非实物商品的劳动同样存在私人劳动和社会劳动的矛盾，这正是其表现为价值的根本原因。

就商品生产而言，生产非实物商品的劳动同样是为他人、为社会生产的，这种劳动同样具有私人劳动和社会劳动的矛盾，同样需要通过交换使自己的劳动得到社会的承认。也就是说，非实物商品同样是为交换而生产的。我们以生产和消费同步进行的服务商品为例，服务商品在生产和消费的过程中同样发生了生产者和消费者之间的劳动交换，消费者要消费服务商品就必须支付一定的费用，如理发要付费、听歌要买票等，而要进行商品交换，就要进行劳动的比较和计量，非实物商品之所以同样可以与实物商品按照某种相对稳定的比例进行交换，就在于它们同样凝结了无差别的人类劳动，生产非实物商品的私人劳动也同样需要转化为同质的抽象劳动，并通过交换来获得社会的承认，由此凝结在非实物商品中的抽象劳动就表现为价值形式。生产非实物商品的劳动者把劳动对象化到非实物形式的使用价值中，并据此与他人进行商品交换，这同样反映了商品生产者之间的相互交换劳动的经济关系，其劳动同样是"社会劳动的化身"[1]，同样凝结在商品中形成价值的实体，也就是说，非实物商品同样具有价值。

还应该分析非实物商品的价值构成问题。非实物商品的价值同样是由两部分构成的，即在生产过程中被具体劳动转移保存到商品中的各类生产资料的价值 C，及劳动者的劳动新创造的价值，后者在资本主义生产关系下又可以区分为两部分：劳动者必要劳动创造的价值 V 和剩余劳动创造的价值 M。在这里，我们要科学地理解生产服务商品过程中即服务劳动过程中所消耗的生产资料的价值，在生产服务商品的过程中，同样需要消耗部分生产资料，服务劳动将这部分生产资料的价值转移并保存到服务商品中。在此，不能将生产服务商品过程中服务劳动消耗的生产资料等同于消费者消费的生活资料，这是两个不同的范畴，如咨询公司在提供咨询服务时所消耗的电脑耗材等生产资料和咨询者支付给咨询公司的报酬，这两者之间是截然不同的，我们不能混淆这两种不同的范畴。

此外，还有必要分析非实物商品的价值实现问题。根据其使用价值，非实物

---

[1] 中共中央编译局．马克思恩格斯全集（26）（下）[M]. 北京：人民出版社，1974:198.

商品又可以区分为作为生产资料的非实物商品和作为生活资料的非实物商品，为生产服务的非实物商品的价值在生产过程中通过具体劳动转移并保存到新的劳动产品中，为生活服务的非实物商品的价值在消费过程中通过劳动力的生产和再生产，转移并保存到劳动力的价值中，并最终通过劳动力的使用即劳动凝结在各类产品中。部分非实物商品的价值的实现具有重复性、多次性的特点，如科学技术等商品，其生产具有创新性，其实现具有多次性，即科技商品的生产者可以多次、重复地出售该商品，并从中获取利益。这主要是由科技商品交换过程所具有的特殊性决定的。在科技商品的交换过程中，购买者只购买了科技商品在某一时间段或某一地域内的商品的使用权，即购买者只获得了该商品的一部分使用价值，科技商品的所有权还是在其生产者手中，因此科技商品的生产者能够再次出售该商品。还应该看到，在商品交换过程中，部分非实物商品的实现存在较大的偏差性，即生产者凝结在非实物商品中的劳动与其在交换中所实现的价值之间存在较大偏差。如某些艺术品的价格远低于其价值，这主要是因为社会充分认识这类非实物商品的使用价值需要一定的时间，由此导致其价值的实现具有滞后性。因此，在商品交换时，人们所认识和承认的仅仅是非实物商品的部分价值。

通过以上分析我们可以看到：首先，无论是生产实物商品的劳动还是生产非实物商品的劳动，在劳动过程中它们都要耗费一定量的脑力或体力。其次，无论是生产实物商品的劳动还是生产非实物商品的劳动，它们同样具有劳动两重性。当不同形式的具体劳动创造出各种实物形态或非实物形态的使用价值时，其所耗费的无差别人类劳动都凝结在劳动产品中形成价值的实体。再次，无论是生产实物商品的劳动还是生产非实物商品的劳动，它们都是为社会、为他人进行的劳动，都存在私人劳动和社会劳动之间的矛盾，都必须通过商品交换来获得社会的承认，而在交换过程中都必须通过抽象劳动中介来进行劳动量的计量和比较。在这个过程中，私人劳动转化为社会劳动，凝结在商品中的抽象劳动表现为价值。归根到底，生产非实物商品的劳动同样形成价值的原因就在于它们同样是凝结在商品中的得到社会承认的抽象劳动。由此可见，就价值的形成过程来看，生产实物商品的劳动和生产非实物商品的劳动是一致的，它们都是创造价值的劳动。

三、马克思论述少的原因

我们可以看到，无论是古典政治经济学家还是马克思，他们所论述的重点都集中在物质生产领域，这也是部分学者把创造价值的劳动局限于物质生产领域的原因之一。不可否认，马克思主要是以物质生产领域中的实物商品为研究对象的，但他并没有忽视非物质生产领域，从来都没有将创造价值的劳动局限于物质生产领域、局限于生产实物商品的劳动。在《剩余价值理论》以及其他著作中，马克思也同样分析了非物质生产领域如服务劳动等的价值创造问题。马克思明确指出，物质生产过程中在流通领域里的劳动创造价值，生产可供消费的非实物商品的劳动创造价值，生产和保持劳动力商品的劳动创造价值，"对于提供这些服务的生产者来说，服务就是商品，服务有一定的使用价值和一定的交换价值"[1]。

我们应该全面准确地理解马克思所说的"资本主义生产在这个领域中的所有这些表现，同整个生产比起来是微不足道的，因此可以完全置之不理"[2]这一句话。部分学者[3][4]认为在马克思生活的时代，非物质生产领域的劳动在社会总劳动中所占的比例非常微小以致微不足道，因此马克思将其置之不理。这种观点不符合马克思所生活的时代的事实，值得商榷。在马克思所处的时代，在非物质生产领域中的劳动已经较为发达，例如英国在1801年的劳动力就业构成比例中从事服务业的劳动者的就达到了34.5%，在1881年其劳动力就业构成比例中就达到了44.0%[5]。马克思也清楚地知道这一情况，他指出在当时英国仅仅是女仆就有100万，而"真正在工厂工作的总人数(包括管理人员)只有775，534人"[6]，因此，马克思较少论述非物质生产领域的劳动的原因绝不是因为其数量稀少。

那么，马克思为什么要舍弃非物质生产领域的劳动？我们认为主要有三个方面的原因：

首先，这与马克思的从抽象到具体的研究方法有关。为了科学地揭示资本主义社会的基本规律，马克思采取从简单到复杂、从抽象到具体的方法，以英国物质生产领域中的制造业特别是纺织业为典型案例，一步步对商品生产、交换、分配进行考察，在这个过程中舍弃了非物质生产领域中的劳动。应该指出，马克思在研究过程中重点探讨物质生产领域的劳动是非常正常的。物质生产是人类社会存在和发展的基础，其劳动产物是直观的、看得见摸得着的，容易被人们所理解和接受，而非物质生产领域的劳动产物大多是无形的，具有一定的抽象性。

其次，这与马克思主义经济学的研究目的有关。马克思主义经济学的研究目的在于揭示资本主义社会剩余价值的来源、实现、分割等问题。为更好地揭示相关规律，马克思在《资本论》第一卷中首先分析了在物质生产过程中的产业工人

---

[1] 中共中央编译局.马克思恩格斯全集(26)(上)[M].北京：人民出版社，1972:149.
[2] 中共中央编译局.马克思恩格斯全集(26)(上)[M].北京：人民出版社，1972:443.
[3] 于光远.社会主义制度下的生产劳动和非生产劳动[J].中国经济问题，1981(1).
[4] 李江帆.第三产业经济学[M].广州：广东人民出版社，1990:21、22.
[5] 杨国昌.深化劳动价值论的研究要正确理解价值源泉[J].中国经济问题，2002(2).
[6] 中共中央编译局.马克思恩格斯全集(26)(上)[M].北京：人民出版社，1972:197、198.

的劳动，并揭示出资本主义生产关系的本质即资本家凭借生产资料所有权无偿占有产业工人的剩余劳动所创造出来的剩余价值。在这里，马克思抽象掉了与生产过程相联系的交换、分配等过程，同时也抽象掉了生产过程中的物质交换和劳动交换关系。毋庸置疑，在这里马克思所论及的劳动仅限于物质生产领域。

再次，这也与非物质生产领域的劳动的特点有关。在马克思所生活的时代，在非物质生产领域中的劳动如女仆的劳动等这类劳动并不从属于资本主义生产方式，它们主要是和收入交换而不是和资本交换，它们不能为资本家带来资本增值即为资本家创造剩余价值，而只会导致资本家收入的减少。而马克思是以资本主义生产关系为主要研究对象的，资本主义生产方式的本质在物质生产领域体现得更为明显、更加典型。因此马克思舍弃了在资本主义生产方式下“微不足道”的非物质生产领域里的劳动，重点分析物质生产领域的劳动是可以理解的。同时，这也进一步表明马克思主要考察的是资本主义生产关系的性质，而不是某种劳动在社会经济中的所占的比重。

但是，我们应该看到，马克思并没有将创造价值的劳动局限于物质生产领域，他在论述了物质生产领域的劳动之后，又从抽象到具体，由简单劳动过程到总体劳动过程，由生产领域的劳动过程到流通等领域的劳动过程，对非物质生产领域的运输、包装、服务等劳动进行了论述，并最终形成了完整科学的劳动价值理论。可见，部分学者认为创造价值的劳动仅限于生产实物商品的劳动的观点是错误的，错误根源就在于他们没有从总体上把握《资本论》的逻辑结构和研究方法，因而不能科学地把握马克思关于创造价值的劳动的研究脉络及科学内涵。应该看到，在当代经济社会，非物质生产领域里的劳动的性质发生了较大的变化——绝大部分的从事服务劳动的劳动者并不直接受雇于服务对象，而是受雇于服务企业，并根据服务企业的安排向服务对象提供服务商品，毋庸置疑，这种劳动已经从属于资本主义生产方式。因此，绝不能在探讨创造价值的劳动的规定性时将这类非物质生产领域的生产非实物商品的劳动置之不理。

第四章　总体劳动与价值创造

在生产力不发达的阶段，单个劳动者身兼许多劳动职能，以便能够独立地生产出某种劳动产品。而随着生产力的发展、社会分工的细化，社会化大生产成为社会生产的主要形式，在生产过程中不同的劳动者从事不同的劳动职能，商品越来越成为多个劳动者经过分工协作共同生产的产物。马克思在论述创造价值的劳动的过程中，进一步分析了这种现象，并将其归纳为总体工人的总体劳动，在此有必要进一步深入探讨总体劳动与价值创造的关系。

第一节　科学把握总体劳动的范畴

一、马克思关于总体劳动的论述

（一）关于总体工人的论述

由于劳动生产力的发展和生产社会化程度的提高，生产商品的劳动已不再是单个劳动者的个体劳动，而是许多生产者在分工协作基础上形成的总体劳动。马克思在论述创造价值的劳动的基础上进一步分析了劳动者队伍的构成，并提出了总体工人、总体劳动的概念。“随着劳动过程的协作性质本身的发展，生产劳动和它的承担者即生产工人的概念也就必然扩大。为了从事生产劳动，现在不一定要亲自动手；只要成为总体工人的一个器官，完成他所属的某一种职能就够了”[1]。所谓总体工人是指所有参与产品生产并在生产过程中完成某种必要的劳动职能的劳动者，他们在生产过程中承担各种不同的劳动职能，“有的人当经理、工程师、

[1] 马克思．资本论（1）[M].北京：人民出版社，2004:582.

工艺师等等”❶，并相互协作共同完成产品的生产。

马克思所论述的总体工人是相对于个体劳动者而言的。人类劳动发展的历程存在两种不同的劳动过程：一种是个体劳动者的个体劳动，另一种是多个劳动者的共同协作劳动。在单个劳动者的独立劳动过程中，劳动者单独完成计划、组织、操作等生产的全过程，劳动产品是其独立劳动的产物，这种个体劳动的现象在人类社会初期和简单商品生产时期是普遍存在的，随着劳动生产力的提高和生产社会化程度的发展，这种劳动类型的比重在不断下降，但是在当今社会也依然存在。而在许多劳动者的共同协作劳动过程中，随着劳动分工的不断细化，不同的劳动者作为总体工人的一个器官履行商品生产过程中的相应的劳动职能，如管理者的管理劳动、科技人员的设计劳动、一线工人的操作劳动等，即劳动者并不一定要直接作用于劳动对象，也并不必然要生产出完整的劳动产品，而只要相应地完成产品生产过程中的某种劳动职能就够了，劳动产品成为总体工人共同协作劳动的产物。从产品的角度看，劳动产品不再是个体劳动者单独生产的产品，而是由许多劳动者即总体工人一起分工协作生产的共同产品；从劳动者的角度看，无论其是直接还是间接作用于劳动对象，凡是在生产过程中承担了一定劳动职能的劳动者都是总体劳动者，如工程师、维修工等，他们都属于生产过程中的总体工人的范畴。

应该指出，在出现劳动协作以前，劳动者的劳动大多是单个人独立进行的个体劳动。随着社会分工和劳动协作发展到一定程度，生产的社会化和专业化程度迅速提高，产品的生产过程不再是个体劳动者的个体劳动所能够独自完成的，生产过程中的诸多劳动职能被分解到许多不同的劳动者身上。与此相对应，产品的生产过程进一步细化为许多不同的环节。在劳动过程中，有的人是管理者，有的人是工程师，有的人是一线工人，劳动者的劳动不再能够生产出完成形态的完整的产品，而更多的是各自完成生产过程中相应的劳动职能，生产出不完成形态的中间产品，那些承担了商品生产过程中部分劳动职能的劳动者就是马克思所论述总体工人即总体劳动者。也就是说，在商品生产过程中，不同的劳动者完成不同的劳动职能，虽然他们的劳动形式、劳动方法、劳动作用各不相同，但他们是商品生产过程必不可少的组成部分，总体工人就是在商品生产过程中承担了部分劳动职能的所有劳动者的总和。

（二）关于总体劳动的论述

在简单劳动过程中，劳动者能够独立生产出劳动产品。但是，随着生产社会

❶ 中共中央编译局．马克思恩格斯全集（49）[M].北京：人民出版社，1982:100、101.

化程度的提高，产品的生产不再是由单个劳动者的个体劳动完成的，而是由许多劳动者共同分工协作完成的，个体劳动者的个体劳动逐渐地被总体工人的总体劳动所取代。所谓总体工人的总体劳动，是指在生产过程完成某种相应劳动职能的劳动者的劳动，在生产商品的总体劳动过程中，商品的生产过程被分解为许多各不相同的劳动职能，这些不同的劳动职能被不同的劳动者即不同的总体工人所承担，产品成为许多劳动者共同协作劳动的产物。应该看到，在个体劳动者的个体劳动中，劳动者独自完成生产过程中的全部劳动职能，产品是由单个劳动者独自生产出来的，而在总体工人的总体劳动中，不同的劳动者承担产品生产过程中的不同职能，产品是由许多劳动者通过分工协作共同生产出来的。也就是说，在社会化大生产条件下，在商品生产过程中，劳动者不再需要独自完成商品生产过程中的所有劳动职能，而仅仅只需要依次相继地完成商品生产过程中的某一种劳动职能就行了，生产商品的劳动不再是单个劳动者的个体劳动，而是许多劳动一起分工协作的总体劳动。

随着社会分工的不断细化，在商品生产过程中，所有完成商品生产过程中的某种劳动职能的劳动，都属于生产商品的总体劳动范畴，这既包括直接作用于劳动对象的一线工人的劳动，也包括不直接作用于劳动对象的劳动，只要劳动者的劳动完成了商品生产过程中相应的劳动职能，其劳动就从属于生产商品的总体劳动。例如，在一个工厂内部，管理人员、技术人员乃至一线生产工人，尽管他们的劳动对象、劳动内容、劳动形式等都存在很大差异，但是他们都需要在生产过程中履行相应的劳动职能，如管理人员的管理劳动，技术人员的设计、维护劳动，一线工人的生产操作劳动等，也就是说，尽管他们所履行的劳动职能不同，但他们都是商品生产过程中不可或缺的组成部分，他们的劳动都属于生产商品的总体工人的总体劳动范畴。

在这里，我们要区分直接劳动、间接劳动与个体劳动、总体劳动之间的关系，他们是相互联系的不同范畴。直接劳动是指劳动者直接作用于劳动对象的劳动，如个体劳动者生产商品的个体劳动，或作为总体劳动组成部分的一线工人的劳动等，而间接劳动是指劳动者不直接作用于劳动对象，而是通过管理、研发等劳动形式间接作用于劳动对象的劳动，如生产过程中管理者的劳动等。生产商品的劳动，不仅包含那些在生产过程中直接作用于劳动对象的劳动，而且也包括那些从直接生产过程中分离出来的、并不直接作用于劳动对象，但又属于商品生产过程中必不可少的那部分劳动，如设计劳动的、管理劳动、策划劳动等。应该看到，在商品生产过程中，劳动者并不必然直接作用于劳动对象，有的劳动者甚至不一定直接参与生产过程，但是，只要他能够完成劳动过程中某种必不可少的劳动职能，其就从属于生产商品的总体工人的总体劳动范畴。以手机生产为例，在生产过程中，除了零部件的生产、组装等一线工人直接从事的劳动之外，还需要设计、管理、包装等一系列与手机生产相关的非一线工人的劳动。这些从手机生产过程中分离出来的各种不同的劳动职能，同样是手机生产过程中必不可少的组成部分，缺少任何一种劳动职能，就难以实现完整的手机的生产。我们要科学地区分直接劳动、间接劳动与个体劳动、总体劳动之间的关系，个体劳动一定是直接劳动，而总体劳动则既包含直接劳动，也包含间接劳动。在社会生产力不发达的阶段，直接劳动普遍存在，而随着生产力的发展和社会分工的发展，间接劳动的比重在逐步扩大。

马克思关于总体劳动的思想，是对简单劳动过程的重要补充和发展，即适用于简单商品生产过程，也适用于现代社会化的商品生产过程，具有重要的指导意义。在当代经济社会，劳动的形式已发生较大变化，企业内部的分工体系日益细化，直接的一线工人越来越少，非一线工人的劳动者越来越多，现代企业已成为由领导者、管理人员、科技人员、一线工人等众多劳动者分工协作的复杂生产体系，生产某种商品的劳动过程成为一个由众多环节构成的总过程，生产某种商品的劳动成为由众多劳动者分工协作所进行的共同劳动。离开总体工人的总体劳动，单个工人的个体劳动，已经很难生产出符合社会需要的完整的商品了。同时，随着生产社会化程度的提高以及经济全球化的发展，生产越来越国际化，总体工人、总体劳动的概念不仅跨越了部门、行业的界限，也跨越了国界。在当代经济社会，商品尤其是大宗的复杂的商品，不再仅仅是一个企业内部、一个行业内部、甚至一个国家内部的总体工人共同劳动的结果，而是全世界许多国家的总体劳动者共同分工协作的产物。也就是说，在商品生产过程中，众多的总体工人所执行的各种不同的劳动职能已经延伸到世界范围。如飞机生产企业生产某款飞机，从研发到生产出成品，要经历许多的阶段，是国际国内许多劳动者共同劳动的结果，如在 A 国生产机翼，在 B 国生产发动机，在 C 国生产机体，在 D 国总装等，即随着产品生产链条的国际化，总体工人、总体劳动的范围已经超出了企业、行业乃至国家的界限，带有国际化的特征。这就意味着现代企业生产中的总体工人、总体劳动的范畴更加扩大，无论是直接的劳动还是间接的劳动，无论是国内的劳动还是国际的劳动，只要是参与商品生产过程并完成某种生产职能的劳动都属于总体劳动范畴，总体劳动已是当代经济社会生产的主要特征。

二、不能随意扩大总体劳动的范围

可以看到，随着生产社会化程度的发展，劳动分工进一步细化，在生产过程中承担不同劳动职能的总体工人及总体劳动的范围也必然进一步扩大。总体而言，生产力越发展，社会分工越细化，劳动职能越专业化，商品生产过程的中间环节就越多，生产商品的总体工人、总体劳动的范围就越广。例如，在汽车制造企业，不同的劳动部门有不同的劳动职能，如生产轮胎、玻璃、座椅、发动机、组装等。生产力越发展，劳动职能越细化，参与汽车生产的总体工人、总体劳动的外延也就越丰富。应该看到，随着科技的发展、分工的细化，生产过程的总体工人无论是在结构上、职能上及与商品的结合方式上都发生了巨大的变化；但是，这并没有改变其承担商品生产过程中某一劳动职能的本质，并没有超出马克思所论述的企业中的总体工人、总体劳动范畴。

（一）不能随意扩大总体劳动的范围

在此，必须强调，我们不能随意扩大生产过程中的总体工人及总体劳动的范围。部分学者错误地认为，总体劳动的范围不仅包括参与生产过程的劳动者，而且应该扩展到劳动产品的分配、交换等环节，扩展到整个社会生产领域，认为凡是与商品生产有联系的劳动者的劳动都属于生产商品的总体工人的总体劳动范畴，甚至认为那些为生产部门服务的政府相关职能部门的劳动者的劳动也属于生产商品的总体劳动范畴。这种观点混淆了社会分工和生产过程中劳动分工的关系，认为只要是社会分工的组成部分，就自动成为商品生产过程中的一个器官即总体工人，这是荒谬的。

要准确把握马克思主义经济学中的总体劳动、总体工人范畴。总体工人是围绕商品生产而进行分工协作的劳动者群体，在这个群体中的单个成员都是完成商品生产过程中的必不可少的环节，都相应地履行了相关的劳动职能，如管理者的管理、一线工人的生产、维修工人的机器检修等。总体工人是在商品生产过程中完成商品生产某种劳动职能的劳动者，也就是说，马克思所论述的总体工人并不是包括所有与商品生产有联系的人，而特指在商品生产过程中完成了相应的劳动职能的劳动者，总体工人的总体劳动主要是指在商品生产过程中完成相应的必不可少的劳动职能的劳动者的劳动，无论其直接还是间接地作用于劳动对象，它们都直接参与了商品的生产过程。事实上，在当今社会，社会生产各部门之间是密切联系的有机体，我们不能随意扩大总体工人、总体劳动的范围。只有在生产过程中，完成相应劳动职能的劳动者的劳动，才从属于生产商品或产品的总体劳动的范畴，其所耗费的脑力和体力才可能凝结到商品中，形成价值的实体或凝结在产品中表现为物化劳动。如果将整个社会看作一个有机整体，那么所有参与社会分工的劳动者都不过是社会有机体中的一个器官，都属于参与社会生产过程中的总体工人，那么，将不存在生产和交换、分配、消费等范畴，也不存在马克思主义经济学意义中的商品和商品交换，也不必要探讨商品的价值问题及创造价值的劳动问题了。

（二）广义的总体劳动与狭义的总体劳动

此外，应该指出，马克思关于总体劳动的思想同样适用于那些在企业外部间接为劳动过程服务的企业。随着科技的发展，社会分工的细化，许多过去属于企业内部的劳动职能逐渐地专业化、社会化，并逐步从企业内部的商品生产过程中独立出来，成为企业之外的新的生产行业或企业。例如，产品的设计工作，一开始是与个体劳动者的个体劳动相结合的；随着社会分工的发展，逐步由企业中专职负责设计工作的劳动者承担；然后在企业内部逐步分化形成了一个专业的产品设计部门，这个部门再进一步从企业内部独立出来，成为一个新的设计企业。也就是说，一开始，劳动者的分工协作主要发生在企业内部，但是随着社会分工的进一步发展，生产过程中的总体劳动范畴已经超出了生产企业的范围，进一步扩展到与该产品生产密切相关的企业如产品设计企业中。尽管这部分劳动独立于商品生产企业之外，无论这些企业所提供的服务或商品是有偿还是无偿，它们同样承担并完成了商品生产过程中的部分劳动职能，如为产品提供外形设计等，它们同样是商品生产过程中所必不可少的环节。随着社会分工的发展，越来越多的劳动职能独立出来，成为一个个独立的商品生产部门或专门的行业。但是劳动分工的细化，并没有改变劳动的性质，独立于商品生产企业之外的这类劳动者作为总体工人的一个器官，所执行的同样是商品生产过程中的某种职能，同样是间接地为商品生产服务，同样属于生产商品的总体劳动范畴。因此，生产商品的总体劳动的范畴进一步扩大了，不仅包含商品生产企业内部的完成各个不同劳动职能的劳动者的劳动，而且也包含那些从商品生产过程中独立出来的、企业外部的、间接地为商品生产服务并承担相应劳动职能的劳动者的劳动，他们的劳动同样属于生产商品的总体劳动范畴。

在此，有必要对总体工人、总体劳动范畴进一步细分。本文认为，在生产过程中总体工人、总体劳动有广义以及狭义之分。狭义的总体工人是指在生产企业内部承担产品或商品生产相应的劳动职能的劳动者；狭义的总体劳动是指在生产过程中企业内部的总体工人的劳动。广义的总体工人范畴，既包括在企业内部承担产品或商品生产相应劳动职能的劳动者，也包括在企业外部承担产品或商品生产过程中的相应劳动职能的劳动者，即那些承担从企业内部生产职能中独立出去的那部分劳动职能的劳动者，如设计公司中的设计人员。广义的总体劳动既包括企业内部生产过程中的总体工人的劳动，也包括那些在企业外部承担生产过程中相应劳动职能的总体工人的劳动。应该看到，随着社会分工的日益细化，生产商品的某些劳动职能从商品生产过程中独立出来，成为新的产品或商品生产行业，如设计劳动、某些科技劳动等。因此，总体劳动范畴不仅包含在企业内部的完成各个不同劳动职能的劳动者的劳动，而且也包含那些已经独立出来、在商品生产过程中不可或缺的、间接地为商品生产服务的劳动。此外，生产职能社会化、专业化的发展，不仅可以导致企业内部的某种生产职能从企业内部独立出来，转变为新的生产行业或企业，即企业的内部分工转化为整个社会的分工；也可以使那些本身就已经独立存在承担某种生产职能的企业重新转化为企业内部的某一个生产部门，即整个社会的分工又重新转化为企业内部的分工，并且这种现象在日常经济生活中也是普遍存在的，如那些可以承担某种生产职能的小企业被大企业所收购或兼并。应该指出，无论企业独立或被兼并，只要它们承担了商品生产过程中的相应的劳动职能，从本质上来看它们都是一致的，都是商品生产过程中的一个器官，都从属于生产商品的广义的总体劳动范畴。

第二节　总体劳动与价值创造的关系

一、生产商品的总体劳动创造价值

在当代经济社会，随着社会分工的发展，管理劳动、科技劳动等总体劳动在商品生产和价值创造过程中的作用越来越重要。因此，有必要进一步加强对马克思所论述的总体工人、总体劳动范畴的认识。

（一）狭义的总体劳动与价值创造

劳动价值理论不仅适用于个体劳动者个体劳动，同样也适用于总体劳动者的总体劳动。马克思明确指出在商品生产过程中总体工人的总体劳动共同创造商品的价值。价值的实体是凝结在商品中的无差别人类劳动，在商品生产过程中，无论是物质生产领域还是在非物质生产领域，无论是科技劳动、管理劳动还是一线工人的操作劳动，那些在不同环节分别完成不同劳动职能的劳动者所耗费的无差别人类劳动同样能够凝结在商品中形成价值的实体。也就是说，在商品生产过程中，创造价值的劳动不仅包含那些直接作用于劳动对象的劳动者的劳动，而且也包含部分间接作用于劳动对象的劳动者的劳动。

应该指出，在这里所论述的创造价值的总体劳动主要是指狭义的总体劳动，即企业内部的生产商品的总体工人的总体劳动。要科学地区分总体劳动范畴和创造价值的劳动范畴，准确地理解总体工人的总体劳动与价值创造之间的关系。总体劳动既包括生产产品的总体劳动，也包括生产商品的总体劳动；既包括商品生产企业内部的生产商品的总体工人的劳动，也包括那些企业外部承担商品生产过程中相应劳动职能的劳动者的劳动。而创造价值的劳动则仅限于生产商品的劳动，就商品生产而言，只有那些在企业内部商品生产过程中发挥相应职能的劳动者的总体劳动才属于创造价值的劳动范畴。在马克思所处的年代，社会分工和劳动职能专业化程度还并不高，主要发生于企业内部，在企业内部不同的劳动者从事不同的劳动职能，他们共同作用于商品的生产，其所耗费的无差别人类劳动凝结在商品中，形成商品价值的实体。

（二）广义的总体劳动与价值创造

可以看到，随着生产社会化程度的提高，许多过去属于企业内部的生产职能现在已经社会化、专门化了，如曾经从属于企业内部生产过程的设计部门独立出来，成为一个新的设计公司等。那些从商品生产职能中独立出来的、在企业外部承担相应劳动职能的劳动者的劳动同样从属于生产商品的总体劳动，即广义的总体劳动范畴。这是我们在当代社会经济生活中遇到的新情况，有必要进一步论述其在商品生产、价值创造过程中的作用。应该指出，那种认为独立于商品生产企业之外的广义的总体劳动也创造价值的观点是错误的，其根源就在于没有科学地区分总体劳动和创造价值的劳动这两个不同的范畴。

总体而言，广义的总体劳动可以区分为两种情况，为了更加形象地论述，在此我们以汽车生产为例。

第一种情况，从企业内部独立出来的那些生产职能形成了一个新的商品生产行业，如生产发动机的部门从汽车生产企业中独立出来，并成了一个新的独立的发动机生产公司，它为汽车生产企业提供发动机商品。毋庸置疑，发动机生产公司的劳动者在生产的发动机商品的过程中同样耗费了一定数量的脑力和体力，并凝结在发动机商品中，形成价值的实体，即生产这些发动机商品的劳动同样是创造价值的劳动。发动机商品一旦成功卖出即成功实现交换，其就作为生产资料的组成部分作用于汽车生产企业中的汽车生产过程中，凝结在发动机商品中的无差别人类劳动通过生产汽车商品的具体劳动进一步转移并保存到新的汽车商品中去。应该指出，在这种情况下就汽车生产而言，发动机生产企业的生产发动机商品的劳动同样从属于生产汽车商品的广义的总体劳动范畴，但就其价值创造而言，虽然生产发动机商品的劳动同样创造价值，但其并不属于生产汽车商品的劳动所创造出来的价值，而仅仅作为汽车生产过程中生产资料的一部分以物化劳动的形式在生产过程中转移并保存到汽车商品中。

还存在第二种情况，即从企业内部独立出来的那些劳动职能没有形成一个新的商品生产行业，如从汽车生产企业中独立出来的研发结构，其侧重于基础研究，以便进一步促进生产技术的改进，而并不专注于生产科技商品。在这种情况下，其所生产出来的劳动产品不具备商品的属性，但是，其劳动者在研发过程中同样耗费了一定数量的脑力和体力，并凝结在其研发的劳动成果中，表现为凝结形态的劳动即物化劳动。如果该研发成果运用于汽车商品的生产过程，则凝结在其中的抽象劳动同样会通过生产汽车商品的劳动转移并保存到新的汽车商品中。在这里可以看到，独立于汽车生产企业之外的研发部门的劳动并不创造价值，但其同样从属于生产汽车商品的广义的总体劳动范畴。虽然该劳动不创造价值，但凝结在其劳动产品中的无差别人类劳动同样在汽车生产过程中作为生产资料的一部分以物化劳动的形式转移并保存到汽车商品中。

也就是说，我们所论述的创造价值的总体劳动，是指商品生产企业内部的狭义的生产商品的总体工人的总体劳动，而并不包括商品生产企业外部的广义的总体劳动，虽然其同样是商品生产过程中必不可少的劳动。独立于商品生产企业外部的总体工人的总体劳动，其所创造的价值或凝结形态的劳动，最终会在商品生产过程中作为生产资料的组成部分以物化劳动的形式被转移并保持到新商品中，而并不参与商品新价值的创造。

还有学者将非物质生产劳动与总体劳动联系起来，在论证非物质生产劳动也创造价值的过程中指出，非物质生产劳动同样属于生产商品的总体劳动范畴，因此同样能够创造价值。这种论证方法是错误的，他们同样没有科学地区分创造价值的劳动和总体劳动之间的关系。应该强调，只有生产商品的劳动才可能创造价值。毋庸置疑，那些在企业内部商品生产过程中履行相应劳动职能的非物质生产劳动作为生产商品的总体劳动的组成部分，参与了价值的创造，如管理者的管理劳动。此外，那些独立于生产企业外部的生产非实物商品的非物质劳动同样属于创造价值的劳动，例如广告公司为生产企业设计广告商品的劳动。应该看到，在现实社会中，还存在许多不生产商品的非物质劳动，如从汽车生产企业中独立出来的研发机构所从事的基础科学研究等，这些劳动不生产商品，因此也就无所谓价值创造的问题，但是它们同样属于生产汽车商品的总体劳动范畴。这些从事基础研究的科研人员的劳动同样耗费了大量的脑力或体力，其所耗费的抽象劳动同样也凝结到了其劳动产品——科学理论中，并且在商品生产过程中，这些劳动产品被商品生产者无偿地利用，其所凝结的抽象劳动同样被转移并保持到新的商品中，形成价值的实体。也就是说，总体劳动与价值创造之间没有必然的联系，物质或非物质生产劳动与价值创造之间也没有必然的联系，这三者是不同的范畴，具有不同的内涵，对此我们必须要有深刻的认识。只有生产商品的劳动才可能创造价值，但并不是所有生产商品的总体劳动就一定创造价值，生产商品的狭义的总体劳动可以创造价值，而那些独立于商品生产企业之外的不生产商品的广义的总体劳动就不创造价值。从属于商品生产的总体劳动范畴的非物质生产劳动也并不必然创造价值，创造价值的非物质生产劳动只存在两种情况；第一种情况，生产商品的非物质生产劳动可以创造价值，如生产服务商品的服务劳动就属于创造价值的劳动范畴；第二种情况，作为生产商品的狭义的总体劳动的组成部分参与价值的创造，即在商品生产企业内部的商品生产过程中发挥作用的非物质生产劳动同样属于创造价值的劳动范畴，如商品生产过程中的管理劳动。

（三）马克思论述总体劳动的目的

应该看到，劳动职能的细化，并没有改变劳动的性质和特征，马克思关于总体工人、总体劳动的论述表明，随着生产社会化程度的发展，在资本主义生产过程中，无论是直接还是间接从事商品生产的劳动者的劳动都为资本家创造价值和剩余价值。马克思论述总体工人、总体劳动的目的不仅在于揭示总体劳动者的总体劳动共同生产商品，而且还揭示了资本主义剥削范围的扩大和剥削程度的提高。

首先，在资本主义生产关系下，随着总体劳动范围的扩大，资本家剥削的范围进一步扩大了，为资本家带来剩余价值的雇佣工人不仅包括生产一线的工人，同样包括许多非生产一线的工人。同时在商品生产过程中，除了一线工人之外，越来越多的科技劳动者、管理劳动者等非一线劳动者被纳入总体工人的范畴，资本家同样无偿占有了他们所创造出来的那部分超过劳动力价值的剩余价值，资本家剥削的范围更广了。

其次，剥削的程度也进一步加深了。随着社会分工的发展、专业化程度的提高及劳动职业的细化，在商品生产过程中，劳动者仅仅是总体工人中的一个组成部分，也只能成为总体工人中的一个组成部分。劳动者的发展成为一种畸形的发展，这极大地抑制了人的全面性，使之成为局部的机器；劳动者对资本家的依赖程度也进一步加大，单个的劳动者如果离开企业，不成为总体工人的一部分就难以生存。此外，在商品生产过程中，资本家无偿占有了由于社会化大生产即劳动的分工协作所带来的生产力的红利，劳动者为资本家所带来的剩余价质量增加了，而这是以压抑工人的全面发展为基础的。

二、关于资本家管理劳动的分析

马克思关于总体劳动的思想有助于我们科学理解生产过程中管理人员、科技人员等非一线劳动者的地位和作用。在此，我们以管理劳动为例作一个简单的论述。

（一）管理劳动与价值创造

随着生产社会化程度的提高，企业分工协作的细化，对生产过程进行有效组织和管理成为必要，生产企业内部的管理工作也越来越重要。马克思高度重视管理劳动在总体劳动中的地位和作用，指出“一切规模较大的直接社会劳动或共同劳动，都或多或少地需要指挥，以协调个人的活动，并执行生产总体的运动”[1]。毋庸置疑，管理劳动作为生产商品的总体劳动的一部分同样属于创造价值的劳动范畴。作为企业内部生产商品的总体劳动的组成部分，管理劳动不仅能够创造价值，而且由于其劳动复杂程度较高，与其他劳动相比，在相同劳动时间内能够创造出更多的价值。在当代，高级管理者的管理劳动的复杂程度和重要程度远超一线工人的操作劳动，其对商品生产、价值实现具有至关重要的作用。一个高水平的管理者可以使亏损企业扭亏为盈，而一个低素质的管理者可能会导致盈利企业亏损甚至倒闭。总体而言，管理水平越高，就越能促进劳动生产率的提高，越能创造出更多的价值。

（二）资本家的管理劳动及其特点

在马克思所处的年代，资本家既是生产资料的拥有者，也是企业的经营管理者，资本家的剥削和管理这两种职能交织在一起。但是，当时企业的生产管理较为简单，并且商品中凝结的无差别人类劳动主要来源于一线工人的劳动耗费。为了更好地揭示资本主义生产关系的本质，马克思重点论述了一线工人如纺织工人的劳动，只是简要地论述了资本家的管理劳动的两重性，对此有必要进一步详细地说明。

应该看到，资本家的管理劳动与雇佣工人的劳动之间存在本质不同，其核心就在于资本家的管理劳动并不从属于资本主义生产关系，即资本家在劳动过程中并没有出卖劳动力商品，其所进行的劳动并不需要区分为生产劳动力价值的必要劳动和生产剩余价值的剩余劳动。马克思明确地区分了资本家的管理劳动和企业

---

[1] 马克思．资本论（1）[M].北京：人民出版社，2004:384.

中一般管理者的管理劳动，指出资本家的管理劳动与单纯的管理劳动之间存在本质的区别，资本家的管理劳动具有两重性。

一方面，资本家的管理劳动具有生产性。资本家所从事的指挥、协调等劳动同样是商品生产过程中必不可少的一种劳动职能，这是由生产社会化所导致的所有商品生产过程所必需的共同的劳动职能，是所有商品生产的共性。资本家要履行管理职能，确保商品生产能够顺利进行。从这个意义上说，资本家的管理劳动是生产性的劳动。另一方面，资本家的管理劳动又具有剥削性。资本家在管理过程中不仅要履行生产职能，即管理职能；同时也要履行资本的职能，即监督职能，以便最大限度地获得剩余价值。这是由资本主义生产过程中剥削者和被剥削者之间的对立导致的。从这个意义上说，资本家的管理劳动是一种具有剥削性质的劳动，具有剥削雇佣工人的特殊职能。

资本家管理劳动的两重性，归根到底是由资本主义生产过程的两重性决定的。在资本主义商品生产过程中，一方面，是生产商品的劳动过程，在这个过程中需要合理地组织、协调不同的劳动者之间、劳动者与生产资料之间的关系，以便使商品生产能够顺利进行，并更有效率地生产更多的劳动产品。另一方面，资本主义生产过程又是剩余价值的生产、资本的增殖过程；在这一过程中，要镇压被剥削者的反抗，榨取更多的剩余价值，就产生了监督和管理的必要。马克思明确指出，资本家作为总体工人的一个器官，其管理劳动同样是创造价值的劳动，“利润中也包含一点属于工资的东西”❶，即资本家的收入中同样包含其自身所创造的部分价值。应该指出，在参与企业管理的资本家的收入中确实存在一部分的劳动收入，即资本家凭借其管理职能所获得的那一部分工资收入，也就是资本家从事管理劳动的收入。但是应该强调，资本家所获得的这部分劳动收入与资本家所获得的总收入相比是微不足道的，这并不能够改变资本家的剥削本质。资本家之所以成为资本家，是因为其凭借生产资料所有权，无偿占有了雇佣工人所创造出来的超过其必要劳动界限的剩余劳动，即资本家所获得的收入主要来源于对雇佣工人剩余价值的无偿占有。

应该看到，资本家的管理劳动并非不可取代。这正如在早期创办手工作坊的企业主还需要自己直接参与商品的生产；而当资本家所积累的资本总量达到一定程度时，资本家就逐步摆脱了商品生产过程中的体力劳动，而专职于从事商品生产过程的管理；当生产进一步发展，企业规模进一步扩大，资本家就需要雇佣专职的管理劳动者，让其来监督和管理商品的生产过程，而资本家只需要管理这些

❶ 中共中央编译局．马克思恩格斯全集（26）（下）[M]．北京：人民出版社，1974:550、551．

管理者就够了；当生产的规模再进一步扩大，随着专业化、职业化进程的进一步深化，资本家可以不再从事专职的管理劳动，而将管理管理者的工作交由其所雇佣的经理人或总经理来完成就够了。在这种情况下，资本的所有权和使用权发生了分离，资本家成为独立于商品生产过程之外的多余的人，在资本家的收入中再也没有劳动收入的成分了，资本家成为纯粹的食利者。马克思还进一步探讨了在资本主义企业中的董事和监事的工资实质，指出这不过是掠夺股东、发财致富的一个借口而已。我们可以看到，在当代，大部分资本家都已经不需要直接参与商品生产过程的经营管理，而是依靠其所雇佣的职业经理人就可以更好地履行这一职能，他们都成了脱离商品生产过程的纯粹的资本家。应该指出，马克思关于资本家管理职能的分析同样适用于我国现阶段的私营企业主，即他们的劳动同样具有两重性。在此，我们不再赘述。

综上所述，我们要科学地区分在价值创造过程中不同管理人员的地位及作用。第一，管理人员的劳动。作为资本家雇佣的管理人员，如企业的总经理、部门经理等，他们承担了商品生产过程中的管理、协调、监督等职能，虽然他们的职位较高、劳动的复杂程度较高，但是从本质上说他们与一线工人一样，同样是出卖自己劳动力商品的被雇佣者。毋庸置疑，在生产过程中，管理人员的劳动从属于创造价值的总体劳动范畴，并且能够创造出“倍加的”价值。第二，资本家的劳动。资本家在生产过程中的作用包含两种情况：第一种情况，资本家承担企业的管理职能，如兼任企业的经理等职务。在这种情况下，资本家的管理劳动同样从属于生产商品的总体劳动范畴，因为他所承担的劳动职能是商品生产过程中所必需的。在这里，我们也应该看到，虽然资本家的管理劳动同样是一种复杂劳动，但其所能创造的价值总量毕竟是有限的，我们承认资本家的管理劳动能够创造一部分价值，资本家所获得的收入中有一小部分是其劳动所得，但这并不能否定资本家的剥削本质，资本家所获得的收入主要来源于对雇佣工人剩余价值的无偿占有，来源于对雇佣工人的剥削。第二种情况，资本家并不承担企业的管理职能，而是将企业的管理职能交由其选定的代理人或经理人负责。在这种情况下，资本家选择经理人的劳动与实际的企业经营管理无关，与实际的商品市场过程无关，不属于生产商品的总体劳动范畴，因此也不存在是否创造价值的问题。与此类似，作为企业的股东尤其是企业大股东，他们虽然在参加股东会议、决定企业董事会人选等过程中要耗费一定的脑力和体力，但是他们的这种劳动同样与商品生产的实际过程无关，同样不属于生产商品的总体劳动范畴，同样不存在创造商品价值的问题。

第五章　有用劳动与价值创造

马克思的劳动价值思想是建立在有用劳动基础上的，然而并不是所有的劳动都是有用劳动，无用劳动是生产过程中的一个客观存在的普遍性现象。因此，马克思很少单独使用具体劳动范畴，他在大多数场合，都把有用劳动和具体劳动联系起来论述，如："每个特殊的商品等价物中包含的一定的、具体的、有用的劳动"[1]等。在马克思看来，有用劳动与具体劳动并不是同一个范畴，生产商品的具体劳动又可以区分为有用劳动和无用劳动，只有一定的、具体的、有用的劳动才是和凝结在商品中的抽象劳动相对应的范畴，才是形成商品价值的前提。然而长期以来，我国学者对马克思有用劳动的思想研究得很少，这是马克思主义劳动价值理论研究中所忽视的内容，有必要进一步加强对这方面的研究。

第一节　有用劳动的内涵

在马克思主义经济学中，有用劳动是和无用劳动相对应的范畴。物品之所以有用，就是因为它有使用价值，能够满足人们的某种需求，只有一定的、有用的、具体的劳动才能生产出产品的使用价值。就产品生产而言，有用劳动是指能够生产使用价值的劳动，无用劳动是指不能生产出某种使用价值的劳动。就商品生产而言，有用劳动是指能够生产符合社会需要的社会使用价值的劳动，无用劳动是指不能生产社会使用价值的劳动。

[1] 马克思．资本论（1）[M]. 北京：人民出版社，2004:80.

一、准确理解商品使用价值的内涵

（一）使用价值具有自然属性和社会属性

我们要正确理解使用价值的自然属性和社会属性。"物的有用性使物成为使用价值"❶，这个使用价值的一般定义适用于所有物品，无论是劳动产品还是自然物，只要它们能够依靠自己的某种属性来满足人们的某种需要，就具有使用价值。也就是说，物的使用价值是由人的需求和物的属性共同决定的，人的需求是物具有使用价值的前提，物的属性是物形成使用价值的基础，它们共同决定物的使用价值及其大小。由此我们可以看到，一方面，物的有用性是由物的使用价值即其物理的、化学的自然属性来决定的，具有自然属性；另一方面，物的有用性不仅取决于其自然属性，同时还要满足人的某种需要，具有社会属性，即使是满足生产者自己的需要也是如此。

商品的使用价值同样具有自然属性和社会属性。商品使用价值的自然属性，即商品所具有的自然使用价值，是指商品能够满足人们某种需要的物理的、化学的自然属性，这是商品具有某种使用价值的根本原因，其反映的是人与自然之间的关系。而商品使用价值的社会属性，即商品的社会使用价值，是指其所具有的能够通过交换从而满足他人某种需要的使用价值，其反映的是人与人之间的关系。

应该看到，在自然经济条件下，产品的生产者和使用者往往是同一的，产品由生产到消费并不需要通过交换过程，产品的使用价值主要体现产品的自然属性。但是在商品经济条件下，商品生产者生产商品的目的不在于自己使用，而在于交换，商品的生产者和使用者并不同一，生产商品的私人劳动只有通过商品交换才能转化为被社会所承认的社会劳动，也正是在交换过程中劳动产品分裂为有用物和价值物。商品必须通过流通、交换等环节才能到达其使用者手中，商品的使用价值除了具有自然属性之外还必然具有社会属性，即其必须是为别人生产的、对别人有用的使用价值。马克思明确指出，"要生产商品，他不仅要生产使用价值，而且要为别人生产使用价值，即生产社会的使用价值"❷。

（二）马克思关于商品使用价值的论述

马克思主义经济学的研究起点是从资本主义财富的基本元素商品开始的，在

---

❶ 马克思．资本论（1）[M]. 北京：人民出版社，2004:48.

❷ 马克思．资本论（1）[M]. 北京：人民出版社，2004:54.

分析中他首先假定商品是“一个靠自己的属性来满足人的某种需要的物”[1]，即马克思首先是从物的有用性角度来论述商品的使用价值。但是，应该看到，商品的使用价值和物的使用价值是两个不同的范畴，具有不同的内涵。物的使用价值反映的是物的某种能够满足人的需求的自然属性，产品具有使用价值即物的有用性只是产品转化为商品的必要条件，并不是其充要条件，劳动产品要转化为商品，其不仅要是一个有用物、要具有使用价值，同时其使用价值必须对别人、对社会有用，具有社会使用价值，只有如此商品才能成功地实现交换。在此，物的有用性我们可以称之为物的自然使用价值，它是物具有社会使用价值的基础，物如果没有用就不可能进行交换，不可能具有社会使用价值。

而商品是用来交换的劳动产品，商品生产者生产商品的目的是为了满足社会或他人的需要而不是自身的需要，“一切商品对它们的占有者是非使用价值，对它们的非占有者是使用价值”[2]。应该看到，以生产交换价值为结果的劳动和以生产使用价值为结果的劳动之间存在较大区别，是否以交换为目的是区分商品生产和非商品生产的基本标准。商品生产是以交换为目的而进行的生产，商品只有具有社会使用价值才能成功实现交换，否则交换就不能顺利进行。所谓商品的社会使用价值，是指为别人生产、用来交换、从而满足他人或社会需要的使用价值，这不是由物的自然关系决定的，而是由人的社会经济关系决定的。也就是说，商品的使用价值不仅具有物的有用性的一般内容，而且还具有社会使用价值的特殊内涵，即其必须是交换价值的基础，能够成为交换价值的物质承担者，“它是交换价值的承担者，从而是交换手段”[3]。

商品是否具有社会使用价值，首先要看其自然属性能否满足人们的某种需要，即其是否存在自然使用价值，如果不具有自然使用价值，那么这就是一个无用物；其次要看其是否能够满足他人或社会的某种需要，其是否具有社会使用价值，即商品的社会使用价值是自然使用价值的进一步规定。如果生产出来的商品不具有社会使用价值，那么该商品就不能够成功实现市场交换，对商品生产者而言，这同样是一个无用物。也就是说，商品的使用价值具有两个特点：一是指物的有用性，即它具有自然使用价值，能够成为商品交换价值的物质承担者；二是指物的社会有用性，即它具有社会使用价值，是交换价值的物质承担者。也就是说，是否能够满足他人的需求，是否具有社会使用价值，是商品能否成功实现交换的关

[1] 马克思．资本论（1）[M]．北京：人民出版社，2004:47.
[2] 马克思．资本论（1）[M]．北京：人民出版社，2004:104.
[3] 马克思．资本论（1）[M]．北京：人民出版社，2004:104.

键所在。马克思明确区分了这两种具有不同属性的使用价值，指出"谁用自己的产品来满足自己的需要，他生产的虽然是使用价值，但不是商品"[1]。在政治经济学中，马克思所论述的重点是作为商品交换价值承担者的商品的社会使用价值，而不是其自然使用价值，只有商品的社会使用价值才是商品交换价值的物质承担者，才是与商品的价值相对应的范畴。马克思明确指出"作为使用价值的使用价值，不属于政治经济的研究范围"[2]，即马克思所论述的商品是指能够满足一定社会需要的具有社会使用价值的劳动产品，这是马克思对商品开始抽象研究的假定前提。

（三）准确把握商品使用价值和产品使用价值的区别与联系

商品的使用价值和产品的使用价值既有共同点又有不同点。其共同点是：它们都是有用物，即具有物的有用性，其自然属性能够满足人们的某种需要；不同点是：第一，产品的使用价值既适用于生产者本人，也适用于其他社会成员，可以不经过交换由自己或他人直接消费，但商品的使用价值是相对于商品生产者之外的其他社会成员而言的，对生产者而言它只具有交换价值而不具备使用价值，其必须通过交换获得其他社会成员的认可才能实现。第二，商品是用来交换的劳动产品，作为交换价值物质承担者的商品的使用价值必须是人们劳动的产物，而产品的使用价值即可以是自然的产物也可以是劳动的产物。第三，商品的使用价值是商品交换关系的产物，是由社会经济关系决定的，它会随着社会经济关系的变化而改变，而产品的使用价值则是由其自然属性决定的，它的发现和应用是人们的生产经验和科学技术发展的结果，随着生产力的发展而改变，与社会经济关系无关。第四，产品的使用价值是一个永恒范畴，适用于一切社会形态，而商品生产和商品交换都是特定社会经济关系的产物，是一个历史范畴，因此商品的使用价值同样是一个历史范畴，"具有特殊的历史性质"[3]，会随着商品生产的消亡而消亡。

区分商品使用价值和产品使用价值，有助于我们分析不同的生产目的。在自然经济社会，劳动者生产产品的目的在于获得其自然使用价值，或者用于自己消费、赠予他人消费；而在商品经济社会，劳动者生产商品的目的在于商品交换，即让渡商品的社会使用价值，从而实现商品的价值，进而再重新占有自己所需要

---

❶ 马克思.资本论（1）[M].北京：人民出版社，2004:54.

❷ 中共中央编译局.马克思恩格斯全集（13）[M].北京：人民出版社，1962:16.

❸ 中共中央编译局.马克思恩格斯全集（19）[M].北京：人民出版社，1963:413.

的使用价值。资本家雇佣劳动者进行商品生产的目的同样也不是为了占有其自然使用价值即自己消费，而是要通过生产和让渡商品的社会使用价值，从而实现商品的价值，并从中获得超出劳动力价值的那部分剩余价值和超额剩余价值。

二、有用劳动是生产社会使用价值的劳动

（一）就产品生产而言，有用劳动是指能够生产自然使用价值的劳动

物品之所以有用，就是因为它有使用价值，能够满足人们一定的需求。只有一定的、有用的、具体的劳动才能生产出物品的使用价值。纺织工人的劳动生产出布匹，陶瓷工人的劳动生产出瓷器，正是这些一定的、具体的、有用的劳动，生产出了各种不同的使用价值。马克思明确指出，“由自己产品的使用价值或者由自己产品是使用价值来表示自己的有用性的劳动，我们简称为有用劳动”[1]。也就是说，就产品生产而言，只有生产出了有用的劳动成果的劳动，即生产出具有自然使用价值的产品的劳动，才是有用劳动，而这也是人类社会得以存在和发展的前提条件。与此相对应的，则是无用劳动。就产品生产而言，无用劳动既不能创造出有用的劳动成果或使用价值的劳动，如果劳动不能生产出某种使用价值，而是生产出了废品，这种劳动即无用劳动，只会导致劳动的虚耗和生产资料的浪费。“如果物没有用，那么其中包含的劳动也就没有用，不能算作劳动……”[2]。

（二）就商品生产而言，有用劳动是指能够生产社会使用价值的劳动

在商品经济条件下，劳动的有用性必须依靠社会来评价，我们应该正确地区分自然使用价值和社会使用价值以及产品的使用价值和商品的使用价值。它们之间的区别，在于其所生产出来的劳动产品是否符合社会需要，是否能够成功实现交换，只有符合社会需要并成功实现了交换的商品的使用价值，才是商品的使用价值即社会使用价值。就商品生产而言，有用的劳动是指生产商品的社会使用价值的劳动，即生产商品的劳动是否有用必须通过市场来判断，生产商品的有用劳动不仅表现为要生产出一定的使用价值，同时其使用价值要成为商品交换价值的物质承担者，即其必须符合一定的社会需要，只有如此商品才能成功实现交换。

❶ 马克思．资本论（1）[M]. 北京：人民出版社，2004:55.

❷ 马克思．资本论（1）[M]. 北京：人民出版社，2004:54.

就商品生产而言，不能创造社会使用价值的劳动，也同样属于无用劳动的范畴。也就是说，即使生产出来的商品具有某种使用价值，但是如果其不符合社会需要，它就不具备社会使用价值，不能成功实现交换，就商品生产而言生产它的劳动同样是无用劳动。"由于商品对它自己的所有者不是使用价值，所以它对别种商品的所有者是使用价值。不然，他的劳动就是无用的劳动"[1]。以陶瓷工人的劳动为例，如果陶瓷工人不能生产出具有某种使用价值的瓷器，无论其耗费了多少劳动，都是无用劳动；如果陶瓷工人生产出来的瓷器不能成功卖出，就商品生产而言其所耗费的劳动同样是无用劳动。

三、要区分有效劳动和有益劳动

在经济学范畴中，还存在一组与有用劳动和无用劳动范畴相似的劳动范畴，即有效劳动和无效劳动。有效劳动是与无效劳动相对应的范畴，有效劳动是指在达到预期生产目的劳动，无效劳动是指没有达到预期生产目的劳动。为了更好地辨析有用劳动和有效劳动之间的关系，我们以资本主义商品生产为例，来阐述它们之间的区别和联系。我们可以看到，资本主义商品生产以获得剩余价值为目的，包含三种不同的情况：第一情况，商品生产者只生产出了废品，也就是说连产品的自然使用价值也没有生产出来，那么其所耗费的劳动即是无用劳动，也是无效劳动。第二种情况，商品生产者生产出了残次品，即生产出的产品仅具有部分使用价值。如果该产品不能被卖出，商品生产者所耗费的劳动即是无用劳动也是无效劳动，因为他既没有生产出符合社会需要的使用价值，也没有达到生产该商品预期的目的。如果该残次品被卖出，也就是说，该商品生产者的劳动不仅创造了使用价值，而且创造了社会使用价值，他的劳动属于有用劳动范畴。如果该商品卖出的价格较低，不能为资本家带来剩余价值，对于资本家来说该劳动就属于无效劳动的范畴。如果该商品能够为资本家带来剩余价值，生产该商品的劳动仍然属于有效劳动的范畴。第三种情况，商品生产者生产出了完好的商品。如果该商品不能成功卖出，那么其所耗费的劳动既是无用劳动也是无效劳动；如果该产品被卖出即成功实现了交换，则生产该商品的劳动是有用劳动。关于该劳动是否属于有效劳动范畴，这又有两种情况，如果该商品的卖出价格较低，没有为资本家带来剩余价值，那么对资本家来说该劳动就是无效劳动，如果该商品能够为资本家带来剩余价值，对资本家来说该劳动就是有效劳动。

此外，我们还应该区分有益劳动和有害劳动。有益劳动是和有害劳动相对应

[1] 中共中央编译局．马克思恩格斯全集（13）[M]. 北京：人民出版社，1963:31.

的范畴。所谓有益劳动，是指有利于使用价值的创造并最终对社会有益的劳动。所谓有害劳动，是指阻碍其他劳动创造使用价值，或者是生产出对社会有害的使用价值的劳动。干扰或破坏别人正在进行的商品生产过程并使其生产出残次品的劳动，是有害劳动。生产出对社会有害的使用价值的劳动，如生产假冒伪劣商品的劳动，甚至是生产毒品的劳动，对资本家来说虽然可能是有效劳动，能够为资本家带来剩余价值，但这同样属于有害劳动的范畴。

第二节　有用劳动和价值创造的关系

一、有用劳动是创造价值的前提

（一）只有凝结在商品中的抽象劳动才能够形成价值

应该强调，并不是所有劳动都能形成价值，价值的实体仅仅是指“凝结”在商品中的抽象劳动。马克思在说明价值的源泉时，多次论述了劳动耗费与劳动凝结的含义，“而作为价值的上衣和麻布不过是同种劳动的凝结”[1]“商品作为价值只是人类劳动的凝结”[2]等。

在马克思的劳动价值理论中，劳动的“耗费”与“凝结”之间是存在本质差别的。生产商品所耗费的活劳动是形成价值的源泉，但商品交换的中介即价值的实体是凝结在商品中的抽象劳动而不是生产商品所耗费的活劳动。应该看到，劳动要凝结在商品中形成价值的实体是有条件的，如果商品没有用，那么其中包含的劳动也就没有用，不能算作劳动，因此不形成价值[3]。也就是说，并不是所有的具体劳动都能够生产出商品的社会使用价值，无用劳动不能够生产出符合社会需要的使用价值，只有有用劳动才能够生产出商品的社会使用价值。同样，在生产过程中所耗费的无差别人类劳动即抽象劳动并不是都能够凝结在商品中形成价值的实体，只有与生产商品使用价值的有用劳动所对应的抽象劳动才能凝结在商品中从而形成价值，无用劳动不能创造符合社会需要的商品的社会使用价值，只会导致劳动的浪费，与其对应的抽象劳动不可能凝结在商品中形成价值。

[1] 马克思．资本论（1）[M]. 北京：人民出版社，2004:58.
[2] 马克思．资本论（1）[M]. 北京：人民出版社，2004:64.
[3] 马克思．资本论（1）[M]. 北京：人民出版社，2004:54.

此外，马克思关于"凝固的劳动时间"的论述，同样体现了劳动耗费不能等同于劳动凝结的思想，如"作为价值，一切商品都只是一定量的凝固的劳动时间"❶，"只是劳动力被有用地消耗的时间长度"❷等。也就是说，在生产商品时并不是所有的劳动的时间都是被有用消耗、都转变成生产商品所包含的劳动时间的，在商品生产过程中依然存在劳动时间的虚耗、浪费等现象，只有有用劳动的时间才是生产商品实际耗费的劳动时间，才是形成价值的劳动时间，只有在有用劳动时间内耗费的无差别人类劳动才能"凝结"到商品中去。应该指出，在这里马克思所论述的"凝固的劳动时间"，是就产品生产过程而言的，就商品生产而言，如果劳动者不能生产出符合社会需要的商品的社会使用价值，那么无论其耗费了多少劳动时间，都属于无用劳动范畴，与价值创造无关。总之，我们应该看到，在商品生产过程中所耗费的劳动时间并不等于其实际发挥作用的劳动时间，所耗费的劳动总量并不等于其所凝结的价值总量，因为无用劳动是商品生产过程中客观存在的普遍性现象，只能尽量减少而不能彻底根除。

（二）只有具体的有用的劳动才是和抽象劳动相对应的范畴

就商品生产而言，劳动是否有用，是其能否成功实现交换的前提，如果劳动者的劳动没用，即没有生产出符合社会需要的社会使用价值，就不存在商品交换，也不存在交换价值范畴，那么该劳动就与价值创造无关。也就是说，劳动的有用性是检验劳动能否创造价值的必要条件。只有与具体的、有用的劳动所对应的抽象劳动，才能凝结在商品中形成价值的实体，而具体的、无用的劳动则因不能生产出商品的使用价值，与之相对应的抽象劳动虽然同样也能够凝结在劳动产品中，但这与价值创造无关，并不形成商品的价值。应该看到，我们所论述的价值特指商品的价值，价值的本质是商品生产者之间相互交换劳动的社会关系，从商品两因素来看，只有商品的使用价值即社会使用价值才是和商品的价值相对应的范畴，商品要有价值就必须有社会使用价值。从劳动两重性来看，只有具体的、有用的劳动才是和凝结在商品中的抽象劳动相对应的范畴，才能够形成价值的实体。

应该指出，马克思很少单独使用具体劳动范畴，他在大多数场合，都把有用劳动和具体劳动联系起来论述，如"每个特殊的商品等价物中包含的一定的、具体的、有用的劳动"❸"制作有用物'上衣'并使它具有一定形式的那种劳动，不是

---

❶ 马克思．资本论（1）[M]. 北京：人民出版社，2004:53.

❷ 马克思．资本论（1）[M]. 北京：人民出版社，2004:228.

❸ 马克思．资本论（1）[M]. 北京：人民出版社，2004:80.

抽象的人类劳动，不是一般人类劳动，而是一定的、有用的、具体的劳动——裁缝的劳动”❶ 等。在马克思看来，有用劳动与具体劳动并不是同一个范畴，只有一定的、具体的、有用的劳动，才是和凝结在商品中的抽象劳动相对应的范畴，才是形成价值的前提。把有用劳动和具体劳动联系起来论述，充分体现了马克思劳动价值理论的科学性和严谨性。

二、有用劳动转移和保存生产资料的价值

人类的任何劳动都是活劳动与生产资料相互作用的过程。商品的价值，即包括在生产过程中活劳动重新创造的价值，也包含由生产资料中转移和保存过来的物化劳动。应该看到，生产资料或物化劳动必须依靠活劳动才能发挥作用，只有有用劳动，才能在创造新的使用价值的过程中把生产资料的使用价值作为交换价值保存下来，同时把生产资料的价值转移并保存到新产品之中。“活劳动作为有用的、具体的劳动——作为特殊的劳动种类、劳动方式——把生产资料转化为产品，从而把生产资料的价值转移到产品上”❷。离开了有用劳动，生产资料就无法发挥作用，凝结在其中的无差别人类劳动也就无法转移和保持到新商品中。无用劳动或者不能生产出有用的劳动产品，即没有生产出产品的使用价值，不能转移和保存作为物化劳动载体的生产资料的价值，只会造成生产资料的浪费，更遑论转移和保存物化在其中的抽象劳动的价值；或者不能生产出符合社会需要的商品即没有生产出商品的社会使用价值，虽然其能够将凝结在生产资料中的抽象劳动转移并保存到劳动产品中，但其生产的劳动产品并不是商品，因此凝结在其中的抽象劳动并不表现为价值。

以纺纱劳动为例。在纺纱过程中，一方面，纺纱工人通过“纺”这一有用的、具体的劳动把生产资料的价值并转移保存到纱这种劳动产品中；另一方面，与纺纱工人的有用劳动相对应的抽象劳动，作为无差别的人类劳动的耗费，在纺纱劳动过程中凝结到“纱”中形成新的价值。马克思对此作了详细的论述：“正是纺这种一定的有用劳动，把棉花和纱锭这些使用价值作为交换价值保存下来，从而使它们作为交换价值的组成部分在使用价值棉纱这个产品中再现……”❸ 如果纺纱工人的劳动没有生产出有用的劳动产品，而是生产出了废品，那么他的劳动就是无用劳动，生产这个废品所耗费的生产资料的价值就不能顺利地转移并保存到新产

❶ 中共中央编译局．马克思恩格斯全集（49）[M]．北京：人民出版社，1982:157.

❷ 中共中央编译局．马克思恩格斯全集（50）[M]．北京：人民出版社，1985:159.

❸ 中共中央编译局．马克思恩格斯全集（47）[M]．北京：人民出版社，1972:79.

品中去，就会造成社会劳动的虚耗和生产资料的浪费。如果纺纱工人的劳动生产了“纱”这一劳动产品，但是该产品不具有社会使用价值，即不能成功地实现交换，在商品经济社会，这同样造成了社会劳动的浪费和生产资料的浪费，该劳动同样也是无用劳动，不创造价值，并且从生产资料中转移保存到新产品中的抽象劳动也同样不表现为价值。

三、有害劳动和价值创造的关系

在此，我们有必要探讨有害劳动与价值创造的关系。有害劳动分为两种情况：第一种情况是干扰或阻碍其他劳动创造使用价值，也就说不仅它自身不创造使用价值，而且还阻碍其他劳动的正常进行；第二种情况是生产出对社会有害的使用价值，也就是说其劳动产品或者对社会有害，或者其有害性大于有用性，对社会带来有害的影响。对此，中山大学朱富强博士❶提出了负价值的观点。他认为，负价值是反效劳动，即有害劳动创造的与负的使用价值相对应的价值。我们认为，马克思主义经济学中所论述的价值是指凝结在商品中无差别的人类劳动，其实质是人与人之间相互交换劳动的经济关系，这种凝结在商品中的无差别人类劳动是中性的，由此而产生的价值范畴也应该是中性的，无所谓正负之分。有害劳动虽然妨碍产品的生产，甚至其生产的过程和结果对社会是有害的，但是不能说其创造了负价值。也就是说，朱富强博士所说的负价值中的价值范畴，并不是马克思主义经济学中的价值范畴，而是哲学或日常生活中的价值范畴。应该看到，朱富强博士提出的负价值思想对分析和衡量一个企业或劳动的成效具有非常重要的意义。例如，有两个造纸企业，a 企业采用先进的排污系统，b 企业采用简陋的排污系统，假定它们的劳动生产力相同，在相同的时间内它们生产出相同数量的产品并成功实现交换，也就是说，它们所创造的价值是相同的。但是，由于它们在生产过程中对社会、对环境的影响不同，对这两个企业的评价也就截然不同。在此，我们不能混淆经济领域和社会领域、道德领域的不同命题，它们有不同的研究目的和研究重点，如经营赌场的劳动就社会主义社会而言是有害劳动，但对资本家而言其同样可以是为其带来剩余价值的劳动。

此外，还应该具体分析有效劳动与价值创造之间的关系。我们是从劳动者的生产目的出发来论述有效劳动和无效劳动的，因此其与价值创造的关系要具体分析。应该指出，有效劳动与创造价值的劳动是两个不同的范畴，正如前一节我们在论述有用劳动和有效劳动关系时以资本主义商品生产为例所做的论述，有效劳

❶ 朱富强．反效劳动、负价值与绿色 GDP[J]．南方经济，2005（03）．

动并不必然创造价值，无效劳动也不必然不创造价值。

第三节　有用劳动的分类及其影响因素

一、有用劳动的分类

应该看到，任何劳动都是同质性和异质性的统一。劳动的同质性是指任何劳动都是人类劳动力生理学意义上的耗费，在一定条件下都可以通约为无差别的人类劳动。劳动的异质性主要表现为不同的劳动者由于劳动强度、熟练程度、复杂程度等不同而导致劳动有用程度出现差别，也就是劳动生产力的不同。马克思对劳动的异质性也做了明确论述，如“少量的复杂劳动等于多量的简单劳动”❶等。生产商品的劳动按其是否生产出符合社会需要的社会使用价值，可以区分为：有用劳动和无用劳动；而有用劳动按其有用程度又可以区分为：有用程度高的劳动、有用程度一般的劳动和有用程度低的劳动。

所谓有用程度高的劳动，就是与社会平均水平相比，在生产过程中转移和凝结价值量较多的劳动。所谓有用程度低的劳动，就是与社会平均水平相比，在生产过程中转移和凝结价值量较少的劳动。我们可以借用社会必要劳动时间的思想，把劳动分为有用程度高的劳动、有用程度一般的劳动和有用程度低的劳动。当某种商品处于供求平衡状态时，如果某企业生产该种商品的平均劳动时间小于社会必要劳动时间，那么该企业的劳动就是有用程度高的劳动；如果某企业生产该种商品的平均劳动时间等于或相近于社会必要劳动时间，那么该企业的劳动就是有用程度一般的劳动；依次类推，如果某企业生产该种商品的平均劳动时间大于社会必要劳动时间，那么该企业的劳动就是有用程度低的劳动。例如，当供求处于平衡状态时，生产一台冰箱的社会必要劳动时间是 1 小时，如果 a 企业生产一台冰箱的社会必要劳动时间小于 1 小时，a 企业的劳动就是有用程度高的劳动，b 企业生产一台冰箱的社会必要劳动时间等于或接近 1 小时，b 企业的劳动就是有用程度一般劳动，c 企业生产一台冰箱的社会必要劳动时间大于 1 小时，c 企业的劳动就是有用程度低劳动。

❶　马克思 . 资本论（1）[M]. 北京：人民出版社，2004:58.

二、有用劳动的影响因素

总体而言，虽然影响劳动有用程度的因素有很多，但择其要者，主要可以分为两方面，即供求关系和劳动生产率。

（一）供求关系的变化，影响劳动的有用程度

首先，不能脱离社会需求来孤立地研究劳动的有用程度问题。在商品经济社会，有用劳动的重要特征就是满足一定的社会需要，我们不能脱离社会需求来孤立地研究劳动的有用程度问题。人们的需求是无限的，而满足需求的劳动是有限的，供给和需求的矛盾是一切社会经济活动中的基本矛盾，由此决定人们必须合理地分配个人劳动时间，而社会也必须合理地分配社会总劳动时间，从而最大限度地满足自身的、社会的各种需求。在《资本论》中，马克思以孤岛上的鲁滨孙及自由人联合体为例指出，合理地分配劳动时间是人类社会经济活动的基本规律。马克思还论述了社会规模的使用价值和社会产品总量的使用价值的范畴，在马克思看来，社会规模的使用价值是指社会所需要的使用价值，而社会产品总量的使用价值则是指社会生产的总产品的使用价值，并且社会规模的使用价值决定社会产品总量的使用价值。也就是说，商品能否成功实现交换，劳动是否有用，主要取决于两个因素：第一，是否具有社会所需要的使用价值，第二，数量是否符合社会的需求量。社会需求从质即生产什么和量即生产多少两方面对商品生产和价值决定起制约作用。

应该看到，虽然不同种类的使用价值难以比较，但是相同种类的使用价值可以从其数量和质量两方面来进行比较和计量，如食物的味道可以用好不好来衡量，化肥的效果可以用产量来比较等。从消费者的角度来说，我们可以效仿效用价值论者将使用价值区分为总使用价值和边际使用价值，总使用价值即消费者在特定的时间内消费一定数量的某种商品所获得的使用价值的总和，边际使用价值即消费者每多消费一个单位的某种商品所能获得的使用价值。毋庸置疑，物的使用价值具有边际递减的性质，即总使用价值首先会随着消费某种商品数量的增加而增加，而当其达到最大值后，则会随着消费该种商品数量的增加而减少。而边际使用价值会随着消费某种商品的数量的增加而减少，最后成为负值，如品尝美食，当肚子饱到一定程度时，这可能将变成一种折磨。同样，任何一种商品，如果它的生产量超过了社会需求量，那么其超过的部分就只具有较小的社会使用价值，凝结在商品中的无差别人类劳动只被承认为较少的社会劳动，从而导致生产该商品的劳动的有用程度降低，以及该单位商品的价值低于市场价值。

其次，供求关系的变化影响劳动的有用程度。在现实生产过程中，由于生产者很难准确把握社会需求的变化，因此，生产某种商品所实际消耗的劳动量往往会偏离社会的实际需要量，这必然会造成商品生产者之间劳动有用程度的差异。社会在某种商品上所投入的劳动时间越多，劳动的有用性就会不断地边际递减，因为其所生产出来的社会使用价值是边际递减的，也就是说劳动的有用性会随着有用劳动的增加而递减。当某种商品供不应求时，该商品价格上涨，生产该种商品所耗费的劳动量被承认为较多的社会必要劳动量，生产该种商品的劳动的有用程度比供求平衡时要高；当供大于求时，该商品价格下跌，生产该种商品所耗费的劳动量被承认为较少的社会必要劳动量，生产该种商品的劳动的有用程度比供求平衡时要低；当供极大于求时，意味着部分商品卖不出去，从而丧失其社会使用价值，生产该部分商品的私人劳动不能被社会所承认，就是无用劳动，属于社会劳动的浪费，凝结在该部分商品中的无差别人类劳动不表现为价值。

我们以汽车生产为例。假定社会对某种型号的汽车的正常需求为 100 万辆，生产 1 辆该汽车所耗费的社会必要劳动时间为 1 天，在实际生产过程中，可能出现四种情况：第一种情况，生产企业仅生产了 50 万辆该汽车，即其生产量少于需求量，由于价值规律的作用，该汽车的价格就会上涨，生产该汽车所耗费的劳动量就相当于较多的社会必要劳动量，生产该汽车的劳动的有用程度比供求平衡时要高。第二种情况，生产企业恰好生产了 100 万辆该汽车，即其生产量等于需求量，生产该汽车所耗费的劳动量等同于社会必要劳动量，生产该汽车的劳动的有用程度与供求平衡时相同。第三种情况，生产企业生产了 150 万辆该汽车，即其生产量大于需求量，但依然在社会需求承受的范围之内，由于价值规律的作用该汽车的价格就会下降，生产该汽车所耗费的劳动量被承认为较少的社会必要劳动量，生产该汽车的劳动的有用程度比供求平衡时要低。第四种情况，生产企业生产了 500 万辆该汽车，即其生产量远远大于需求量，超出了社会需求承受的范围，生产该汽车的劳动的有用程度不仅比供求平衡时要低，而且还有一部分劳动是无用劳动。

（二）劳动生产力的变化，影响劳动的有用程度

应该看到，生产商品的劳动是存在一定的社会标准的，即形成商品价值实体的劳动具有社会必要劳动的性质，社会必要劳动是在现有正常生产条件下在平均劳动强度和劳动熟练程度下生产某种商品所需要的劳动，这就是生产某种商品所耗费的劳动的社会标准，我们可以用此来衡量生产同种商品的劳动者之间的劳动的有用程度。可以看到，任何影响劳动生产力的要素的变动，都可能导致劳动有

用程度的变化。

马克思详细地论述了生产要素与劳动生产力的关系，指出劳动生产力主要取决于五大要素，即“工人的平均熟练程度，科学的发展水平和它在工艺上应用的程度，生产过程的社会结合，生产资料的规模和效能，以及自然条件”❶。从影响劳动生产力的因素来看，科技的发展及应用程度，生产资料的规模、效能及自然条件属于物的因素，劳动的熟练程度、强度、生产的管理水平属于人的因素。由于物的因素所导致的劳动生产力的提高，其实质是指劳动者能够以与其他劳动者同质的劳动，在相同的劳动时间内创造出更多的价值和使用价值，即通过提高劳动的有用程度，从而导致单位商品的个别价值低于社会价值，并通过商品交换被承认为较多的价值，从而获得超额剩余价值。由于人的因素导致的劳动生产力提高，其实质是指劳动者以与其他劳动者不同质的劳动即异质的劳动在相同的劳动时间内创造出更多的价值和使用价值，这同样提高了劳动的有用程度。如劳动强度高或劳动复杂程度高的劳动，与简单劳动相比其在相同时间内耗费了更多的脑力和体力，其创造的价值和使用价值也自然会比简单劳动所创造的价值多。

以生产同种商品的劳动为例。在一定时期内，通常有多个生产者生产同种商品，他们的劳动生产力由于劳动的熟练程度、科技的应用程度等因素而各不相同，从而导致其劳动的有用程度的差别，以及生产过程中的劳动生产率的差别，即其所耗费的劳动及劳动时间是不同的。例如，某企业非常重视员工的培训，随着该企业员工素质的提高，在其他生产条件不变的情况下，该企业员工的劳动熟练程度、劳动速度就会加快，同时生产废品的比例也会降低，该企业员工劳动的有用程度就会比其他企业高。再如，如果某企业使用了先进的生产技术，例如引进了一条先进的生产线，与其他企业相比，该企业中劳动的有用程度也会提高，表现为在单位时间里它所生产出来的产品较多，在生产过程中转移和凝结的劳动量较多。再如，如果某企业提升了管理水平，例如建立健全了管理制度，强化了激励惩处措施等，与其他企业相比，该企业劳动者的工作态度、工作积极性也会提高，该企业中劳动的有用程度也会随之提高。总之，劳动的有用程度与劳动生产力密切相关，任何影响劳动生产力的要素的变动，都可能导致劳动有用程度的变化。劳动生产力越高，生产该商品所用的时间就越少，生产该商品的劳动的有用程度就越高；反之，劳动生产力越低，生产该商品所用的时间越多，就表明生产该商品的劳动的有用程度越低。

❶ 马克思．资本论（1）[M]．北京：人民出版社，2004:53.

三、有用程度高的劳动能够创造更多的价值

马克思明确指出："生产力特别高的劳动起了自乘的劳动的作用，或者说，在同样的时间内，它所创造的价值比同种社会平均劳动要多。"❶ 这也就是说，劳动生产力高的劳动其劳动的有用程度也较高，与其他劳动相比能够创造更多的价值。我们认为，相对于有用程度一般的劳动和有用程度低的劳动，在相同的劳动时间内有用劳动程度高的劳动能够创造更多的价值，其根本原因就在于它们是异质的劳动，正如从事复杂劳动的劳动者能够比从事简单劳动的劳动者创造出更多的价值一样，在相同的时间内劳动有用程度高的劳动者能够比有用程度低的劳动者创造出更多的价值。例如，操纵先进纺纱机器的纺织工人劳动的有用程度就比手工作坊的纺织工人劳动的有用程度要高，单位时间内其创造的价值和从生产资料中转移并保存到商品的价值就多。这主要是有以下几个原因：

第一，有用程度高的劳动可以更加有效地利用自然力，使活劳动能够更加有效地发挥其创造价值的作用，从而在相同时间内创造出更多的价值。例如，随着作为物化劳动载体的生产资料特别是生产工具的不断改进，与先进生产资料相结合的活劳动能够更加有效地利用自然力，其劳动的有用程度也随之不断提高，而伴随着劳动有用程度的提高，其所创造出来的价值也比社会平均水平要多。如操纵先进纺纱机器的纺织工人其所利用的自然力的效率就比手工作坊的纺织工人利用自然力的效率要高，在相同劳动时间内其所创造的价值就多。

第二，有用程度高的劳动在相同的劳动时间里生产的使用价值即单位商品数量较多，能够折算为更多的价值。在商品生产过程中，有用程度高的劳动其个别劳动时间低于社会必要劳动时间，由于商品的价值量是由社会必要劳动时间而不是个别劳动时间决定，而商品交换是以其价值量为依据，所以就生产同种商品的劳动者而言，劳动有用程度高的劳动者的个别劳动时间可以折算成较多社会必要劳动时间，其私人劳动能够被承认为较多的社会劳动，表现为较多的价值。此外，随着劳动生产力的提高，商品生产过程中从生产资料中转移并保存到新产品中的价值也会增多，即相对于社会平均水平而言，有用程度高的劳动在单位时间内转移和保存了更多的生产资料的旧价值。

第三，有用程度高的劳动可以提高物化劳动的使用效率，减少生产资料的"平均耗费"。在商品生产过程中，生产资料中所凝结的物化劳动要通过具体劳动转移和保存到新商品中去。就生产同种商品而言，在生产过程中，生产资料同样

❶ 马克思．资本论（1）[M]．北京：人民出版社，2004:370.

存在"平均耗费"的标准，如果其消耗超出"平均耗费"的范围，凝结在生产资料中的物化劳动将不能按正常比例转移保存到新产品中，其所转移并保存到新商品中的物化劳动就偏少，即存在生产资料的节约和浪费的区别，有用程度高的劳动可以提高物化劳动的使用效率，减少生产单位商品所耗费的生产资料的量，即节约生产资料，而节约生产资料同样可以降低单位商品的个别价值，并通过商品交换被承认为较多的社会价值，从而使商品生产者在竞争中取得优势。

第四，有用程度高的劳动能够减少无用劳动的耗费，提高劳动的使用效率，在相同时间内比有用程度一般的劳动或有用程度低的劳动创造出更多的价值。例如在社会平均劳动熟练程度、平均劳动强度条件下，普通纺纱工人每生产 100 匹纱中就有 5 匹的残次品，而劳动熟练程度高的纺纱工人每生产 100 匹纱中只有 1 匹残次品。也就是说，有用程度高的劳动能够减少无用劳动的耗费，减少生产资料的浪费，提高劳动的使用效率，在相同时间内能够比有用程度一般的劳动或有用程度低的劳动创造出更多的价值。

此外，同一企业内部同样存在有用程度高的劳动和有用程度低的劳动的区分，有用程度高的劳动同样能够创造出更多的价值。如在同一企业内部，存在劳动强度与劳动熟练程度不同的劳动，劳动强度高、劳动熟练程度高的劳动其劳动的有用程度也高，在相同劳动时间内自然能够比有用程度低的劳动创造出更多的价值。以纺纱工人的劳动为例。由于劳动熟练程度的原因，一个熟练工人一天可以纺两匹布，而一个学徒工一天只能纺一匹布，熟练工人的劳动强度和劳动熟练程度高于学徒工，其劳动的有用程度较高，在相同劳动时间内必然能够比学徒工创造出更多的价值。

近年来，青岛社科院杨曾宪研究员[1]在《社会科学论坛》发表了系列文章，提出了超质劳动的概念，并认为企业盈利的来源不是雇佣工人的剩余劳动，而是"超质劳动"。我们认为，所谓的"超质劳动"其实就是有用程度高的劳动，"超质劳动"并不能解释资本家盈利的来源。杨先生试图用"超质劳动"创造的超额剩余价值来解释资本家的盈利，混淆了个别劳动生产力与社会劳动生产力的关系，混淆了剩余价值与超额剩余价值的关系，模糊了资本家剥削的实质。超额剩余价值是指部分企业的个别劳动生产力大于社会平均劳动生产力从而获得的超过社会平均剩余价值水平的那部分剩余价值。凭借生产资料私有制无偿占有雇佣工人的剩余劳动从而获得剩余价值是资本家盈利的前提，应该看到，超额剩余价值也来源

[1] 杨曾宪．马克思的剥削与剩余价值理论解构——"价值学视域中的劳动价值论与剥削"系列研究之五[J]．社会科学论坛，2010，(15).

于雇佣工人的剩余劳动，属于剩余价值的一部分。在劳动生产力较高的企业，由于劳动者素质的提高，先进技术或先进工具的应用，该企业的劳动效率大幅提高，与一般企业相比，该企业的劳动有用程度较高，在相同时间内可以生产更多的商品，并创造出更多的价值。劳动生产力较高企业的雇佣工人的劳动即所谓“超质劳动”，其所创造的与社会平均水平相比较多的剩余价值即超额剩余价值被资本家无偿占有了，这并不能说明超额剩余价值是资本家盈利所得。归根到底，资本家的盈利来源于其对生产资料的私人占有，正因为资本家占有生产资料，才能无偿占有工人的剩余劳动生产出来的剩余价值以及超额剩余价值，这才是资本家盈利的根源。

四、研究有用劳动的理论价值及现实意义

马克思关于有用劳动的思想，深刻说明了什么样的劳动才能创造价值，并在坚持劳动价值“一元论”的基础上，把供求因素和效用因素纳入了价值范畴。进一步加强对有用劳动思想的研究，具有重要的理论价值及现实意义。

（一）有助于正确理解马克思关于社会必要劳动时间的论述

应该看到，价值即有质的规定性，也有量的规定性。为了科学分析商品的价值量问题，马克思提出了社会必要劳动时间的思想，用劳动时间的长短来衡量商品中凝结的抽象劳动的多少。关于社会必要劳动时间的理论，一直是我国学术界争论的热点问题。我们赞同商品的价值是由社会必要劳动时间Ⅰ决定的观点，社会必要劳动时间Ⅰ是指“在现有的社会正常的生产条件下，在社会平均的劳动熟练程度和劳动强度下制造某种使用价值所需要的劳动时间。”社会必要劳动时间Ⅱ是指扣除了“浪费掉”的社会劳动时间后的符合“社会的需要”的社会劳动时间，即社会总劳动中按一定比例用来生产社会需要的某种商品所耗费的劳动时间。就商品生产而言，首先，只有生产社会使用价值的劳动才能够创造价值，生产过程中所耗费的抽象劳动才能凝结在商品中形成价值的实体；其次，商品的价值量不仅取决于该商品中所凝结的劳动量，而且受供求关系的影响，即受社会对该商品所凝结的劳动量的接受程度的影响。生产某种商品可能耗费了很多劳动，如果其不符合社会需要，生产该商品的劳动不能转化为社会劳动，那么它就是无用劳动，不创造价值。当某种商品供求平衡时，所有的商品都能实现交换，生产该商品的劳动都被社会所承认，并形成正常水平的价值，这时社会必要劳动时间Ⅰ等于社会必要劳动时间Ⅱ。当某种商品供不应求时，生产该商品实际消耗的劳动量相当于较多的社会必要劳动量，生产该商品的劳动的有用程度较高，不仅创造价值，而且能够在相同时间内创造更多的价值，这时社会必要劳动时间Ⅰ大于社会

必要劳动时间Ⅱ。当某种商品供大于求时，部分商品未能成功实现交换，生产该商品实际消耗的劳动量被承认为较少的社会必要劳动量，生产该商品的劳动的有用程度较低，只能形成较少的价值，这时社会必要劳动时间Ⅰ小于社会必要劳动时间Ⅱ。

（二）有助于科学理解劳动生产力与价值量的关系

一种观点认为，劳动生产力较高的劳动能够在相同劳动时间内创造较多的价值，即劳动生产力与价值量成正比；另一种观点认为，生产力较高的劳动不但不能创造较多的价值，而且其所生产的单位产品中的价值量反而会变少，即劳动生产力与价值量成反比。我们认为，这两种观点都是正确的，运用马克思关于有用劳动的思想，可以很好地理解这两种观点的异同。在研究劳动价值理论时，为了更好地揭示相关规律，马克思首先对劳动作了简化处理，也就是说，马克思不考虑劳动的强度、复杂程度及有用程度的变化。“不管生产力发生了什么变化，同一劳动在同样的时间内提供的价值量总是相同的”❶。那么，在其他条件不变的情况下，随着劳动生产力的提高，单位时间内生产出的产品变多，凝结在单位产品中的价值量自然变少，即劳动生产力与价值量成反比。可是，“生产力当然始终是有用的、具体的劳动的生产力”❷随着劳动生产力的提高，劳动的有用程度也在提高，劳动生产力高的劳动在单位时间内转移和凝结的价值量多于劳动生产力低的劳动，从而创造出更大的价值。因此，商品的价值量也并不必然与劳动生产力成反比。就生产同种商品的不同生产者而言，在其他生产条件相同的情况下，相比其他生产者，劳动生产力较高的劳动的有用程度较高，转移和凝结的劳动较多，因而能够创造出更多的价值。由此可见，商品的价值量与劳动生产力“成反比”与“成正比”之间并不矛盾，它们的出发点不同，得出的结论自然就不同。“成反比”突出劳动的同质性，它在纵向即历史发展的维度上揭示了随着社会劳动生产力的发展导致单位商品所含劳动量减少、商品交换价值降低的规律；“成正比”强调劳动的异质性，它在横向上即在某个时间节点上，揭示了因为提高个别劳动生产力导致劳动的有用程度增加从而能够创造出更多的价值的规律。应该看到，也正是因为提高个别劳动生产力能够提高劳动的有用程度从而创造出更多的价值，获得“超额剩余价值”的动力促使企业经营者不断提高个别劳动生产力，从而导致社会生产力的发展，最终导致商品的价值量与劳动生产力成反比。

❶ 马克思．资本论（1）[M].北京：人民出版社，2004:60.

❷ 马克思．资本论（1）[M].北京：人民出版社，2004:59.

（三）有助于科学评价劳动成效

在研究马克思有用劳动思想的同时，我们还应该正视无用劳动和有害劳动的影响。无用劳动不仅不能创造出符合社会需要的使用价值，而且会破坏生产资料即物化劳动的价值，导致生产资料的浪费。而有害劳动或者阻碍其他劳动创造使用价值，或者生产出对社会有害的使用价值。我们可以看到，在社会生产过程中，企业在生产商品的同时常常会带来一些副产品，有的副产品不但是无用的，而且是有害的，如废气、废水、废渣等。事实上，无用劳动、有害劳动往往是和有用劳动同时发生的，并且其难以根治。因此，存在一个如何科学地评价劳动成效的问题。虽然负价值不属于马克思主义政治经济学中的范畴，但朱富强博士[1]提出的“劳动所创造的总价值 = 正价值 - 负价值”的观点，对科学地衡量劳动的成效仍然有重要意义。也就是说，评价劳动的成效，不仅要看它是否有用、是否创造了使用价值、是否带来了收益，而且要看它所创造的使用价值与生产成本及社会成本之间的关系。只有这样，才能有效衡量劳动的成效。如果某种劳动所创造的使用价值小于为生产其所耗费的成本，即投入大于产出，这种劳动是不值得提倡的。如果某种劳动在创造使用价值的同时，对社会产生了较大的负面影响，即该劳动所创造的使用价值小于为治理该劳动所带来的负面影响的社会成本，这种劳动应该被禁止。事实上，正是因为长期以来人们忽视了社会成本与使用价值创造的关系，才会导致生态破坏、资源浪费、环境污染等各种世界性的问题。加强对马克思有用劳动思想的研究，建立和健全科学的劳动评价体系，对于加强生态文明建设，建设社会主义生态文明，即要青山绿水也要金山银山，实现可持续发展，具有重要的现实意义。

（四）有助于指导现实经济实践

有用劳动是创造社会使用价值的劳动，只有有用劳动才能转移和保存凝结在生产资料中的物化劳动。有用劳动是创造价值的前提，有用程度高的劳动可以创造出更多的价值，马克思关于有用劳动的思想，对于现实经济实践具有重要的指导作用。要提高劳动的有用程度，减少无用劳动，从宏观的角度来说，就必须加强社会主义宏观调控。应该看到，市场调节并不是万能的，它具有自发性，盲目性和滞后性。党的十八届三中全会指出：“科学的宏观调控，有效的政府治理，是发挥社会主义市场经济体制优势的内在要求。”[2] 加强政府对经济的宏观调控，可

[1] 朱富强．反效劳动、负价值与绿色 GDP[J]．南方经济，2005（03）．

[2] 习近平．关于《中共中央关于全面深化改革若干重大问题的决定》的说明 [J]．求是，2013(22).

以有效地将社会劳动按比例、合理地分配给不同的生产部门，从而避免社会劳动的浪费，提高劳动的有用程度。从微观角度来说，也就是从企业的角度来看，一要尽量生产符合社会需要的产品。在当代，市场供求关系对劳动有用程度的影响不断增强，不能创造社会使用价值的劳动就是无用劳动，这就要求各生产企业的劳动必须符合社会需要。因此，企业要重视对市场需求的调查研究，力争在准确把握市场需求的基础上，生产适销对路的产品，减少无用劳动的耗费，提高劳动的有用程度。如果离开了市场需求而盲目扩大生产，将会导致企业亏损甚至破产。二要积极提高劳动生产力。劳动生产力高的企业，劳动的有用程度就高，单位时间里转移和凝结到商品中的劳动量就多，与其他企业相比，就可以创造出更多的价值，企业经营者就可以获得“超额剩余价值”。劳动生产力的高低，是由劳动者的素质、科技、管理、资本及自然条件五大因素决定的，各企业要重视员工培训，抓好技术改造，加快资金周转，改善经营管理，以此节约个别劳动时间，提高劳动生产力和劳动的有用程度。

总之，有用劳动范畴是马克思劳动价值理论的重要组成部分，进一步深入地研究有用劳动思想，对于科学地把握创造价值的劳动的规定性，进一步坚持和发展马克思的劳动价值理论，并用以指导现实经济实践，其意义是显而易见的。

第六章　生产劳动与价值创造

生产劳动理论是马克思主义政治经济学的重要内容，马克思在批判继承古典经济学家生产劳动思想的基础上，从生产劳动一般和特殊的角度阐明了生产劳动的内涵，并重点论述了资本主义生产劳动范畴。然而，应该看到生产劳动范畴与创造价值的劳动范畴是两个不同的范畴，有必要认真辨析生产劳动与价值创造的关系。

第一节　生产劳动的内涵

马克思的生产劳动理论是在批判继承古典经济学家生产劳动思想的基础上发展而来的，在此我们有必要对古典经济学家的生产劳动思想进行回顾。

一、马克思对古典经济学家生产劳动思想的批判与继承

（一）重商主义和重农主义关于生产劳动的论述

在经济发展史上，重商学派是最早论述生产劳动范畴的学派。重商主义认为，财富即金银货币，一切经济活动的目的都是为了追求金银货币，而金银货币来自流通领域，因此只有那些能够赚回金银货币的商业劳动，主要是对外贸易劳动，才是生产性的劳动。重商学派把流通看作财富的源泉，把生产当成流通的条件和获得货币的手段，混淆了生产与流通之间的关系，这显然是错误的，但是他们隐约地意识到了生产劳动的问题。

通过反思重商主义所导致的负面影响，随之出现了重农学派。重农主义认为，只有生产出“纯产品”即增加产品的总量的农业劳动才是生产劳动，才是财富的源泉，而工业和商业劳动不能增加产品的总量，属于非生产劳动。重农学派首次

把对生产劳动的研究从流通领域转向生产领域，并正确地提出了只有创造“纯产品”的劳动即使产品增殖的劳动才是生产的，但是它们把生产劳动仅仅局限在农业部门，并且对剩余价值有不正确的看法。

（二）斯密关于生产劳动的论述

斯密从增加“国民财富”的角度出发，突破了重商主义和重农主义将生产劳动局限于某种特定劳动范围的局限性，并进一步发展了重农主义关于只有带来价值增殖的劳动才是生产劳动的思想。马克思高度评价了斯密生产劳动思想的科学性，同时也批判了他的局限性和不彻底性，并进一步深化和发展了自己的生产劳动理论。

第一，斯密关于生产劳动的第一个定义。

从是否增加对象的价值入手，斯密认为，劳动可以分为两类：一类劳动能够增加对象的价值，如制造工人的劳动，这种劳动能够创造出更多的价值，为资本家带来利润，购买这类劳动越多，资本家所获得的财富就越多；而另一类劳动不能增加对象的价值，只会导致财富的消耗，如家仆的劳动，购买这类劳动越多，所耗费的财富就越多。也就是说，斯密将是否能够增加对象的价值作为判断生产劳动的标准，所谓能够增加对象的价值的劳动，就是指劳动者能够为资本家带来剩余价值这个价值增量的劳动，因为这类劳动如雇佣工人的劳动等通常是资本家用资本购买的，所以斯密又把这类劳动称为与资本相交换的劳动。所谓不能增加物的价值的劳动，是指不能为资本家带来剩余价值这个价值增量的劳动，因为这类劳动如家仆的劳动等通常是资本家用收入来购买的，所以斯密又把这类劳动称为与收入相交换的劳动。

马克思高度评价了斯密的这个定义，认为这是斯密巨大的“科学功绩”❶。第一，这个定义不是“从劳动产品的性质，不是从劳动作为具体劳动所固有的特性”❷得出来的，它打破了以前的经济学家（如重农学派、重商学派等）所认为的只有某种特定形式的劳动才能生产利润的局限，指出无论是什么劳动，只要“同资本相交换”并增加对象的价值，就是生产劳动。第二，这个定义从劳动的“社会规定性”出发，从资本主义生产关系及利润来源的角度考察生产劳动问题，揭示了资本主义生产劳动的本质，即再生产资本、为资本家带来剩余价值。也就是说，斯密实际上把劳动划分为资本主义劳动和非资本主义劳动。

---

❶ 中共中央编译局．马克思恩格斯全集（26上）[M]．北京：人民出版社，1972:148.

❷ 中共中央编译局．马克思恩格斯全集（26上）[M]．北京：人民出版社，1972:148.

虽然马克思高度评价了斯密关于生产劳动的定义，但并不是说这个定义就是科学的、正确的，这个定义仅仅触及了生产劳动的本质。由于历史局限性和阶级局限性，斯密不懂得劳动与劳动力的区别，不可能形成科学的剩余价值概念，他有的只是资本和利润的概念，他实际上是以是否获得利润作为判定资本主义生产劳动的标准。利润是剩余价值的特殊表现形式，就资本主义生产关系而言，所有的利润都来源于剩余价值。但是在资本主义社会，依然存在部分与资本交换却不能创造剩余价值的劳动，可是他们同样可以为资本家带来利润。此外，根据这个定义，势必将许多非生产劳动当成生产劳动。资产阶级庸俗经济学家利用了这个缺陷，进而将是否能获得收入作为判定生产劳动的标准，甚至认为妓女的劳动也是生产劳动，因为它能为资本家带来收入。这并不符合斯密的观点，斯密认为那种依靠别人劳动所创造的产品维持生活的人，如君主、官员、律师、医生等都是非生产劳动者。

第二，斯密关于生产劳动的第二个定义。

斯密认为，生产劳动是能够物化在商品中的劳动，是“可以固定并且实现在特殊商品或可卖商品上”❶ 的劳动，而非生产劳动不能物化在商品中，是随生随灭的劳动。如制造工人的劳动可以物化在一个特定的对象中，增加对象的价值，因此是生产劳动，而家仆的劳动不能物化在特定的对象中，通常一经提供就消失，所以是非生产劳动。

马克思否定了斯密的这个定义，认为它“越出了和社会形式有关的那个定义的范围”❷，是比较浅薄的见解。第一，这个定义脱离了资本主义的生产关系来谈生产劳动。生产劳动是一个与生产关系密切联系的范畴，而斯密的这个定义则与资本主义社会生产关系无关，掩盖了资本主义生产劳动的实质。第二，这个定义将非物质生产劳动排除在外，而事实并非如此，“在精神生产中，表现为生产劳动的是另一种劳动，但斯密没有考察它”❸。第三，这个定义与第一个定义相矛盾。根据这个定义，只要生产了某种物质商品的劳动就是生产劳动，那么在家里缝制衬衣的女仆的劳动也是生产劳动，这显然与斯密的第一个定义矛盾，因为女仆的劳动是与收入相交换的劳动，没有为资本家带来利润，反而会导致财富的减少，这种劳动绝不是生产的。此外，根据第一个定义，在资本主义社会中独立存在的小商品生产者是非生产劳动者，因为他们没有被资本所雇用，没有为资本家带来

❶ 斯密．国民财富的性质和原因的研究（上）[M]. 北京：商务印书馆，1983:305.

❷ 中共中央编译局．马克思恩格斯全集（26）（上）[M]. 北京：人民出版社，1972:153.

❸ 中共中央编译局．马克思恩格斯全集（26）（上）[M]. 北京：人民出版社，1972:295.

利润，但是按照第二个定义，在资本主义社会中那些独立存在的小商品生产者的劳动也是生产劳动。

马克思在批判斯密第二个生产劳动定义的同时，也肯定了它的合理成分。第一，根据这个定义，斯密把教育劳动、医生的劳动等生产劳动力商品的劳动排除出生产劳动的范畴，因为一旦把这类劳动纳入生产劳动的范畴，就会“为各种冒充生产劳动的谬论敞开大门”[1]，斯密也清楚地意识到了这一点。斯密的这个定义是直接针对封建制度及其代表人物的，斯密认为君主、文武官员等都是非生产劳动者，他们都是社会的仆人，是靠别人劳动生活的，他主张把这类人手减少到最低限度，这充分体现了资产阶级的革命精神。第二，在资本主义社会，商品是财富的基本形式，商品生产是创造剩余价值的前提，要使资本增殖，就必须生产商品，斯密的这个定义将生产产品但不生产商品的劳动排除出了生产劳动的范畴。

（三）对资本主义庸俗经济学家的批判

资本主义庸俗经济学家无视斯密关于生产劳动的正确见解，认为一切有用的劳动都是生产劳动。马克思深刻地批判了这些谬论。

热尔门·加尔涅认为，生产劳动就是能够生产使用价值的劳动，如提琴制造者和演奏者他们都应该属于生产劳动者。在这里，加尔涅混淆了生产与消费之间的区别。任何劳动都能够生产出一定的使用价值，否则就不能称之为劳动，生产劳动和非生产劳动主要是从经济意义上来区分的，提琴制造者和提琴演奏者之间的区别就在于提琴制造者能够提供支付非生产劳动者资金及让人消费的产品。

加尼耳、罗西等人认为，只要能够节省别人劳动的劳动即“节约劳动”就是生产劳动，如仆人的劳动节省了我的自己服侍自己的劳动，因此也是生产劳动。对此，马克思指出，生产劳动的辨别标准和能否“节约劳动”没有关系，“节约劳动”就是生产劳动的观点，是最露骨的对奴仆的颂扬，对消费的赞美，它唯一正确的是具有分工的思想，正是因为社会分工的发展，才出现了生产劳动和非生产劳动的区别。

佩·罗西认为，人们的劳动对他们自己来说都是生产的，如仆人的劳动，如果站在仆人的角度来看，这种劳动同样是生产的，因此所有的劳动都是生产劳动。马克思反驳了这种观点，指出，按照罗西的观点，诬陷者、告密者、谄媚者甚至盗贼等，他们的劳动就是生产劳动，但问题在于他们的这些劳动并不能增加社会财富。

[1] 中共中央编译局 . 马克思恩格斯全集（26）（上）[M]. 北京：人民出版社，1972:164.

昂利·施托尔希认为，从事精神生产的劳动者同样能够生产使用价值，如医生可以生产健康、道德家可以生产出道德等，因此所有从事精神生产的劳动者都是生产劳动者。马克思反驳了这种观点，指出如果按照这种观点，那么同样也可以说疾病生产医生，不道德生产道德家了，这显然是荒谬的。

德斯杜特·德·特拉西等人认为，所有的职业如士兵、官吏等都属于生产劳动范畴，因为他们能间接地促进生产。马克思指出，如果所有的职业都属于生产劳动范畴，那么罪犯等也成为生产劳动者了，这种观点是荒谬的。士兵虽然能够保卫生产，但是他并不能生产谷物，非生产劳动者靠生产劳动者的劳动产品来养活。

此外，马克思进一步深刻地分析了这些论述的阶级根源，指出资产阶级庸俗经济学家的所有论述，都是为了替斯密所说的非生产劳动者，即为资本服务的人如法官、士兵、教士等辩护，都是为他们的存在"制造理论根据"，都是出于维护资产阶级统治的需要。按照他们的观点，资本主义社会是最美好的社会，资产阶级对无产阶级的剥削同样是生产性的劳动。

二、生产劳动是生产劳动一般范畴和特殊范畴的辩证统一

在克服斯密生产劳动局限性的基础上，马克思科学地区分了生产劳动的一般规定性和特殊规定性，以及它们之间的关系，形成了科学的生产劳动范畴。

（一）马克思关于生产劳动一般范畴的论述

在《资本论》中，马克思用科学抽象的方法论述了生产劳动一般范畴。他抽象掉了劳动所表现的社会关系，撇开了劳动过程中的各种特定的历史形式，从人与自然交换的角度探讨了生产劳动的一般范畴。"如果整个过程从其结果的角度，从产品的角度加以考察，那么劳动资料和劳动对象二者表现为生产资料，劳动本身则表现为生产劳动"[1]。也就是说，生产劳动的一般含义是指劳动力与生产资料相结合、通过有目的地改造劳动对象，生产出具有一定使用价值的产品的劳动。应该指出，马克思关于生产劳动一般范畴的论述，抽象掉了劳动的社会属性和历史形式，只涉及劳动产品、生产资料及劳动本身，即人与自然的关系，这是从人与自然直接结合的简单劳动过程角度下的定义，"它不以人类生活的任何形式为转移"[2]，反映的是劳动者与劳动产品之间的关系，反映了人类社会生产劳动过程中

[1] 马克思.资本论（1）[M].北京：人民出版社，2004:211.
[2] 马克思.资本论（1）[M].北京：人民出版社，2004:215.

的共同方面不会随着社会形态、经济形态的发展而改变，是一般意义上的、最简单的生产劳动。

第一，生产劳动是最基础的劳动。

首先，我们应该明确劳动范畴与其他非劳动范畴之间的区别。劳动是人类独有的社会实践活动，然而并不是人的所有实践活动都是劳动，如消费活动、消遣活动等，他们不属于劳动范畴，自然也就没有生产劳动和非生产劳动的区别。其次，我们应该明确生产劳动与其他劳动的区别。劳动包含许多不同的范畴，而生产劳动则是最基础的劳动，是“谋生之业”，是人类社会存在和发展的基础，“是人和自然之间的物质变换即人类生活得以实现的永恒的自然必然性”❶。在人类社会初期，生存是首要的任务，所有的劳动都必然是生产劳动，随着生产力水平的发展及社会分工的细化，出现了生产劳动和非生产劳动的区分问题。

第二，生产劳动是生产产品的总体劳动。

现实经济社会存在两种不同的劳动：一种是单个劳动者的独立劳动，另一种是多个劳动者的协作劳动。在单个劳动者的独立劳动过程中，劳动者独立承担劳动过程的一切职能并生产出新的产品即新的使用价值。而在多个劳动者的协作劳动过程中，不同的劳动者完成不同的劳动职能，如管理、设计、操作等，即劳动者并不一定要直接作用于劳动对象，而只要相应地完成生产过程中的某种职能就够了，劳动产品成为总体劳动者共同协作劳动的产物。也就是说，那些与劳动对象间接结合，并完成相应劳动职能的协作劳动也是生产劳动，只要它们完成“总体劳动”中的某一职能，是“总体工人”的一部分就行了，如生产过程中的管理劳动、科技劳动等。随着生产力的发展，劳动的分工与协作也在不断发展，劳动过程中的各种职能彼此分离开来，越来越多的劳动产品成为总体劳动者的共同产品，与此相对应，生产劳动的概念也必然扩大。

第三，生产劳动一般范畴和劳动的具体形态无关

马克思从简单劳动过程角度指出，生产劳动是指能够生产出满足一定需要的使用价值的劳动。“简单劳动过程”表明，生产劳动的一般范畴是从人与自然的角度，是从劳动本身来考察的，它抽象掉了各种特定的历史形式和社会关系，反映的是劳动者与劳动成果之间的关系，即生产劳动一般范畴即适用于物质生产领域也适用于非物质生产领域，即适用于生产实物产品的劳动也适用于生产非实物产品的劳动。

❶ 马克思．资本论（1）[M]．北京：人民出版社，2004:56.

部分学者[1][2]认为，生产劳动的一般范畴仅限于物质生产领域，并不包含生产“无形”产品的劳动。在此，他们没有科学地理解生产劳动一般概念所具有的抽象性，只看到了生产劳动一般概念的表面现象，因此没有从本质上把握马克思的生产劳动一般范畴。首先，从物质范畴的角度来说，生产“无形”产品的劳动同样属于生产劳动的一般范畴。物质就是客观实在，大体上可以分为两大类：一类是实物形式的，即我们常见的各种物体、分子原子等基本粒子；一类是非实物形式的，即磁场等各种“场”。必须指出，部分学者混淆了物质范畴的一般概念和个别概念，仅仅从物质概念的个别形式即实物形式来区分生产劳动和非生产劳动，这是不科学的。也就是说，劳动产品是否“有形”并不是判断生产劳动与非生产劳动的标准。例如，运输劳动的劳动成果是无形的，不是以实物形式存在，但是它使劳动对象所处的空间、位置发生了变化，改变了劳动对象的物质形态，因此它也属于生产劳动。第二，从使用价值的角度看，生产“无形”产品的劳动同样能够生产某种使用价值。生产劳动强调的是劳动成果能够满足人们的需要，而不是劳动成果的表现形式，劳动者的劳动是否属于生产劳动仅仅与“劳动过程的结果”有关，只要这些劳动能够生产出某种产品，生产出一定的使用价值，它们就具有生产性，这种劳动“对我们就表现为生产劳动”。物质产品即实物形式的使用价值，非物质产品即非实物形式的使用价值，虽然它不能离开劳动者独立存在，但它同样是生产劳动的物质表现，它虽然不以实物为载体，但是它们客观存在，能够在消费过程中被感知，并与有形产品一样能够满足人们的某种需求。因此，生产非实物产品的劳动同样可以是生产劳动。第三，从需求的角度看，生产“无形”产品的劳动同样能够满足人们的某种需求。生产是相对于消费而言的，生产劳动的目的就在于满足人们的各种不同需求。然而，人们的需求不仅是多方面的而且也是变化的，人们不仅需要物质产品，同样还需要精神产品和各种服务。随着生产力的发展，人们的需求也在不断发展，人们的需要已经从仅能满足生存需要的简单的物质产品发展为复杂的、种类繁多的各方面需求。在当代社会，很难想象人们仅仅通过一些简单的物质产品就能顺利实现劳动力的生产和再生产。因此，从劳动产品是否满足人们某种需求的角度看，生产劳动的一般范畴和劳动成果是否具有实物形态并没有必然的联系，生产非物质的“无形”产品的劳动同样属于生产劳动范畴。

[1] 陈振羽．马克思的一般生产劳动概念不包括生产非物质产品的劳动[J]．社会科学研究，1993（3）．

[2] 胡世祯．生产劳动的物质性与产业部门的界定[J]．中共合肥市委党校学报，2002（2）．

部分学者[1][2][3]认为，马克思关于总体劳动的思想同样局限于物质生产领域，总体劳动并不包括生产“无形”产品的劳动。这种观点同样有待商榷。随着社会生产力与劳动协作的发展，产品不再是单个劳动者劳动的产物，而是许多劳动者共同劳动的产物，虽然这些劳动者并没有直接生产出完整形态的产品，但是他们都相应地完成了生产过程中必不可少的劳动职能，作为总体劳动的组成部分，它们都属于一般生产劳动范畴。而在劳动分工与协作过程中，劳动者技能的细化则导致脑力劳动与体力劳动的分离，有的劳动者专门从事管理，有的劳动者专门从事技术指导，等等，这些非物质生产劳动作为总体劳动的一部分同样属于生产劳动的一般范畴。此外，随着社会经济的发展，生产过程的分化必然导致部分原本属于生产领域的某些环节独立出来，形成一个个新的产业或独立的经济部门，这其中就包括一些非物质生产部门，如设计部门、运输部门、咨询部门、技能培训部门等，这些部门的劳动虽然独立于生产企业之外，但是它们的生产性质并不会因为产业或部门的变化而改变，这些产业部门中的非物质生产劳动同样属于总体工人的总体劳动范畴，同样属于生产劳动的一般范畴。

此外，还有部分学者[4][5][6]认为物质生产是人类生存和社会发展的基础，它制约非物质生产，因此只有生产实物产品的劳动才是生产劳动。这种观点同样有待商榷，它犯了与重农主义类似的错误，即犯了“因为农业生产重要，所以只有农业劳动才是生产劳动”的错误，这是一种片面的、形而上学的观点。从劳动重要性的角度看，生产非实物产品的劳动同样非常重要。应该看到，任何社会形态都存在与其物质生产水平相适应的非物质生产，非物质生产同样是人类社会存在和发展所必不可少的，在生产力落后的社会形态中，虽然非物质生产在社会总劳动中所占的比重较小，但这并不能说明它不重要，它们同样是社会生产的有机组成部分，如果对它重视不够，就会阻碍生产力的发展和社会的进步。

总之，马克思从来没有把生产劳动的一般范畴局限于物质生产领域。马克思明确指出，“在精神生产中，表现为生产劳动的是另一种劳动，但斯密没有考察它”[7]。马克思研究生产劳动问题时，也曾列举了大量的如作家、教师等的非物质

---

[1] 许柏年．再扮社会主义生产劳动——与何炼成同志商榷[J]. 经济研究，1965（5）.

[2] 赵云岭．关于生产劳动的两个问题[J]. 经济科学，1982（3）.

[3] 卫兴华．马克思的生产劳动理论[J]. 中国社会科学，1983（6）.

[4] 袁镇岳，林金锭．也谈生产劳动与非生产劳动[J]. 中国经济问题，1982（1）.

[5] 何黎明．生产劳动之我见[J]. 江西财经学院学报，1983（1）.

[6] 徐中伟．对马克思生产劳动理论的再认识[J]. 北京教育学院学报，2002（2）.

[7] 中共中央编译局．马克思恩格斯全集（26）（上）[M]. 北京：人民出版社，1972:296.

生产劳动的例子，因此，那些把生产劳动的一般范畴局限于物质生产领域的理解，实际上是一种狭隘的理解。

（二）马克思关于生产劳动特殊范畴的论述

马克思从简单劳动过程得出的生产劳动的一般定义，抽象掉了劳动的各种具体的社会历史形式，只反映了劳动与自然的关系，仅仅体现了劳动者与劳动产品之间的关系，这是“绝对不够的”❶。因为，劳动即是一个人与自然之间相互作用的过程，也是一个在特定社会关系中人与人之间相互作用的过程，任何生产劳动都是在一定的社会历史条件下进行的，它既包含着生产劳动的一般性，又包含着社会特殊性，纯粹的简单劳动过程只是一种理论抽象。因此，马克思在从简单劳动过程归纳出生产劳动的一般范畴后，又着重从生产关系方面考察生产劳动，进一步论述了生产劳动的特殊范畴。马克思主义政治经济学的研究对象是生产关系，只有将对生产劳动的研究与各种具体的特殊的生产关系联系起来，才能从本质上认识经济范畴中的生产劳动。

马克思充分认识到生产劳动的一般范畴没有反映劳动的社会形式，没有体现在各个不同的社会经济形态中生产劳动的特殊性质。马克思指出，生产劳动范畴“包含着劳动的买者和卖者之间的一个十分确定的关系”❷，“是从一定社会形式，从这个劳动借以实现的社会关系得出来的”❸。此外，马克思还指出生产劳动者的概念不仅包括劳动者和劳动产品之间的关系，同时“还包括一种特殊社会的、历史地产生的生产关系”❹。也就是说，在不同的社会经济形态中，由于生产关系的不同，导致生产劳动的社会性质不同，生产劳动的含义自然也就不同。因此在不同社会经济形态下的生产劳动具有不同的特征，马克思将其称之为生产劳动的特殊范畴。换句话说，任何生产劳动都是在特定的社会历史形态中进行的，而不同的社会形态都有各自不同的、区别于其他社会形态的本质特征，所谓生产劳动的特殊范畴，就是从特定的社会规定性、特定的社会关系来考察生产劳动问题。

第一，生产劳动是一个关系范畴。

“经济学所研究的不是物，而是人和人之间的关系”❺。马克思主义政治经济学的研究对象，是经济关系而不是自然关系。任何劳动都是在一定的社会关系下进

---

❶ 马克思 . 资本论（1）[M]. 北京：人民出版社，2004:211.

❷ 中共中央编译局 . 马克思恩格斯全集（26）（上）[M]. 北京：人民出版社，1972:426.

❸ 中共中央编译局 . 马克思恩格斯全集（26）（上）[M]. 北京：人民出版社，1972:148.

❹ 马克思 . 资本论（1）[M]. 北京：人民出版社，2004:582.

❺ 中共中央编译局 . 马克思恩格斯选集（2）[M]，北京：人民出版社 1995:44

行的，马克思所论述的生产劳动范畴，始终是自然关系和社会关系的统一。其中，生产劳动的一般范畴体现了人与自然之间的关系，它是人类社会存在和发展的基础，是所有生产劳动的共同特性，不以社会经济形态的改变而改变，然而它并不属于政治经济学的研究范畴。而生产劳动的特殊范畴体现的是人与人之间的关系，它本身就强调社会关系的内涵，反映具体的历史的生产关系，根据不同社会经济形态的变化而具有各自不同的特点，这是生产劳动的本质含义。

马克思明确指出，“劳动作为生产劳动的特性只表现一定的社会生产关系”❶。也就是说，生产劳动是由社会生产关系决定的，判断生产劳动的根本标准是其社会规定性而不是一般规定性。判断某种劳动是否属于生产劳动，主要看它是否能够体现在一定社会历史条件下的经济关系，而不是看它是否有用、是否能够满足某种社会需要。也就是说，就生产劳动特殊范畴而言，生产出有用的产品的劳动，并不一定属于生产劳动范畴。必须指出，社会生产并不是一个孤立的过程，社会生产关系同样包含分配、交换、消费等社会总生产过程中的全部关系，马克思虽然没有详细论述在分配、交换等环节中各种劳动的作用，但是他从来都没有把生产劳动范畴局限于生产领域。

我们应该看到在现实经济社会中往往存在多种生产关系，即存在占主导地位的生产关系也存在非主导地位的生产关系，马克思关于生产劳动的特殊范畴，是相对占主导地位的生产关系而言的，它揭示的是该生产关系下的生产劳动区别于其他生产关系下的劳动的根本特点，反映的是一定社会形态下生产劳动所具有的本质特征。也就是说，在一定社会经济形态中，只有占统治地位的生产方式下的劳动才存在生产劳动和非生产劳动的区分，只有能够再生产出这种生产关系的劳动才属于生产劳动的特殊范畴。正因为如此，马克思才反复强调生产劳动的本质是特定的生产关系，而与劳动的表现形式即劳动的具体内容无关。

应该看到，马克思把生产关系引入生产劳动的研究中，把生产劳动看作生产关系的理论表现，把生产劳动范畴定义为一个经济范畴，他并不局限于研究生产劳动一般范畴，而是更注重研究具体的历史的生产劳动特殊范畴，特别是重点分析了资本主义生产劳动及其背后的经济关系，有效克服了斯密第二种观点的错误，克服了资产阶级经济学家脱离具体的生产关系研究生产劳动的局限性，使生产劳动概念成为一个科学的范畴。

第二，生产劳动是一个与生产目的相联系的范畴。

任何生产劳动都是在具体的生产关系下进行的，都有其特定的目的，是否

❶ 中共中央编译局．马克思恩格斯全集（26）（上）[M]．北京：人民出版社，1972:149.

符合一定生产方式所特有的生产目的，是判断一种劳动是否属于生产劳动的重要标准。

首先，不同的生产关系具有不同的生产目的，生产目的是区分不同生产方式的重要标志。从生产目的出发，生产劳动的特殊范畴只与生产关系有关，而与劳动的具体形式无关。无论哪种劳动，只要符合特定的生产目的、能够再生产出特定的生产关系，它们就是生产劳动。只有如此，生产劳动范畴才能反映特定社会生产关系本质的规定性。

其次，是否符合一定生产方式的特定生产目的，是判断一种劳动是否属于生产劳动的重要标准。在任何社会经济形态下，都存在多种不同生产目的的劳动，只有符合占社会主导地位的生产关系下的生产目的的劳动才是生产劳动。如资本主义的生产目的是无偿占有雇佣工人的剩余价值，那么，只要是能够为资本家带来剩余价值的雇佣劳动，无论是一线生产工人的劳动，还是为资本家工作的歌女的劳动，他们都属于资本主义生产劳动范畴。而那些虽然生产商品但不能为资本家带来剩余价值的劳动，如生产商品的个体劳动者的劳动或与资本家收入交换被资本家消费的服务劳动等，则不属于资本主义生产劳动范畴。

再次，从生产目的角度来看，同种类别的劳动即可以是生产劳动，也可以是非生产劳动。我们以资本主义生产关系下的歌者的歌唱劳动为例，如果他的歌唱劳动仅仅是为了自我欣赏，那么他是一个非生产劳动者；如果他登台演唱并因此获得了报酬，虽然他成了商品生产劳动者。但是从资本家的角度看，他并没有为资本家带来剩余价值，因此他的劳动并不是生产劳动；只有当他受雇于资本家，并在其指示下歌唱，为资本家带来利润的情况下，他的劳动才属于资本主义生产劳动范畴。

总之，生产劳动的特殊范畴是一个与生产目的相联系的范畴，从占社会主导地位的生产关系所反映的生产目的出发判断生产劳动范畴，可以撇开各种假象，从生产关系上把握生产劳动的本质特征。

（三）准确把握生产劳动一般范畴和特殊范畴之间的关系

应该看到，生产劳动的一般范畴和特殊范畴反映了人类社会生产的两个方面，即生产力和生产关系，它们即相互联系，又相互对立。马克思始终坚持生产劳动是一个自然关系和社会关系相统一、一般范畴和特殊范畴相统一的完整概念。

第一，联系。

首先，生产劳动一般范畴是特殊范畴的前提和基础。马克思认为，从生产力角度即从简单劳动过程得出的生产劳动一般范畴，反映了人与自然之间的关系，体现生产劳动的共性，也就是说，在任何一个社会形态中，生产劳动都要生产使用价值，增加社会财富，这是适合所有社会经济形态的永恒范畴。而在不同社会形态下的生产劳动特殊范畴虽然因其社会经济形态的不同而有各自不同的社会规定性，但它首先必须是简单劳动过程中的生产劳动，必然包含生产劳动一般的内容。其次，生产劳动特殊范畴是一般范畴的进一步规定。从生产关系的角度得出的生产劳动特殊范畴，是受特定的社会经济关系制约的特殊范畴，是生产劳动一般范畴在不同社会经济形态中的更加具体的规定，它与各种不同社会形态中占主流地位的经济关系密切联系，是在生产劳动一般范畴的基础上再补充反映特定生产关系的规定。总之，生产劳动的一般范畴和特殊范畴之间的关系，是一般和个别的关系，一个是所有生产劳动的共性，一个是生产劳动在不同社会形态下的个性，生产劳动特殊是生产劳动一般在特定社会形态中的具体的规定，而生产劳动一般则是生产劳动特殊的前提和基础。

第二，区别。

首先，出发点不同。生产劳动一般是从人与自然的关系出发，从劳动的简单过程出发得出的生产劳动的一般规定性，它以生产出使用价值为准绳；而生产劳动特殊则是从人与人的关系，从劳动的社会形式出发得出的生产劳动的特殊的规定性，它不仅以生产出使用价值为标准，而且以生产出符合不同社会形态中的占主导地位的生产关系为准绳，有其特殊的质的规定性，这是它们之间的本质区别，决定了它们不能等同和互相代替。其次，内涵不同。生产劳动一般是比生产劳动特殊更宽泛的概念，生产劳动特殊则比生产劳动一般更为具体。某种劳动从简单劳动过程来看其属于生产劳动的一般范畴。但在不同的社会形态中其并不必然属于生产劳动的特殊范畴，如个体生产者的劳动从劳动的自然形式看其属于生产劳动一般的范畴，但在不同的社会形态中，如在资本主义社会，从生产的社会形式即从资本主义生产的观点来看其就不属于资本主义生产劳动范畴。

第三，具体历史条件下的生产劳动由生产劳动的一般范畴和特殊范畴共同决定。

生产劳动一般范畴是从生产力的角度考察的，不以社会经济形态的变化而变化，是一个永恒不变的范畴，适用于任何社会形态。生产劳动特殊范畴则是从生产关系的角度来考察的，它受特定社会经济形态中的生产关系制约，随着占社会主体地位的生产关系的变化而变化，是一个发展的历史的范畴。生产劳动一般范畴是特殊范畴的前提和基础，它是一个科学的理论抽象，必须与特殊范畴统一起来，才能成为现实的具体的生产劳动。生产劳动特殊范畴是一般范畴的进一步规定，它不能离开一般范畴而单独存在，必然包含生产劳动一般的内容。应该强调，任何社会经济形态下的生产劳动都是由生产劳动的一般范畴与特殊范畴共同决定，如果我们仅仅只从简单劳动过程角度去考察生产劳动，即只考察生产劳动一般，就不能科学地说明具体社会经济形态下的各种不同的生产劳动，如果我们仅仅只从生产关系的角度去考察生产劳动，即只考察生产劳动特殊，就会混淆生产劳动与非生产劳动之间的界限。因此，当我们在具体考察现实社会条件下的某一劳动是否属于生产劳动时，应该把生产劳动的一般范畴和特殊范畴结合起来统一考察；只有这样，才不会把马克思关于生产劳动一般和特殊的定义绝对化，才能科学有效地分析具体历史条件下的生产劳动。

（四）生产劳动与非生产劳动之间的关系

应该看到，生产劳动和非生产劳动既相互联系又相互区别，有必要进一步阐述它们之间的关系。

第一，生产劳动和非生产劳动的区分是社会分工造成的。

从生产劳动一般范畴的角度来看，当社会生产力发展到一定程度，即当只要一部分人从事生产劳动就能满足全体社会成员的生产生活需要时，另一部分人就从生产劳动中解放出来，从事政治、科学、艺术、宗教等非生产劳动。生产力水平发展到一定阶段，是非生产劳动存在和发展的基础，生产力发展水平越高，非生产劳动者也相对越多。同时非生产劳动对生产力发展也起一定的积极作用，如从事科学研究等非生产劳动，可以极大地推动生产力水平的发展。在现实社会中我们可以看到，在发达国家中非生产劳动在社会总劳动中的所占比重远大于发展中国家，这是生产力发展的自然趋势。

第二，非生产劳动与生产劳动同样不可或缺。

首先，非生产劳动不能替代生产劳动。从生产劳动一般范畴的角度来看，生产劳动是维持人类社会生存和发展的第一位的劳动，在缺少其他劳动的情况下，它可以相对独立存在，并创造出一定的使用价值，以满足最基本的社会需求，而非生产劳动则以生产劳动为基础，它不能独立存在，离开了生产劳动，就不存在非生产劳动。此外，虽然非生产劳动非常重要，但并不能就说它就是生产劳动。例如，科学研究虽然对生产力的发展非常重要，但并不能因此就说它是生产劳动。只有当科研劳动的成果转化为产品时，科研工作者的劳动才作为总体劳动的一部分属于生产劳动范畴。其次，非生产劳动同样非常重要。无论是生产劳动还是非生产劳动，他们都是维护社会正常运转、促进社会和谐进步的必不可少的要素，只要是符合社会需要的劳动，无论其是生产劳动或非生产劳动，都是社会不可或缺的劳动。如在资本主义社会，既存在为资本家带来剩余价值的雇佣工人的生产劳动，也存在为维护社会正常运转的警察等的非生产劳动，它们都是社会不可或缺的劳动。应该看到，劳动存在的社会必要性和劳动是否具有生产性之间并没有直接联系，从生产劳动特殊范畴的角度来看，生产劳动和非生产劳动的划分，仅仅是从它所体现的经济关系出发做出的经济学意义上的判断，并不存在孰轻孰重的问题。

第三，生产劳动与非生产劳动之间存在一定的比例关系。

生产劳动是非生产劳动的基础，生产劳动的发展程度制约非生产劳动的发展程度，也就是说，社会能够容纳和支配的非生产劳动的量与生产劳动密切相关，马克思以资本主义社会为例，详细地论述了这种比例关系。在资本主义社会，除了自给自足者外，只有从生产劳动者的劳动中获得收入，才能购买非生产劳动。资本家必须从生产劳动者的劳动中获得利润，雇佣工人同样要通过生产劳动获得工资；只有如此，才可能存在非生产劳动与收入的交换。同时，生产劳动者生产出产品"让不从事任何劳动的人消费"❶，非生产劳动者也同样要从生产劳动者那里获得部分可供消费的产品，如粮食、衣服等。此外，社会能够支配的非生产劳动的量与生产劳动密切相关。如资本家用收入购买非生产劳动的量，即与劳动生产力水平有关，也与他剥削雇佣工人的数量成比例。马克思指出，在资本主义社会早期"资产阶级起初很节约"❷，但是，随着社会生产力的发展，随着他们剥削雇佣工人程度的增加及所获得的剩余价值总量的增加，他们也开始"豢养大批侍从"❸。由此可见，在资本主义社会乃至任何社会形态中，社会能够容纳和支配的非生产劳动的量与生产力发展水平、与生产劳动状况密切相关，生产劳动和非生产劳动之间存在一定的比例关系。同时，我们还应该看到，生产力越发展，人们进行生产劳动的比例就越低，人们就有越多的精力进行音乐、文学、体育等充分发挥劳动者个人天赋爱好的非生产劳动。当生产力水平发展到一定程度时，生产劳动和非生产劳动的区别将会消失，社会进入自由王国，所有的劳动成为无差别的劳动，即马克思所描述的"劳动一般"。

❶ 中共中央编译局.马克思恩格斯全集（26）（上）[M].北京：人民出版社，1972:180.
❷ 中共中央编译局.马克思恩格斯全集（26）（上）[M].北京：人民出版社，1972:197.
❸ 中共中央编译局.马克思恩格斯全集（26）（上）[M].北京：人民出版社，1972:197.

第二节　生产劳动与创造价值的劳动是两个不同的范畴

在研究和深化马克思的劳动价值理论的过程中，部分学者❶❷❸❹❺把生产劳动与创造价值的劳动这两种具有不同规定性的范畴等同起来，认为生产劳动就是创造价值的劳动，非生产劳动就是不创造价值的劳动，并把是否创造价值作为生产劳动和非生产劳动的判断标准。这种观点混淆了生产劳动和创造价值的劳动之间的关系，有必要认真辨析生产劳动与价值创造的关系。

一、生产劳动和创造价值的劳动的内涵不同

通过以上分析，我们可以看到，生产劳动是生产劳动一般范畴和特殊范畴的辩证统一，具体历史条件下的生产劳动由生产劳动的一般范畴和特殊范畴共同决定。而创造价值的劳动则特指生产符合社会需要的商品的劳动，它与生产劳动具有不同的规定性。

（一）价值是由活劳动创造的，只有活劳动才创造价值

马克思详细区分了活劳动和物化劳动，活劳动是指劳动过程中劳动者劳动力的耗费，它既包括脑力劳动，也包括体力劳动；而物化劳动则是指由过去劳动创造的凝结在生产资料等物品中的抽象劳动，是已经完成了的活劳动，是活劳动的凝结。活劳动与物化劳动都是劳动进行的必要条件，活劳动起决定性作用，没有活劳动，价值创造就无从谈起，物化劳动同样十分重要，没有物化劳动，就没有生产资料、劳动对象，劳动过程同样无法进行。马克思明确指出，活劳动是创造价值的源泉，商品的新价值是由活劳动创造的，活劳动在创造新的价值的同时转移和保存凝结在生产资料中的物化劳动的价值，即在生产过程中，活劳动创造新价值，并转移保存生产资料的旧价值。

❶ 仲伟富．试论非物质生产领域的劳动也能够创造价值[J]．学术论坛，1996（3）．

❷ 付钦太．破解社会主义条件下的生产劳动与非生产劳动之谜[J]．理论前沿，2001（19）．

❸ 宋林飞．马克思劳动价值论的原创意义[J]．江海学刊，2002（4）．

❹ 郭克莎．当前深化对劳动价值论认识的几个问题[J]．财贸经济，2002（2）．

❺ 何雄浪，李国平．论劳动价值论、按劳分配与按要素分配三者之间的逻辑关系[J]．经济评论，2004(2)．

（二）创造价值的劳动具有社会规定性，只有生产商品的劳动才能创造价值

根据社会形式，可以将劳动区分为社会劳动、私人劳动及生产商品的劳动。社会劳动是指纯粹的专门为社会服务的劳动，如公共管理劳动，公益劳动等，它与商品生产和价值创造无关。私人劳动是指不以交换为目的而进行的劳动，如自给自足的个体劳动，它同样与商品生产及价值创造无关。生产商品的劳动就是人们以交换为目的进行的劳动，它既具有私人性也具有社会性，在商品交换过程中，具体的特殊的私人劳动转化为一般的无差别的抽象劳动，并通过价值中介进而表现为社会劳动。也就是说，只有生产商品的劳动才能采取价值的形式，凝结在商品中的抽象劳动才表现为价值的实体，才反应商品生产者之间相互交换劳动的关系，即只有生产商品的劳动才可能创造价值。

（三）创造价值的劳动是有用劳动，只有生产符合社会需要的商品的有用劳动才创造价值

根据劳动的效果，可以将具体劳动区分为有用劳动和无用劳动。在商品经济社会，对于与社会劳动相交换的私人劳动即生产商品的劳动来说，劳动的有用性必须依靠社会及市场来评价。只有生产社会使用价值的劳动即生产出符合社会需要的商品的劳动，才是有用劳动。生产出来的商品不符合社会需要，它就不具备社会使用价值，就不能成功实现交换，生产它的劳动就是无用劳动。并不是所有的具体劳动都能够创造社会使用价值，也并不是所有的抽象劳动都凝结形成价值，只有与生产商品的有用劳动所对应的抽象劳动才能凝结在商品中形成价值的实体，无用劳动不能创造社会使用价值，更不可能凝结在商品中形成价值。同时，只有有用劳动才能在创造新的使用价值的过程中，把生产资料的使用价值作为交换价值保存下来，并把生产资料的价值转移并保存到新商品之中。

二、生产劳动和创造价值的劳动的外延不同

（一）生产劳动是一个永恒范畴，而创造价值的劳动是一个历史范畴

劳动是人类独有的社会实践活动，然而并不是人的所有活动都是劳动，如消遣活动等不属于劳动范畴。从简单劳动过程来看，生产劳动是与消费相对应的范畴，它是最基础的劳动，是一个永恒范畴，是人类社会得以存在和发展的基础，

没有生产劳动，人类不可能存在，没有足够的生产劳动，人类社会就会衰退。在人类社会初期，生存是首要任务，所有的劳动都必然是生产劳动。随着生产力水平的发展，劳动分工也日益发展，这才出现了生产劳动和非生产劳动的区分问题。但生产劳动始终都是人类社会生存和发展的最基础的劳动，哪怕到了生产力极为发达的共产主义社会即马克思所论述的“自由王国”，生产劳动依然必不可少。而价值范畴只存在于商品经济社会，价值的实体特指凝结在商品中的抽象劳动，价值的本质则反应商品交换过程中人与人之间相互交换劳动的关系，也就是说，商品经济是论述创造价值的劳动的前提。但是，商品范畴是一个历史范畴，在人类社会初期，并不存在商品和商品交换，当社会生产力发展到一定阶段，不同的生产资料所有者和劳动产品所有者只有通过交换才能获得对方的产品从而满足各自的需求，而随着社会分工和交换的进一步发展，逐步出现了以交换为目的的商品生产，由此才出现创造价值的劳动。当社会生产力进一步发展，在共产主义社会，劳动成为人的第一需要，生产资料和劳动产品由全体社会成员共同拥有，社会物质极大丰富，并实现按需分配，将不再存在商品范畴，价值范畴及创造价值的劳动范畴也将随之消亡。

（二）生产劳动是一个发展范畴，而创造价值的劳动有相对固定的内涵

创造价值的劳动具有相对固定的内涵，只有生产符合社会需要的商品的劳动所对应的抽象劳动才能凝结在商品中形成价值，虽然这种规定性会随着劳动的协作过程，随着总体劳动的发展而发展，但它依然是指生产符合社会需要的商品的总体劳动，它的内涵具有相对固定性。然而，生产劳动则是一个不断发展的范畴，它既与生产力相联系，又与生产关系相联系，随着生产力的发展和生产关系的变化，生产劳动的内涵也会随之变化。

首先，生产劳动的内涵随着生产力的发展而发展。“生产生产着消费”[1]，人们的消费范围及财富观念都是历史的产物，随着生产力的发展而变化，作为满足人们需求的生产劳动也是一个发展的范畴，随着生产力的发展而变化。在社会生产力水平较低的时代，人们需求的对象仅限于吃、穿、用等基本的生活资料，它们主要来源于农业生产，因此生产劳动的范围也就仅限于农业生产。哪怕到了资本主义社会早期，就当时的生产力而言，资本家主要通过剥削农业劳动来获得剩余价值，重农主义关于只有农业劳动才是生产劳动的思想就是这种经济条件的产物。

[1] 中共中央编译局．马克思恩格斯全集（46）（上）[M]．北京：人民出版社，1979:29

随着社会生产力的发展，尤其是发展到大工业时代时，工业产品成为人们的必需品，因此生产劳动的内涵进一步发展，它不仅包括生产农产品的劳动，也包括生产工业产品的劳动。但是，受当时生产力水平的限制，人们的需求主要是物质需求，消费范围主要局限于物质产品，斯密关于只有生产物质产品的劳动才是生产劳动的思想就是这种经济条件的产物。当生产力水平发展到一定高度时，人们的需求范围进一步扩大，不再局限于实物产品，同样也包含大量的非实物产品，如精神产品与服务等，生产这些非实物产品的劳动也就逐步具有了生产劳动的特性。可以看到，在马克思所处的时代，物质生产占主要地位，非物质产品的生产也逐步发展，马克思所创立的科学的生产劳动理论，虽然是主要围绕物质生产劳动展开的，但是他同样把服务等非物质生产劳动纳入了生产劳动范畴，科学地反映了当时的经济环境。在当今社会，服务等非物质产品越来越成为人们生活的必需品，以服务业等为代表的非物质生产劳动也必然也属于生产性劳动的范畴。

其次，生产劳动的内涵随着社会生产关系的变化而变化。生产劳动反映的是占社会主体地位的生产关系，随着社会形态的变化即占社会主体地位的生产关系的变化，生产劳动的内涵也相应地发生变化。也就是说，生产劳动的内涵随着社会形态的变化而不断改变。在原始社会，生产资料由大家共同占有和支配，人们劳动的目的是为了生存和繁衍，生产劳动就是原始人生产满足生存和繁衍需要的使用价值的共同劳动；在奴隶社会，奴隶制度是占社会主体地位的生产关系，生产资料绝大部分由奴隶主占有和支配，只有为奴隶主生产使用价值的奴隶的强制劳动才属于生产劳动的范畴；在封建社会，地主制度是占社会主体地位的生产关系，生产的主要目的是为了获取地租，只有为地主阶级生产地租的农民的劳动才是生产劳动。在资本主义社会，资本家和雇佣工人的关系是占社会主体地位的生产关系，生产的主要目的是获得剩余价值，凡是能够为资本家带来剩余价值的劳动都是生产劳动。在社会主义社会，生产资料同样由大家共同占有，生产的主要目的是满足人民群众日益增长的物质和精神需要，因此，凡是生产满足人们美好生活需要的使用价值的劳动，都属于社会主义生产劳动的范畴。

三、生产劳动与创造价值的劳动反映的经济关系不同

在马克思主义经济学的理论体系中，劳动价值理论是剩余价值理论的重要基础，生产劳动理论是剩余价值理论的重要组成部分，它们的目的都在于揭示资本主义社会最基本的经济关系——资本家对雇佣工人的剥削关系。基于马克思的经济理论，我们应当看到：生产劳动与创造价值的劳动虽然有所联系，但是各自反映了不同的经济关系。

首先，从生产劳动一般范畴来看，即从简单劳动过程来看，生产劳动范畴反映了人与自然之间的关系，而创造价值的劳动并不反映这一关系，它仅包含一般商品经济关系，即商品背后所蕴含的社会经济关系，这更多地体现了人与人之间的关系。

其次，从生产劳动特殊范畴来看，它是与占社会主体地位的生产关系相对应的范畴，反映的是不同社会形态中占主体地位的生产关系，并随着社会形态及生产目的的变化而变化，社会形态不同，它所反映的经济关系也不同。对生产劳动的研究有助于揭示社会占主体地位的生产关系，同时区分生产部门和非生产部门。而创造价值的劳动反映的是商品经济社会的一般商品生产关系，即在商品经济社会，人与人之间被物的关系所掩盖的相互交换劳动的关系，这是商品经济社会所特有的概念，是相对固定的范畴。研究创造价值的劳动，目的在于分析商品经济社会价值的创造及其交换关系。

再次，由于反映的经济关系不同，这两种“劳动”的范畴也不相同。生产劳动的“劳动”是与特定的生产方式和生产目的相联系的，它反映的是不同社会形态下的劳动性质，而创造价值的“劳动”是与商品生产过程中一般劳动的耗费相联系的，它反映的是商品交换的一般基础。如在资本主义社会，生产劳动是指为资本家带来剩余价值的劳动，而创造价值的劳动是指在生产商品过程中脑力和体力的耗费，它们的内涵和外延同样是有区别的。

第三节　资本主义生产劳动并不等同于创造价值的劳动

生产劳动是一个发展的范畴，在不同的社会形态中，生产劳动具有不同的规定性，应该进一步具体地分析在不同社会形态中它与价值创造的关系。资本主义社会是商品经济社会，生产劳动和创造价值的劳动所反映的生产关系最为接近，下面我们以资本主义社会为例来分析生产劳动与创造价值的劳动之间的关系。

一、马克思关于资本主义生产劳动的论述

马克思从商品的二因素和劳动的二重性出发，在批判地继承古典经济学家的生产劳动理论并形成科学的生产劳动范畴的同时，详细地论述了资本主义生产劳动。

从生产劳动的一般范畴来说，即从具体的、简单的人与自然之间的交换过程来看，首先，资本主义生产劳动同样与消费相对应，它是生产生活资料、生产资

料，并关系到人类生存、社会发展的最基础的劳动。其次，资本主义生产劳动同样必须是生产某种使用价值的有用劳动，这是进一步分析资本主义生产劳动特殊范畴的前提。再次，随着社会生产力的发展，分工与协作也越来越发展，尤其是在经历了资本主义简单协作、工场手工业和机器大工业三个阶段之后，"产品不再是单个直接劳动的产品"❶，越来越成为许多人共同协作劳动的结果。由此，生产劳动的概念也必然扩大，无论是直接还是间接地作用于劳动对象的劳动，只要它们完成总体工人的某一项职能，它们就都属于生产劳动的范畴。如在生产产品的过程中，有的人当经理，有的人当工程师，有的从事直接劳动等，它们的劳动都是生产劳动。

但是，任何劳动都是在一定的社会关系下进行的，生产劳动范畴不仅包含着人与物的关系，同样还包含着人与人之间的关系，反映着一定社会生产关系的性质。而生产劳动的一般范畴只反映了人与物即劳动者与劳动产品之间的关系，并没有反映在不同的社会经济形态中人与人之间的关系。马克思明确指出，不同的社会制度具有不同的生产关系，"这个从简单劳动过程的观点得出的生产劳动的定义，对于资本主义生产过程是绝对不够的"❷，并进一步分析了资本主义生产劳动的特殊范畴。

（一）资本主义生产劳动是再生产资本主义生产关系的劳动

马克思的生产劳动特殊范畴，是相对于占社会主导地位的生产关系而言的，资本主义生产劳动范畴必须反映资本主义社会占主体地位的生产关系。在资本主义社会，占主体地位的生产关系是资本家与雇佣工人之间的关系，资本家之所以购买雇佣工人的劳动力商品，就在于雇佣工人的劳动能够创造出比自身劳动力价值更多的价值。因此，资本主义生产过程不仅是商品的生产过程，同时也是资本家对雇佣工人剩余劳动的吸收过程。在这个过程中，资本家不仅回收购买劳动力所花费的资本，同时还无偿占有雇佣工人的剩余劳动，获得更多的价值。资本主义雇佣关系的实质就是资本家凭借对生产资料的占有无偿占有雇佣工人的剩余劳动，具体表现为对雇佣工人创造的剩余价值的占有。也就是说，在资本主义生产关系下，劳动过程只是资本增值的手段，它不同于一般的简单劳动，它必须加上资本主义生产关系的规定性，即只有为资本家所雇佣并为其带来剩余价值的劳动才是生产劳动，如果雇佣工人的劳动没有超出必要劳动的范围，即没有为资本家

❶ 中共中央编译局．马克思恩格斯全集（46）（下）[M]．北京：人民出版社，1980:222

❷ 马克思．资本论（1）[M]．北京：人民出版社，2004:211．

带来价值增值，就不属于资本主义生产劳动范畴。由此可以看到，资本主义生产劳动的概念不仅包含雇佣工人和劳动产品之间人与物之间的关系，而且还包含资本主义社会特定的、历史的、人与人之间的关系，即资本家与雇佣工人之间的剥削与被剥削的关系。这种关系是资本主义社会所特有的，同简单劳动过程相比，同一般商品生产过程相比，资本主义生产劳动的概念“缩小了”。马克思明确指出，资本主义生产劳动就是生产资本的劳动，雇佣工人的劳动在为资本家带来剩余价值的同时，进一步再生产出资本主义生产关系，因为雇佣工人的劳动“不仅生产剩余价值，而且还生产和再生产资本关系本身：一方面是资本家，另一方面是雇佣工人”[1]。这是资本主义生产劳动与其他社会形态的生产劳动之间的本质区别。

（二）资本主义生产劳动是为资本家带来剩余价值的劳动

生产劳动是与生产目的相联系的范畴，不同的生产关系对应不同的生产目的。资本主义生产关系在本质上表现为资本家凭借生产资料私有制而无偿占有雇佣工人的剩余劳动。剩余劳动是人类社会存在和发展的基础，不同社会集团对剩余劳动的占有反映了不同社会的生产目的。资本家雇佣工人从事生产劳动的唯一目的就是无偿占有雇佣工人的剩余劳动所带来的剩余价值，并不断地扩大资本以便最大限度地占有雇佣工人的剩余劳动。也就是说，在资本主义社会，生产只是手段，获得剩余价值才是根本目的。由此可见，资本主义生产劳动范畴不仅有质的规定性，也有量的规定性，它是价值创造和价值增殖过程的统一。应该看到，价值创造过程与价值增殖过程具有本质的区别，单纯的价值创造属于商品生产过程，而价值增殖则属于资本主义生产过程，只有价值增殖过程才能体现资本主义生产关系，即资本家凭借对生产资料的私人占有剥削雇佣工人剩余劳动的经济关系。马克思进一步继承并发展了斯密关于生产劳动增加对象的价值的观点，强调资本主义生产劳动同样涉及价值增量的问题。在资本主义社会，资本家之所以购买劳动力，就在于劳动力商品的使用价值能够创造比劳动力价值更大的价值。在资本主义生产中，资本家关心的是雇佣劳动所创造的价值是否大于他所购买的劳动力的价值，在资本家看来，只有雇佣工人的劳动超出必要劳动的界限，为资本家进行剩余劳动、带来剩余价值时，这种劳动才属于生产劳动范畴。即一种劳动是否属于资本主义生产劳动范畴，它的判断标准就在于其所创造的价值是否大于资本家所购买的劳动力的价值，是否能够为资本家带来剩余价值。

[1] 马克思 . 资本论（1）[M]. 北京：人民出版社，2004:666、667.

（三）马克思从劳动与资本的关系角度具体分析了资本主义生产劳动范畴

马克思高度评价了斯密关于生产劳动是与资本交换的劳动的观点，并进一步从资本生产的角度对资本主义生产劳动进行了科学的阐述。

首先，资本主义生产劳动是雇佣劳动。劳动可以区分为雇佣劳动和非雇佣劳动，非雇佣劳动不与货币交换，更谈不上与资本交换。马克思明确指出，在资本主义生产关系下，只有雇佣劳动才存在与资本交换的可能，只有雇佣劳动者才可能成为生产劳动者。资本主义社会残存的非雇佣劳动如个体手工业者的劳动虽然从简单劳动过程的角度来看属于生产劳动的一般范畴，但他们并不属于资本主义生产劳动的特殊范畴。雇佣劳动主要表现为在流通领域货币与劳动力商品的交换，表现为资本家对劳动力商品的购买，而资本家之所以购买劳动力商品，就是因为劳动力商品的使用价值能够创造出比劳动力价值更大的价值。

其次，资本主义生产劳动是与资本交换、为资本生产的劳动。并不是所有的雇佣劳动都属于资本主义生产劳动，劳动力商品与货币之间有两种交换形式，一种是雇佣劳动与作为收入的货币的交换，即货币作为单纯的流通手段，用来雇佣劳动者进行生活服务等活动，如资本家雇佣用人来打扫卫生、雇佣司机来开车等。在这种交换形式中，劳动力是与资本家的收入交换，"它是一种支出，是花费收入的一个项目"[1]，它的劳动结果在于对资本家的服务，它不生产商品，不创造价值，更不为资本家带来剩余价值，不属于资本主义生产劳动的范畴。劳动力与货币交换的另一种形式是雇佣劳动与作为资本的货币交换，即货币作为资本，用来雇佣劳动者进行生产，如资本家雇佣工人到工厂进行生产等。资本是以占有剩余价值为目的而与劳动力商品进行交换的货币，其本身就蕴含一种社会关系，只有这种与资本交换、为资本生产的劳动才有可能属于资本主义生产劳动范畴。

再次，资本主义生产劳动是为资本家带来剩余价值的劳动。与资本交换、为资本生产的劳动又可以区分为两种情况：第一种情况雇佣工人的劳动没有生产出比购买劳动力所需要的劳动量更大的价值，即没有为资本家生产出剩余价值。这种情况下劳动力虽然与资本进行了交换，但是它并没有生产出比更多的价值，没有为资本家带来剩余价值，它依然不属于资本主义生产劳动范畴。第二种情况即雇佣工人生产出比购买劳动力所需要的劳动量更大的价值，即雇佣工人为资本家生产出剩余价值，在资本主义生产过程中，劳动为资本创造出剩余价值，进而实

[1] 中共中央编译局．马克思恩格斯全集（26）（上）[M]．北京：人民出版社，1972:151.

际上又转化为资本，“只有生产资本的雇佣劳动，才是生产劳动”[1]，资本与劳动力商品交换的结果是资本家获得除垫支的资本以外的无偿占有的剩余价值，只有这种劳动才反映了资本主义社会占主体地位的生产关系，才属于资本主义生产劳动范畴。

总之，资本主义生产劳动就是与资本交换、为资本生产、并为资本家带来剩余价值的劳动，只有同时符合这几个规定性的劳动才属于资本主义生产劳动范畴。

（四）资本主义生产劳动范畴和劳动产品的具体形态无关

马克思明确指出，生产劳动范畴是一个关系范畴，判断一种劳动是否属于生产劳动的标准在于其是否反映了特定社会中占主体地位的生产关系，而与劳动的具体形态无关。也就是说，无论是生产实物产品的劳动还是生产非实物产品的劳动，只要它能够反映特定社会占主体地位的生产关系，它就属于生产劳动范畴。

部分学者[2][3][4][5]认为，马克思关于教师、演员等的劳动也是生产劳动的论述是相对个别资本家而言的，从资本家的角度出发，凡是能够给他带来价值增值的劳动都是生产劳动，然而从整个资本主义社会角度出发，非物质生产部门的资本家所获得的利润是从物质生产部门创造的剩余价值总额中分割而来的，因此，资本主义生产劳动仅仅是指在物质生产领域中为资本家创造剩余价值的劳动，而不包括教师、演员等生产非实物商品的劳动。这种观点值得商榷，它在混淆了生产劳动和非生产劳动及物质生产和非物质生产这两对概念的辩证关系的同时，还混淆了资本主义生产劳动的实质和表现形式，混淆了剩余价值的实质与表现形式。

首先，这种观点混淆了生产劳动范畴和物质生产之间的辩证关系。生产劳动的划分，从生产劳动特殊范畴的角度来看，是从它所体现的经济关系出发做出的经济学意义上的判断，判断生产劳动的标准在于它的社会规定性，而不在于它的物质规定性。也就是说，某种劳动是否属于生产劳动范畴与劳动产品是否具有实物形态之间并没有直接关系，生产实物产品的劳动和生产非实物产品的劳动也不存在孰轻孰重的问题。生产实物产品的劳动不等于生产劳动，如在物质生产领域中与收入交换的劳动，或与资本交换却没有生产出剩余价值的劳动就不属于资本主义生产劳动范畴。生产非实物产品的劳动也不等同于非生产劳动，如在非物质

[1] 中共中央编译局．马克思恩格斯全集（26）（上）[M]．北京：人民出版社，1972:142.
[2] 徐节文．马克思的生产劳动学说 [J]．经济研究，1981（10）．
[3] 丁冰．怎样划分生产劳动和非生产劳动 [J]．学术月刊，1982（5）．
[4] 丁之江．正确理解马克思阐述的生产劳动的含义 [J]．杭州大学学报（哲学社会科学版），1984（4）．
[5] 胡世祯．生产劳动的物质性与产业部门的界定 [J]．中共合肥市委党校学报，2002（2）．

生产领域中被资本家雇佣并为其带来剩余价值的歌手的劳动就属于资本主义生产劳动范畴。

其次，这种观点混淆了资本主义生产劳动的实质和表现形式。应该强调，生产劳动是一个关系范畴，它反映的是特定社会占主体地位的生产关系，资本主义社会占主体地位的生产关系的实质是资产阶级凭借生产资料所有权无偿占有雇佣劳动者的剩余劳动，占有剩余价值只是占有剩余劳动的表现形式。在资本主义社会，资本家凭借对生产资料的所有权，同样无偿占有了非物质生产领域的雇佣劳动者的剩余劳动，即被资本家雇佣并为资本家工作的教师、演员等非物质劳动生产者的剩余劳动。虽然这些劳动产品表现为非物质形式如服务等，但它们同样为资本家带来了剩余价值，即使这些资本家所获得的价值增殖是从社会总剩余价值中重新分配而来，但这同样体现了资本主义生产关系的实质即资本家对剩余劳动的无偿占有，这同样体现了资本主义社会占主体地位的生产关系及其生产目的，这种劳动同样属于资本主义生产劳动范畴。也就是说，从资本主义生产劳动的本质来说，只要是能够为资本家带来资本增殖的劳动就属于资本主义生产劳动范畴，至于这种劳动是发生在物质生产领域还是非物质生产领域，是在生产领域还是在流通领域，都只是一种表现形式。

再次，这种观点混淆了剩余价值的实质和表现形式。剩余价值是被资本家无偿占有的雇佣工人的剩余劳动创造的，它的实质是资本关系的结果，它是资本的产物，是资本主义社会生产过程和流通过程相结合的产物，不能单独在生产过程中产生。价值增殖和资本增殖是两个不同的概念，这两者之间有本质的区别，生产过程中可以实现价值增殖但并不能实现资本增殖。社会生产并不是一个孤立的过程，而是一个包含生产、分配、交换、消费等各环节的统一的过程，生产关系同样包含社会总生产过程中的全部关系，马克思虽然没有详细论述在分配、交换等环节中雇佣劳动的作用，但他从来都没有把生产劳动范畴局限于生产领域，局限于物质生产领域。这种认为剩余价值仅仅只在物质生产过程中产生因而只有物质生产领域才存在生产劳动的观点，同样犯了形而上学的错误，他们把剩余价值看成物，而不是资本关系的结果。

部分学者[1][2]认为，根据马克思关于教师、演员等的劳动也是生产劳动的论述，可以将资本主义生产劳动区分为狭义的、原本的生产劳动和广义的、派生的

[1] 刘诗白．论马克思关于生产劳动和非生产劳动的理论[J]．社会科学战线，1982（3）．

[2] 卫兴华．马克思的生产劳动理论[J]．中国社会科学，1983（6）．

生产劳动，甚至认为[1]，广义的、派生的生产劳动是生产劳动的一种歪曲表现形式。这种观点同样混淆了资本主义生产劳动的实质和表现形式。应该看到，生产劳动并不存在物质生产领域和非物质生产领域的区别，也没有广义和狭义的区分，更不存在歪曲的表现形式，资本主义生产劳动就是指为资本家带来剩余价值的劳动。资本主义生产的唯一目的是获得剩余价值从而实现资本增殖，资本家并不关心这些价值增殖的来源。不论是在物质生产领域还是非物质生产领域，只要是被资本家无偿占有剩余劳动的雇佣劳动者的劳动就都属于资本主义生产劳动范畴，只要是与资本交换并能够为资本家带来剩余价值即实现价值增殖的劳动就都是资本主义生产劳动，因为它们同样反映了资本主义社会占主体地位的生产关系即资本家与雇佣工人之间的剥削和被剥削的关系。

还有部分学者[2][3][4]从马克思关于生产劳动的补充定义出发，认为资本主义生产劳动仅限于物质生产领域，在非物质领域不存在生产劳动范畴。这种观点同样值得商榷。马克思在《剩余价值论》中指出，当物质生产领域的所有商品生产都从属于资本主义生产方式时，“生产劳动是物化在物质财富中的劳动”[5]。马克思的补充定义是要说明，在资本主义社会并不是所有的商品生产者都是资本主义生产劳动者，都能为资本家带来剩余价值，依然存在部分个体劳动者如农民、手工业者等，虽然他们是商品生产者，但他们即不是生产劳动者，也不是非生产劳动者，因为他们的劳动既不是同“作为资本的货币”交换，也不是同“作为收入的货币”交换，而是同“作为货币的货币”交换，他们的劳动并不从属于资本主义社会占主体地位的生产方式。因此，马克思的补充定义强调的是，在资本主义社会生产劳动必须是与资本交换的劳动，必须是反映资本主义社会占主体地位的生产关系的劳动。在这里，马克思的假定条件已经把服务等非物质生产排除在外了，我们并不能从马克思的这一论述中引申出生产劳动仅仅局限于物质生产领域的结论。

（五）马克思研究资本主义生产劳动的目的及意义

研究生产劳动范畴，有助于科学地揭示社会财富的来源。“商品是资产阶级财富的最基本的元素形式。因此，把‘生产劳动’解释为生产‘商品’的劳动比起

❶ 陈振羽．马克思的一般生产劳动概念不包括生产非物质产品的劳动[J]．社会科学研究，1993（3）．
❷ 陈兰新．试论马克思关于生产劳动的两种定义[J]．湖南师院学报（哲学社会科学版），1983（1）．
❸ 田浩．对马克思生产劳动理论的两个难点的理解[J]．天津社会科学，1984（1）．
❹ 官寒清．生产劳动概念不能扩大到非物质产生领域[J]．江西师范大学学报，1984（3）．
❺ 中共中央编译局．马克思恩格斯全集（26）（上）[M]．北京：人民出版社，1972:442．

把生产劳动解释为生产资本的劳动来，符合更基本得多的观点”❶。然而正是这个对商品经济社会普遍适用的观点，掩盖了资本主义社会生产关系的本质属性。因为商品的生产过程是直接生产过程和商品流通过程的统一，任何商品的价值都必须通过流通过程才能实现，由此可能会造成社会财富特别是剩余价值是在流通过程中产生的错觉。此外，随着社会分工的发展，越来越多的劳动职能从直接生产过程中分化出来，同时各种传统的非生产部门如教育、金融、科研等部门对社会财富生产的影响越来越大，这进一步会使人们产生任何部门的劳动都是生产劳动的幻觉。

马克思以科学的劳动价值理论为基础，立足资本主义生产关系，科学地论述了资本主义生产劳动范畴及其判断标准，他把资本主义生产劳动和为资本家带来剩余价值的劳动相对应，深刻揭示了资本主义生产的实质及资本主义社会的内在矛盾即资产阶级和无产阶级之间的矛盾。马克思的生产劳动理论是剩余价值理论的重要组成部分，具有重要的理论意义。

首先，这有助于我们进一步理解资本主义生产关系的本质。资本主义生产劳动的实质是为资本家生产剩余价值的劳动，只有雇佣工人创造出比自身劳动力价值更多的价值，为资本家带来价值增即殖剩余价值的劳动才是资本主义生产劳动。应该看到，在资本与劳动力商品的交换过程中，资本始终与雇佣工人、与雇佣劳动相对立，并处于主导地位，资本是交换的主宰。资本主义生产劳动判断标准即劳动是否与资本交换、为资本生产并为资本家带来剩余价值，这充分体现了资本主义社会最基本的最本质的生产关系，即资本家对雇佣工人的剥削，而资本主义生产劳动在生产剩余价值的同时，也进一步维护和再生产出资本主义社会生产关系的基础。

其次，有助于深刻认识两种不同性质的雇佣劳动。应该看到，并不是所有的雇佣劳动都是生产劳动，与货币交换的雇佣劳动，是许多社会共有的现象，属于雇佣劳动的一般范畴。例如，服务与货币的交换，它的目的在于获取服务，是“花费收入”，而与资本交换的雇佣劳动，它是资本与劳动力的交换，它的目的在于“创造利润”，以便获得更多的资本。在资本主义社会，无论是与收入交换的雇佣劳动者还是与资本交换的雇佣劳动者，虽然他们都受到资本家的雇佣，但是存在本质的区别，在论述时不能混淆起来，否则就会混淆生产和国民收入分配之间的区别，混淆资本主义财富的来源，最终导致否认剩余价值的来源。资产阶级庸俗经济学家把作为生产劳动的资本主义雇佣劳动掩饰成相互提供服务的公平交

❶ 中共中央编译局．马克思恩格斯全集（26）（上）[M]．北京：人民出版社，1972:165-166.

易，掩盖了资本主义生产劳动的本质。

再次，有助于进一步理解资本主义社会资产阶级和无产阶级之间的对立。在资本主义社会，资本家组织生产的目的不是为了获得商品的使用价值，而是为了实现商品的交换价值从而获得剩余价值，即生产不是根据需要进行的，而是根据剩余价值的生产需要进行，对资本家而言，雇佣工人与其他生产要素一样都只是物的要素，甚至连“物”都不如，资本主义剥削阶级与无产阶级之间的人与人的对立表现为在生产过程中所表现的人与物的对立。

二、不能把资本主义生产劳动等同于创造价值的劳动

通过以上分析，我们可以看到，资本主义生产劳动反映的是资本主义社会占主体地位的生产关系，它是与资本交换、为资本生产并为资本家带来剩余价值的劳动；而创造价值的劳动反映的是一般商品经济关系，是生产符合社会需要的商品的劳动，它们并不是相同的范畴。

第一，在资本主义社会，并不是所有的劳动都包含在资本主义生产劳动和非生产劳动范畴之内，依然存在部分与资本主义生产劳动范畴无关的劳动，即非雇佣劳动。这主要是指资本主义社会残存的个体劳动者如小手工业者和部分不雇佣工人的农民的劳动，他们作为“自己的资本家”同他自己这个雇佣工人发生关系，并不从属于资本主义生产方式，这种劳动既不属于资本主义生产劳动也不属于资本主义非生产劳动。但是，如果这些个体劳动者的劳动从属于商品经济关系，即他们从事生产有用商品的劳动，他们的劳动同样属于创造价值的劳动范畴。事实上，在当代资本主义社会，自给自足的自然经济模式几近消亡，绝大部分的个体劳动者的劳动都是生产商品的劳动，都属于创造价值的劳动范畴。

第二，在资本主义社会，并不是所有的雇佣劳动都是资本主义生产劳动，与收入交换的雇佣劳动属于资本主义非生产劳动范畴。因为这种雇佣劳动的目的在于获得一定的使用价值和享受，它不仅不能为雇佣者带来价值增殖，反而会导致雇佣者减少收入。也就是说，当雇佣劳动与收入交换时，货币不是作为资本增殖的手段而只是作为一般等价物转化为雇佣者消费的使用价值，劳动力也仅仅是作为特殊的使用价值供雇佣者消费。这种雇佣劳动虽然不属于生产劳动的范畴，但就价值创造来说，这种与资本家收入交换的雇佣劳动同样可以创造价值，同样可以是创造价值的劳动。如资本家雇佣工人为自己开车或制造椅子，在雇佣工人所提供的服务或产品中，同样凝结了无差别的人类劳动，毋庸置疑，无论这些劳动是否属于创造价值的劳动，它们并不属于资本主义生产劳动范畴。

第三，在资本主义社会，与资本交换、为资本生产但不为资本家带来剩余价

值的劳动同样属于资本主义非生产劳动范畴。资本主义生产的实质是价值增殖，只有能够为资本家带来价值增殖的劳动才属于资本主义生产劳动范畴。如果与资本交换的雇佣劳动没有生产出比购买劳动力所需要的劳动量大的价值，即如果雇佣工人所创造的价值少于资本家所购买的劳动力价值，那么这种的劳动同样不属于资本主义生产劳动范畴。然而，虽然这类雇佣劳动没有为资本家带来剩余价值，但是它们从属于商品经济关系，依然生产出了部分符合社会需要的商品，这种劳动同样属于创造价值的劳动范畴。

由此可见，即使在资本主义社会，在生产劳动和创造价值的劳动所反映的经济关系最为重合的社会，生产劳动与创造价值的劳动依然是两个不同的范畴。同一般商品生产过程相比，资本主义生产劳动的范围“缩小了”，即在资本主义社会创造价值的劳动范畴大于资本主义生产劳动的范畴。

应该看到，马克思的劳动价值理论和生产劳动理论主要是用于研究资本主义生产方式。目前我国正处于社会主义初级阶段，商品经济关系依然占主体地位，厘清生产劳动和创造价值的劳动这两个不同的范畴及其关系，对于科学地把握社会主义初级阶段的生产劳动和创造价值的劳动，进一步深化劳动价值理论和生产劳动理论的研究，具有重要的理论价值及现实意义。生产劳动是一个发展的范畴，它反映的是特定社会阶段的生产关系及生产目的。当前我国实行的是与生产力水平相适应的以公有制为主体、多种所有制经济形式共同发展的基本经济制度，生产的目的是满足人民群众日益增长的物质文化需要及美好生活需要。因此，从生产关系及生产目的的角度来说，凡是能够生产出符合社会需要的使用价值的劳动都属于社会主义生产劳动范畴，它同样包含创造价值的劳动。也就是说，与资本主义社会不同，在社会主义初级阶段的生产劳动范畴比创造价值的劳动的范畴要广，创造价值的劳动一定是生产劳动，而生产劳动却并不必然是创造价值的劳动。应该指出，随着生产力的发展、生产关系的变化，生产劳动的范畴同样会发生变化，正如在资本主义社会初期的重农主义关于只有农业劳动才是生产劳动的思想一样，当进入社会主义高级阶段时，随着生产力、生产关系的变化，社会主义生产劳动范畴同样会随之改变。

以上，我们从内涵、外延及其所反映的经济关系出发，分析了生产劳动和创造价值的劳动之间的区别，并以商品经济高度发达的资本主义社会为例，进一步阐明了生产劳动并不等同于创造价值的劳动。我们应该看到，在商品经济社会，生产劳动范畴和创造价值的劳动范畴之间存在一定程度的交叉，虽然部分劳动即属于生产劳动范畴也属于创造价值的劳动范畴，但是我们不能以偏概全，不能简单地认为生产劳动就是创造价值的劳动或者创造价值的劳动就是生产劳动。那种把二者等同起来的“生产劳动价值论”的观点，由于混淆了生产劳动和创造价值的劳动这两种不同的规定性，因而是不正确的。总之，生产劳动和创造价值的劳动是两个不同的范畴，正确地把握其规定性厘清其范畴及正确地认识它们之间的关系，对于科学地把握马克思的劳动价值理论和生产劳动理论，其意义是显而易见的。

结论与启示

以上，本文以研究创造价值的劳动为中心，从抽象劳动、活劳动、社会劳动、总体劳动、有用劳动、生产劳动等方面对创造价值的劳动的规定性进行了系统地分析，并由此得出结论：只有生产符合社会需要的商品的劳动才是创造价值的劳动。加强对创造价值的劳动的规定性的研究，有助于我们从整体上把握和发展马克思主义劳动价值理论，有助于进一步具体分析现实生活中某种类别的劳动是否创造价值的问题，有助于解释当代经济社会活劳动减少而价值总量增加之谜，有助于我们科学地理解我国分配制度的合理性，为我国当代经济实践提供理论指导。

一、研究的基本结论

本文的主要结论如下：

第一，形成价值的劳动是抽象劳动。任何劳动过程，一方面是有目的的生产具体的使用价值的过程，另一方面是人类生理学意义上的体力和脑力的耗费过程。马克思用具体劳动范畴概括现实社会千差万别的劳动形式，用抽象劳动范畴概括各种不同劳动形式的共同的本质即无差别的人类劳动的耗费。具体劳动和抽象劳动是同一劳动过程中所表现出来的两个不同的方面，具有不同的属性，马克思称之为劳动两重性，它们相互联系、相互依存，共同构成整体的完整的实在的劳动。抽象劳动是价值的实体，但并不等同于价值，也不创造价值，在劳动过程中所耗费的无差别人类劳动凝结在劳动产品中形成价值的实体；与之相对应的是具体劳动，在劳动过程中，各种不同形式的具体劳动生产出各种不同的使用价值，并将凝结在生产资料中的抽象劳动转移和保存到新产品中。也就是说，价值实体是的抽象劳动的凝结，但在现实经济生活中，在生产过程中所耗费的抽象劳动可以凝结在任何劳动产品中，它并不必然表现为商品的价值，因此有必要进一步深入探讨创造价值的劳动的规定性。

第二，只有活劳动才创造价值。马克思把劳动区分为两种形态，一种是流动形态的劳动，是指在劳动过程中劳动者劳动力即体力和脑力的耗费，又称之为活劳动；一种是凝固状态的劳动，指凝结在劳动产品中的过去劳动，它们是在过去某个时间劳动者所耗费的抽象劳动的凝结，是已经完成了的活劳动，又称之为物化劳动。活劳动是创造价值的唯一源泉，这是马克思劳动价值理论的核心。在马克思看来，生产过程是人的因素和物的因素、劳动因素和非劳动因素相互结合共同发挥作用的过程。在生产过程中活劳动创造新价值，并将生产资料的旧价值转移保存到新产品中，而作为物化劳动载体的生产资料不创造价值，只有通过活劳动才能转移并保存蕴含在其中的原有的价值。应该看到虽然只有活劳动才能创造价值，但在现实经济生活中，并不是所有的活劳动都创造价值，因此对创造价值的劳动的规定性有必要进一步探讨。

第三，创造价值的劳动是生产商品的劳动。根据劳动的社会形式，可以将劳动区分为社会劳动、私人劳动及生产商品的劳动。社会劳动指为别人生产劳动产品的劳动，即专门为社会服务的劳动，如公共管理劳动，公益劳动等，它与商品生产和价值创造无关。私人劳动指不以交换为目的的劳动，如自给自足的个体劳动等，它同样与商品生产及价值创造无关。只有生产商品的劳动才可能是创造价值的劳动。在商品经济条件下，劳动产品之所以表现为商品形式，凝结在商品中的抽象劳动之所以表现为价值形式，主要是由生产商品的私人劳动和社会劳动之间的矛盾造成的，表现为具体劳动和抽象劳动的对立及使用价值和价值的对立。也就是说，尽管所有的劳动都是人类劳动力生理学意义上的耗费，但是只有生产商品的劳动，才有必要采取价值形式，在商品交换过程中通过价值中介转化为被社会所承认的劳动，并体现商品生产者之间互相交换劳动的关系。

第四，创造价值的劳动是总体劳动。随着社会分工的细化，劳动已不再是单个劳动者的个体劳动，而是总体工人的总体劳动。总体工人是指在生产过程中完成某种劳动职能的劳动者，总体劳动是指生产过程中总体工人的劳动，即包括直接作用于劳动对象的一线工人的劳动，也包括不直接作用于劳动对象的劳动，只要劳动者的劳动完成了商品生产过程中相应的劳动职能，就属于生产商品的总体劳动。在商品生产过程中，无论是物质生产领域还是在非物质生产领域，无论是科技劳动、管理劳动还是一线工人的操作劳动，那些在企业内部不同生产环节分别完成不同劳动职能的劳动者所耗费的无差别人类劳动同样能够凝结在商品中形成价值的实体。而独立于商品生产企业外部的总体工人的总体劳动，其所耗费的无差别人类劳动，最终会在商品生产过程中以凝结在生产资料中的物化劳动的形式被转移并保持到新商品中，而并不参与商品新价值的创造。

第五，创造价值的劳动是有用劳动。在生产过程中劳动的“耗费”与“凝结”

存在本质差别，并不是所有的劳动耗费都能形成价值，价值仅仅是指“凝结”在商品中的抽象劳动。也就是说，马克思的劳动价值理论是建立在有用劳动基础上的，马克思明确指出只有一定的、具体的、有用的劳动才能创造使用价值，才是形成价值的前提。就产品生产而言，有用劳动是指能够生产自然使用价值的劳动；就商品生产而言，有用劳动是指能够生产社会使用价值即生产符合社会需要的商品的劳动。只有具体的有用的劳动才是和凝结在商品中的抽象劳动相对应的范畴，才能在创造新的使用价值的过程中，转移并保存生产资料的价值；只有与具体的有用的劳动相对应的抽象劳动才能够凝结在商品中形成新的价值。而无用劳动不能创造出符合社会需要的使用价值，只会造成生产资料的浪费，更遑论转移和保存物化在生产资料中的抽象劳动。

第六，创造价值的劳动和生产劳动是两个不同的范畴。在商品经济社会，生产劳动范畴和创造价值的劳动范畴存在一定程度的交叉，但是它们是两个不同的范畴，具有不同的内涵和外延，反映不同的经济关系。生产劳动是生产劳动一般范畴和特殊范畴的辩证统一，其反映的是不同社会形态中占主体地位的生产关系，是一个永恒的、发展的范畴，而创造价值的劳动是生产符合社会需要的商品的劳动，其反映的是在商品经济社会被物的关系所掩盖的人与人之间相互交换劳动的关系，是一个与商品经济相联系的历史范畴，具有相对固定的内涵。在资本主义社会，创造价值的劳动所包含的范畴大于资本主义生产劳动的范畴，而在社会主义初级阶段的生产劳动范畴则比创造价值的劳动的范畴要广。

通过以上分析，我们可以初步归纳出创造价值的劳动的规定性：只有生产符合社会需要的商品的劳动所对应的抽象劳动才能凝结在商品中形成价值实体，并反映商品生产者之间相互交换劳动的经济关系，即只有生产符合社会需要的商品的劳动才能创造价值。

创造价值的劳动的规定性如图 1 所示：

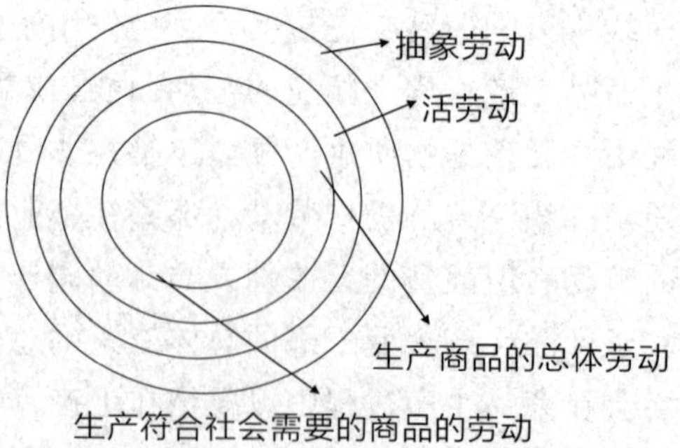

图 1　创造价值的劳动的规定性

二、研究的当代启示

劳动价值理论是马克思主义经济学的基石，是建设和发展科学社会主义的基础，加强对创造价值的劳动的规定性的研究和探讨，准确把握创造价值的劳动的规定性，有助于我们从整体上把握和发展马克思主义劳动价值理论，为我国当代经济实践提供理论指导。

（一）有助于具体分析现实生活中的劳动

通过以上分析，我们得出了创造价值的劳动的规定性——生产符合社会需要的商品的劳动的结论，这有助于我们回答现实生活中某种类别的劳动是否创造价值的问题，有助于我们解决学术界关于创造价值的劳动的争论。下面我们以学术界研究和争论较多的科技劳动为例进行分析。

严格地说，科学和技术是两个不同的范畴，科学劳动和技术劳动也有所区别。科学是关于自然、社会等领域的规律性知识的理论体系，科学劳动是研究客观规律，并形成相应的理论体系的劳动，它独立于直接生产过程之外。技术是科学知识在生产过程中的应用，是人们改造自然的方法和手段的总称，技术劳动是把一定的科学理论转化为具体生产手段的劳动，它直接应用或服务于生产过程。由于研究目的的关系，在此我们不作细致地区分，而是将其统称为“科学技术”和“科技劳动”。

首先，科学技术不创造价值。在当代经济社会，科学技术等生产要素在价值创造过程中的作用越来越重要，但这并不意味着其能创造价值。科学技术是过去劳动的产物，是过去劳动的凝结，属于物化劳动的范畴，在劳动过程中并不直接创造价值，而是与劳动者和劳动资料相结合，在劳动过程中作为物的要素发挥作用。也就是说，在价值创造过程中，不是科学技术在创造价值，而是掌握科技的劳动者的活劳动在创造价值。在劳动过程中，科学技术的运用主要有两种方式：一种是与人的因素相结合，提高劳动者的素质和劳动能力；一种是与物的因素相结合，作为生产要素如先进的生产工具、机器设备等发挥作用。先进科技知识运用的结果在于能够提高劳动生产力和劳动的有用程度，减少无用劳动的耗费，并最大限度地将生产资料中凝结的物化劳动转移保存到新产品中。也就是说，虽然科学技术不创造价值，但它是劳动生产力的重要因素，当它渗透到生产力的基本要素中，就会转化为巨大的物质力量，提高劳动者劳动的有用程度，使之能够创造更多的价值。

其次，关于科技劳动是否创造价值的问题要具体分析。并不是所有的科技劳动都创造价值，我们可以参照创造价值的劳动的规定性去具体分析不同科技劳动者的科技劳动是否创造价值的问题。具体来说，根据科技劳动的社会性质可以将其区分为三大类。

第一类，生产科技商品的科技劳动。这主要包括生产新设备、新材料等技术产品形式的科技商品的劳动，生产新工艺、新配方等智力产品形式的科技商品的劳动，和提供技术咨询、技术服务等服务形态的科技商品的劳动。首先，就这些科技商品而言，它们和其他商品一样同样具有商品的两因素即价值和使用价值，生产它们的劳动同样具有劳动的两重性即抽象劳动和具体劳动。一方面，在生产科技商品的过程中，科技工作者的各种不同形式的具体劳动在生产出能够满足某种特定需要的使用价值的同时，如生产出某种特定的技术、工艺等，将凝结在生产资料中的物化劳动转移并保存到新商品中。另一方面，撇开劳动的特定性质和具体形态，生产科技商品的劳动同样是人类劳动力生理学意义上的耗费，科技商品中同样凝结了无差别的人类劳动。其次，生产科技商品的劳动同样存在私人劳动和社会劳动之间的矛盾，其私人劳动同样需要在商品交换过程中还原为抽象劳动并通过价值中介转化为被社会承认的社会劳动。再次，由于生产资料从属于不同的所有者，研究什么内容、怎样进行研究同样是科技劳动者私人的事，事实上由于学术自由的特点，科技劳动具有更大的私人性和盲目性，但是作为生产科技商品的科技劳动，其必须研究出能够满足某种社会需要的理论、技术或工艺等使用价值，只有如此才能成功实现交换，从而证明其劳动的有用性，证明其是社会总劳动的一部分。事实上，由于科技劳动的创造性，在现实经济生活中科技商品的交换和转化变得更为困难。此外，还应该看到科技商品的交换主要是以货币为媒介，并且这种交换在形式上看是等价交换，其实质上是不等价交换。因为从科技商品的价值构成来看，主要包括三部分：科技劳动者的劳动所新创造的价值，从仪器、设备等生产资料中转移保存过来的旧价值，从过去的科技劳动创造的科技理论中转移并保持过来的旧价值。然而，事实上从过去的科技劳动创造的科技理论中转移并保持到商品中的旧价值大部分是无偿的。也就是说，科技商品的购买者并未按科技商品的实际价值量支付报酬。

第二类，不生产科技商品的科技劳动。科技劳动作为探索人类生存和发展的客观规律的劳动，是社会必需的、有用的劳动，在现实社会中，存在大量不生产科技商品的科技劳动，如高校科技工作者所从事的基础研究等，他们不以商品交换、盈利为目的，这是由社会分工决定并为满足某种社会需要而进行的劳动；他们的劳动成果具有使用价值而不具有交换价值，不是商品，不受市场机制及经济规律的制约，从一开始就不具备商品生产、商品交换的特性。这类劳动属于社会公共劳动范畴，与公务员的劳动、警察的劳动一样，是由于社会分工的需要产生的直接的社会劳动，直接表现为社会总劳动的一部分，不需要通过价值中介迂回地转化为社会劳动，因此也就不存在是否创造马克思主义经济学意义上的价值的问题。

第三类，在商品生产过程中作为总体劳动组成部分的科技劳动。马克思在论述总体劳动思想时明确指出，在商品生产过程中的科技劳动者是总体工人的一个组成部分，他们承担了商品生产过程中的部分职能，如研发、设计等职能，其劳动作为生产商品的总体劳动的组成部分，同样是创造价值的劳动。在此，我们要科学地把握总体劳动的内涵，不能随意扩大创造价值的总体劳动的范围，只有在企业内部直接承担商品生产过程中某种职能的劳动，才是创造价值的总体劳动的组成部分，作为社会公共劳动的科技劳动，其不属于创造价值的总体劳动的范畴。

（二）有助于解释当代经济社会活劳动减少而价值总量增加之谜

在当代经济社会，为什么运用先进生产资料的企业所耗费的活劳动相对较少，而其创造的价值总量却在增加？怎么解释“无人工厂”现象。传统的劳动价值论者的解释为：第一，价值量来源于复杂劳动，即操纵先进机器的劳动是复杂劳动，相对于简单劳动而，言在相同劳动时间内它能够创造更多价值。但是事实上先进的机器设备显著地降低了劳动的复杂程度和劳动强度，因此从复杂劳动角度难以解释操作机器的劳动能够创造较多价值的现象。第二，价值量来源于总体劳动，即这些价值是“无人工厂”背后的维修者、管理者的总体劳动创造的。但这又难以解释其他企业中的总体劳动不能创造如此多的价值的问题。

通过对创造价值的劳动规定性的具体分析，我们认为其价值总量的增加主要来源于以下几个方面：

一方面，来源于从生产资料中无偿转移保存过来的物化劳动。就劳动而言，所有的劳动都可以两分为抽象劳动和具体劳动；就劳动产品而言，所有的劳动产品中都凝结了或多或少的抽象劳动。如图 1 所示，与活劳动对应的抽象劳动只占抽象劳动范畴的一部分，还有一部分抽象劳动是通过凝结在劳动产品中的物化劳动形式表现出来的。应该看到，在任何劳动产品中都凝结了无差别的人类劳动，在商品中它们表现为价值，在非商品中它们表现为物化劳动，也就是说，物化劳动和价值实体是同质的，它们都是无差别人类劳动的凝结。同时，它们之间可以相互转化，在商品生产过程中物化在生产资料的产品的物化劳动可以通过活劳动转移并保存到新商品中，即凝结在产品中的物化劳动可以通过商品生产过程重新转化为商品的价值实体，同理，凝结在商品中的价值也可以重新通过产品生产过程转化为产品的物化劳动，也就是说物化劳动和价值之间可以通过商品生产过程或产品生产过程相互转化。在现实经济生活中，这种凝结在劳动产品中的物化劳动通过商品生产过程无偿转化为商品价值的现象是非常常见的，但也非常容易被人们所忽视。例如，作为社会公共劳动的基础研究不创造价值，但它同样是科技劳动的产物，其劳动成果即科学知识中同样凝结了无差别的人类劳动，而我们对科学知识的利用往往是无偿的，在商品生产过程中其所凝结的物化劳动同样会通过活劳动转移并保存到新商品中去，成为商品价值的组成部分。科学是"不需要资本家花钱的生产力"❶，如在制造汽车发动机的过程中就需要用到许多科学原理，或在发明新专利时所运用的基础科学知识等。也就是说，存在这样一种客观现象，即在商品生产过程中我们无偿利用了前人的劳动成果，从生产资料中转移并保持到新商品中的抽象劳动有一部分是无偿的，其来自劳动产品中凝结的物化劳动，并且"被活劳动抓住并赋予生命的过去劳动的这种无偿服务，会随着积累规模的扩大而积累起来"❷。在此，我们可以设想存在一个物化劳动库，其包涵了所有的非商品的劳动产品，这些劳动产品中所凝结的物化劳动可以通过商品生产过程无偿转移并保存到新商品中，成为商品价值的构成部分，这也是解释当代经济社会活劳动减少而价值总量增加之谜的一个途径。

另一方面，来源于有用程度较高的劳动所创造的价值。先进的生产资料能够提高劳动生产力，极大地提高了劳动者劳动的有用程度，而有用程度高的劳动能够在相同劳动时间内比有用程度低的劳动创造更多的价值。首先，有用程度高的劳动可以更加有效地利用自然力，使活劳动能够更加有效地发挥其创造价值的作用，从而使其能够在相同时间内创造出更多的价值。例如，随着作为物化劳动载体的生产资料特别是生产工具的不断改进，与先进生产资料相结合的活劳动能够更加有效地利用自然力，其劳动的有用程度也随之不断提高，而伴随着劳动有用程度的提高，其所创造出来的价值也比社会平均水平要多。如操纵先进纺纱机器的纺织工人其所利用的自然力的效率就比手工作坊中的纺织工人利用自然力的效率要高，在相同劳动时间内其所创造的价值就多。其次，有用程度高的劳动在相同的劳动时间里生产的使用价值即单位商品数量较多，能够折算为更多的价值。在商品生产过程中，有用程度高的劳动其个别劳动时间低于社会必要劳动时间，由于商品的价值量是由社会必要劳动时间而不是个别劳动时间决定，而商品交换是以其价值量为依据，所以就生产同种商品的劳动者而言，劳动有用程度高的劳

❶ 中共中央编译局．马克思恩格斯全集（46）（下）[M].北京：人民出版社，1980:287.
❷ 马克思．资本论（1）[M].北京：人民出版社，2004:702.

动者的个别劳动时间可以折算成较多社会必要劳动时间，其私人劳动能够被承认为较多的社会劳动，表现为较多的价值。例如，在手工作坊中纺纱工人一天只可以生产 1 匹布，而操纵先进纺纱机器的纺纱工人一天可以生产 1000 匹布。毋庸置疑，先进的生产资料大大提高了纺纱工人的劳动生产率，后者所创造的价值也一定比前者多。再次，有用程度高的劳动可以提高生产资料的使用效率，减少生产资料的“平均耗费”。在商品生产过程中，生产资料中所凝结的物化劳动要通过具体劳动转移和保存到新商品中去。而就生产同种商品而言，在生产过程中生产资料同样存在的“平均耗费”的标准，如果其消耗超出“平均耗费”的范围，凝结在生产资料中的物化劳动将不能按正常比例转移保存到新商品中，其所转移并保存到新商品中的物化劳动就偏少，即存在生产资料的节约和浪费的区别。有用程度高的劳动可以提高生产资料的使用效率，减少生产单位商品所耗费的生产资料的量，即节约生产资料，而节约生产资料同样可以降低单位商品的个别价值，并通过商品交换被承认为较多的社会价值，从而使商品生产者在竞争中取得优势。此外，有用程度高的劳动能够减少无用劳动的耗费，提高劳动的使用效率，在相同时间内比有用程度一般的劳动或有用程度低的劳动创造出更多的价值。例如，在社会平均劳动熟练程度、平均劳动强度条件下，普通纺纱工人每生产的 100 匹纱中就有 5 匹的残次品，而劳动熟练程度高的纺纱工人每生产 100 匹纱中只有 1 匹残次品。也就是说，有用程度高的劳动能够减少无用劳动的耗费，减少生产资料的浪费，提高劳动的使用效率，在相同时间内能够比有用程度一般的劳动或有用程度低的劳动创造出更多的价值。

（三）有助于科学理解我国分配制度的合理性

马克思明确指出，分配关系从本质上说是一种生产关系，是生产关系在分配领域的表现，先有生产要素的分配，再有劳动成果的分配，劳动成果的分配是生产要素分配的结果。也就是说，有什么样的生产方式，就有什么样的分配方式，生产关系的性质和形式决定分配关系的性质和形式，是生产关系决定分配，而不是价值创造决定分配。而生产资料所有制是生产关系的基础和核心，所有制的性质不同，分配的性质也不同，生产资料所有制的具体形式决定了分配的具体形式，有什么样的生产资料所有制就有什么样的分配方式。由此可见，价值创造和价值分配是两个不同的范畴，价值创造研究的是价值的源泉问题，属于生产力范畴，只存在于商品经济社会，而价值分配研究的则是价值按什么原则进行分配的问题，属于生产关系范畴，是由特定的生产资料所有制关系及生产力发展水平决定的，并会随着生产关系的变化而变化。应该看到，按要素分配的实质就是指凭借要素所有权对劳动成果进行分配，它与劳动价值论并不矛盾。马克思在论述劳动是价值的唯一源泉时，从来都没有否认过非劳动要素在价值创造过程中的重要作用，按要素分配是要素所有权在经济上的实现，是市场经济的必然要求，并不表明生产要素创造了价值。

马克思在《哥达纲领批判》中进一步论述了社会主义社会的分配原则——即按劳分配原则。为什么社会主义社会要实行按劳分配，这是因为：第一，社会主义社会实行的是生产资料公有制，不存在凭借土地、资本等生产要素所有权参与分配的可能性。第二，社会主义社会的生产力还欠发达，还没有条件实行按需分配。第三，在社会主义社会劳动者的劳动还只是谋生的手段，只有实行按劳分配才能调动劳动者的积极性，促进生产力的发展。也就是说，在社会主义社会实行按劳分配制度是以生产资料公有制和生产力的一定发展为前提的，在生产资料公有制条件下，劳动成为分配的唯一标准，也只有在这种条件下，劳动才决定分配，谁创造、谁分配的设想才能真正实现。应该看到，按劳分配强调劳动者应该根据其劳动付出获得相应的报酬，蕴含着尊重劳动的基本思想，是一种保护劳动的理论，是劳动解放的标志。这种谁创造、谁分配的按劳分配制度，是我们追求的理想世界，是社会发展的必然趋势。

我们不能混淆价值创造和价值分配之间的关系。部分西方经济学派认为劳动、资本、土地等要素共同创造价值，并共同参与价值的分配，以此证明资本主义生产关系、资本主义制度的合理性，这正是马克思所批判过的斯密和萨伊的观点。马克思详细地分析了资本主义的分配关系，批判了萨伊的“三位一体公式”。资本主义分配的不公平主要表现为其剥脱了劳动者参与剩余价值分配的权利，即在分配过程中资本家凭借生产资料所有权无偿占有了雇佣工人创造的全部剩余价值，而劳动者只获得了相当于劳动力价值的工资，也正因为如此，才会导致资本家越来越富，而无产者始终都是无产者。在马克思看来，造成这种分配不公的根本原因就在于资本主义生产资料所有制，而不在于资本、土地、劳动等生产要素参与分配本身。资本家正是凭借对生产资料的占有，剥夺了劳动者凭借劳动力所有权参与剩余价值分配的权利，无偿占有了雇佣工人创造出来的全部剩余价值，这是资本对劳动要素参与分配权利的剥夺，是资本主义社会剥削的本质。也就是说，马克思批判的不是萨伊的按要素分配的理论，而是批判其错误的将价值创造和价值分配等同起来，掩盖了价值的真正源泉——雇佣工人的劳动，掩盖了资本主义剥削的实质——资本家凭借资本所有权剥脱了劳动者参与剩余价值分配的权利，无偿占有了雇佣工人创造的全部剩余价值。在当代经济社会中，我们不能因为非劳动要素参与分配而认为其也创造价值，即不能用价值共享论来反推价值共创论，这将倒退到萨伊的要素价值论。

当前，我国尚处于社会主义初级阶段，生产力还很不发达，远没有达到实现按劳分配的条件。现阶段我国实行的是以公有制为主体、多种所有制经济共同发展的基本经济制度，公有制占主体地位就必然要求以按劳分配为主体，多种所有制经济共同存在和发展，则是多种分配方式并存的根本原因。鼓励技术、资本等生产要素参与分配，这绝不是对劳动价值理论的否定，而是对它的继承和发展。看到不同生产要素在价值创造过程中的作用和贡献，并形成与之相适应的分配方式，这是社会主义市场经济的内在要求，有利于进一步调动劳动者和其他要素所有者的积极性，更好地解放和发展生产力。此外，我国当前实行的按要素分配和资本主义社会实行的按要素分配存在着本质的差别，我国实行的是以按劳分配为主体条件下的按生产要素分配，是包括劳动力所有者在内的所有要素所有者对劳动创造出来的包括剩余价值在内的所有价值的共同分配，并未剥脱劳动者凭借劳动力所有权参与剩余价值分配的权利。当然，我们也并不能否认在按要素分配过程中部分存在资本家对雇佣工人的剥削现象，但是正如马克思所论述的，只要能够促进生产力的发展，剥削在一定程度上也是合理的。

应该看到，厘清创造价值的劳动的规定性，同样有助于我们理解我国分配制度的合理性。

首先，就抽象劳动范畴而言，如图 1 所示，与活劳动对应的抽象劳动只占抽象劳动范畴的一部分，还有一部分抽象劳动是通过凝结在劳动产品中的物化劳动形式表现出来的。作为物化劳动载体的生产资料是价值创造的必要条件，并在价值创造过程中发挥重要的作用，其必然也要参与价值的分配。非劳动要素之所以可以参与价值分配，原因在于：第一，它是价值创造的必要条件，并在价值创造过程中发挥重要的作用。非劳动要素参与分配的基础就在于这些生产要素在生产过程中发挥了重要作用，它们是商品生产过程中不可或缺的组成部分，只要生产要素在生产过程中发挥了作用，就有权参与劳动成果的分配。第二，它具有稀缺性，因此，它才具备参与价值分配的要素所有权，生产者才不得不给要素所有者支付一定的报酬。也就是说，非劳动要素参与分配并不是因为该生产要素创造了价值，而是因为要素所有者对其所提供的那部分生产要素具有所有权。也正是因为非劳动要素是生产过程得以顺利进行的必不可少的条件，并且具有稀缺性，生产要素的所有者才可以参与价值的分配。

其次，由于社会分工的不同，在活劳动中存在创造价值的劳动和不创造价值的劳动区别，并不是所有的活劳动都创造价值，只有生产商品的劳动才可能创造价值（如图 1 所示）。然而这些不生产商品不创造价值的劳动如社会公共劳动等是社会分工体系的组成部分，同样要参与财富的分配，这就要求生产者将其创造出来的价值的一部分以赋税等形式上交给国家，由国家来调节国民收入的再次分配。马克思明确指出，在任何社会形态中，剩余劳动和剩余产品都是社会发展的基础，劳动者都不存在“不折不扣的劳动所得”[1]，其所创造出来的新价值，不仅要在生产领域进行初次分配，而且要在全社会范围内进行再次分配。也就是说，即使实行社会主义公有制条件下的按劳分配制度，劳动者也不能获得全部的劳动所得，还要扣除用来追加扩大生产的部分，用来应付自然灾害的保险基金，用来上缴国家的税费等。

再次，生产商品的劳动也并不必然创造价值，还存在有用劳动和无用劳动的区分，即使是创造价值的劳动即生产符合社会需要的商品的劳动，也存在有用程度高的劳动和有用程度低的劳动的区分。无用劳动不能创造出符合社会需要的使用价值，不能转移和保存凝结在生产资料中的物化劳动，只会造成生产资料的浪费，更遑论创造价值；因此，其必然不能参与价值的分配。而有用程度高的劳动能够比有用程度低的劳动在相同时间内创造出更多的价值；因此，价值的分配理应向它们倾斜，这是调动劳动积极性的必然要求。就企业内部而言，其分配首先取决于商品价值的实现程度，即商品的销售情况，效益好的企业的要素收益要高于效益差的企业。其次取决于各生产要素在价值创造过程中的贡献。市场竞争的作用，一方面，使企业根据市场需求的变化研发新产品，并千方百计地提高劳动生产力、提高劳动的有用程度，以提高商品价值的实现程度；另一方面，也迫使企业按要素贡献的大小向要素所有者分配收入，用以激励要素所有者的积极性，吸引更多更好的生产要素，从而促进企业的良性发展。

囿于个人理论水平的不足和分析能力的差距，本书仍然存在许多不足之处：第一，没有分析商品价值量的决定问题。本文只初步论述了创造价值的劳动的规定性，即只涉及了创造价值的劳动的质的方面，并没有对其所创造的商品的价值量问题进行探讨，而事实上马克思的价值决定理论同样是劳动价值理论的重要组成部分，同样是学术界争论的热点问题。第二，没有深入分析现实经济社会中的各种不同类别的劳动。本文只是粗略地论述了公共劳动、服务劳动、科技劳动、管理劳动等是否创造价值的问题，仅局限于对创造价值的劳动的规定性的论述，并没有对其进行充分展开，没有深入分析现实经济社会中的各种不同类别的劳动，如商业劳动、流通劳动、学习劳动等是否创造价值的问题。第三，还存在许多亟待进一步深入研究的问题。本文仅仅从抽象劳动、活劳动、社会劳动、总体劳动、

[1] 中共中央编译局．马克思恩格斯全集（19）[M]．北京：人民出版社，1963:17-20.

有用劳动、生产劳动等方面简略地论述了创造价值的劳动的规定性，对于这些劳动范畴并没有进行深入探讨。如：关于物化劳动的研究，虽然初步提出了物化劳动库的思想，但并没有深入展开；关于有用劳动的研究，虽然从具体劳动中析出了有用劳动范畴，但是关于马克思的相关论述还有待进一步发掘，关于有用劳动思想的理论价值与现实意义还有待进一步深化；关于生产劳动的研究，仅仅从经济学的角度论述了生产劳动范畴，对其把握还不够全面，没有科学地区分劳动和生产劳动范畴，等等。在今后的学习和工作中，我将进一步加强对这些方面的研究。

总之，劳动价值理论是马克思主义经济学的基石，是科学社会主义的基础，而“什么劳动才是创造价值的劳动”的问题是其最基本的问题。我们要准确把握创造价值的劳动的规定性，并科学运用其原理具体考察当代经济社会的新现象、新问题，使马克思主义劳动价值理论焕发出新的生命力，不断推进中国特色社会主义事业向前发展。

参考文献

[1] 中共中央编译局 . 马克思恩格斯全集（第 1、13、19、20、23、25、26、32、42、46、47、49、50 卷）[M]. 北京 : 人民出版社，1956-1982.

[2] 马克思 . 资本论（1—3）[M]. 北京 : 人民出版社，2004.

[3] [英] 威廉 · 配第 . 赋税论、献给英明人士、货币略论 [M]. 北京 : 商务印书馆，1978.

[4] [英] 亚当 · 斯密 . 国富论——国家财富的性质与起因的研究 [M]. 长沙 : 中南大学出版社，2003.

[5] [英] 大卫 · 李嘉图 . 政治经济学及赋税原理 [M]. 北京 : 商务印书馆，1972.

[6] [英] 马歇尔 . 经济学原理（上）[M]. 北京 : 商务印书馆，1983.

[7] [苏] 穆勒 . 政治经济学原理（上）[M]. 北京 : 商务印书馆，1991.

[8] [奥] 门格尔 . 国民经济学原理 [M]. 上海 : 上海人民出版社，1959.

[9] [奥] 庞巴维克 . 资本实证论 [M]. 北京 : 商务印书馆，1964.

[10] [法] 里昂 · 瓦尔拉斯 . 纯粹经济学要义 [M]. 北京 : 商务印书馆，1989.

[11] [法] 萨伊 . 政治经济学概述 [M]. 北京 : 商务印书馆，1964.

[12] [美] 萨缪尔森 . 经济学（上、中、下）[M]. 北京 : 商务印书馆，1992.

[13] [美] 约瑟夫 · 熊彼特 . 经济发展理论 [M]. 北京 : 九州出版社，2007.

[14] 商务印书馆辞书研究中心 . 新华词典 [M]. 北京 : 商务印书馆，2001.

[15] 陈振羽，论马克思主义政治经济学来源 [M]. 沈阳 : 辽宁人民出版社，1987.

[16] 骆耕漠 . 马克思的生产劳动理论 [M]. 北京 : 经济科学出版社，1990.

[17] 岳宏志 . 社会主义经济理论新论 [M]. 西安 : 西北大学出版社，1994.

[18] 钱伯海 . 社会劳动价值论 [M]. 北京 : 中国经济出版社，1997.

[19] 李松龄 . 劳动价值论 : 市场经济运行的理论基石 [M]. 北京 : 中国财政经济出版社，

2000.
[20] 晏智杰 . 劳动价值学说新探 [M]. 北京 : 北京大学出版社，2001.
[21] 蔡继明 . 广义价值论 [M]. 北京 : 经济科学出版社，2001.
[22] 周振华 . 社会主义社会劳动和劳动价值论 [M]. 上海 : 上海社会科学院出版社，2002.
[23] 白暴力 . 劳动价值理论热点问题 [M]. 北京 : 经济科学出版社，2002.
[24] 傅军胜，何秉孟 . 劳动价值理论新论 [M]. 北京 : 社会科学文献出版社，2003.
[25] 朱富强 . 有效劳动价值论 : 以协调洞悉劳动配置 [M]. 经济科学出版社，2004.
[26] 何炼成 . 坚持和发展马克思的劳动价值论 [M]. 北京 : 科学出版社，2005.
[27] 逄锦聚 . 马克思劳动价值论的继承与发展 [M]. 北京 : 经济科学出版社，2005.
[28] 程恩富 . 劳动创造价值的规范与实证研究 [M]. 上海 : 上海财经大学出版社，2005.
[29] 钱津 . 劳动价值论 [M]. 北京 : 社会科学文献出版社，2005.
[30] 丁堡骏 . 马克思劳动价值理论与当代现实 [M]. 北京 : 经济科学出版社，2005.
[31] 曾长秋 . 马克思主义的历史与现实 [M]. 长沙 : 中南大学出版社，2008.
[32] 王峰明 . 马克思劳动价值论与当代社会发展 [M]. 北京 : 社会科学文献出版社，2008.
[33] 赵培兴 . 创新劳动价值论 [M]. 北京：人民出版社，2010.
[34] 侯雨夫 . 马克思的劳动价值论研究 [M]. 北京：社会科学文献出版社，2010.
[35] 余陶生 . 劳动价值论争论评说 [M]. 北京：中国社会科学出版社，2017.